EXERCICES SPIRITVELS

CONTENANTS

PLVSIEVRS MEDITATIONS tres-efficaces pour retirer les ames du peché, & les auancer aux vertus Chreſtiennes & Religieuſes, & à la parfaite vnion d'amour auec Dieu.

DIVISÉES EN TROIS PARTIES.

Par le R. P. Dom Evstache de S. Pavl, Aſſiſtant du tres-R. P. General de la Congregation de noſtre-Dame de Fueillans.

Cette nouuelle Edition a eſté reueuë & augmentée de ſix Meditations par l'Autheur.

A PARIS,

Chez Mathvrin Dv Pvis, ruë S. Iacques, à la Couronne.

M. DC. XL.

AVEC PRIVILEGE DV ROY.

PREFACE.

Voy que la volonté (mon cher Lecteur) soit en nostre ame le propre siege de la liberté; & par consequent le principe de la bonté & mauuaistié de toutes nos actions, si est-ce qu'estant de soy aueugle, & ne pouuant rien embrasser ny desirer que l'entendement, qui est son guide & directeur, n'ait au prealable apperceu; il est sans

PREFACE.

doute, que cette faculté d'entendre & considerer est la cause premiere & originale de tout ce qui se passe de bien ou de mal en toutes nos actions & deportemens: ce qui a fait dire à vn Sage, que la vertu consistoit en la claire connoissance du vray bien, & le vice en l'erreur & ignorance. Et en effet nous voyons que des mauuaises pensées, & pernicieux conseils de l'entendement sourdent tous les mauuais desirs, toutes les peruerses volontez, & iniques actions des hommes; comme au contraire, des bonnes & saintes

PREFACE.

considerations du mesme entendement naissent les bons desirs en l'ame, les saintes resolutions, & les fruits des bonnes œuures. Voyez donc, mon tres-cher Lecteur, combien il vous importe pour le bon reglemēt de vos meurs, & de toute vostre vie de bien occuper cette faculté & puissance de vostre ame, & de la bien informer par la lumiere de grace des veritez, que la plus part du monde, qui vit dans les tenebres d'erreur, ne connoist point, ou ne fait qu'entreuoir sans iamais les bien considerer. Ouurez les

PREFACE.

yeux à bon escient à la lumiere de verité, & vous y trouuerez la vie: *Vacquez & voyez (dit le Seigneur) que ie suis Dieu*: Donnez-vous vn peu de loysir, pratiquez vn peu de retraite pour considerer & reconnoistre de plus prés, que vous n'auez iamais fait, beaucoup de veritez qui ne vous importent rien moins que du salut, ou de la damnation de vostre ame pour iamais, & dont dépend vostre auancement au Royaume de Dieu. Peut-estre ne les ignorez vous pas mais faute d'y penser souuent, & de les mediter se-

PREFACE.

rieusement en esprit & lumiere de grace, vous les aués iusqu'à maintenant mesprisées au grand preiudice de vostre ame. O *si tu connoissois* (disoit nostre Seigneur, plorant sur la cité de Hierusalem) *les choses qui sont pour ta paix, qui toutesfois maintenant sont cachées à tes yeux:* Luc. 19. comme s'il eust voulu dire; ô que de malheurs tu éuiterois, si tu voulois ouurir les yeux pour reconnoistre les choses qui sont pour ta paix & ton salut, & qui te sont à present cachées pour ne les vouloir pas voir. C'est ce que Moyse déploroit pour son

PREFACE.

peuple. *O que s'ils se souuenoiët*, disoit-il, *des choses passées, consideroient les presentes, & preuoyoiët les futures.* Et vn Prophete se lamentoit de ce que la terre estoit entierement desolée, d'autant qu'il n'y auoit personne qui r'entrast dans soy-mesme pour considerer; c'est à dire, que tout le monde se pert, faute de considerer auec attention les choses de Dieu. Pour donc ne vous pas perdre auec le reste du monde, (mon tres-cher Lecteur) rentrez souuent en vous mesme, faite retraite pour quelques iours; car c'est en la

Ier. 12.

PREFACE.

retraite que Dieu parlera efficacement à vostre cœur, *Je la meneray en solitude, & là* Os. 2. *ie parleray à son cœur*, dit-il par son Prophete: & en cette retraite dites comme le Roy Ezechias, *Mon Dieu* Isa. *ie repenseray deuant vous à* 38. *toutes les années de ma vie passée, en l'amertume de mon ame.* Et là vous reconnoistrez clair comme le iour, que tous les desordres de vostre ame: comme sont la trop grande viuacité de vostre nature, l'excez de vos passions, vos inquietudes, vos impatiences, vos vanitez, l'amour de vostre pro-

PREFACE.

pre estime ne subsistent que par le déreglement de vostre entendement, qui ne s'applique pas assez souuēt, ny auec assez d'attention, à considerer & apprehēder les obiets qui la peuuent retirer de ces desordres. Et sçachez, que comme le premier homme a commencé à dechoir de l'heureux estat d'innocence où il auoit esté créé, par l'erreur & deception de son entendement, prestant l'oreille, & se laissant surprendre aux malignes suggestions, & fausses persuasions du serpent; aussi faut-il que vous commenciez à

PREFACE.

vous releuer & restablir autant qu'il se peut en ce bien-heureux estat, par lumiere & connoissance de verité, & par vne frequente & forte application de vostre entendement aux choses du Royaume de Dieu, qui voulant orner & embellir ce monde en la creation, commença par la lumiere. Or pour vous faciliter ce moyen si necessaire à la reformation de vostre ame, nous vous auons dressé les presens Exercices spirituels & sainctes cōsiderations, que nous auons iugé les plus propres & efficaces à vous retirer du vice &

PREFACE.

des prises de votre amour propre, & vous porter à la vertu, & au tres-pur amour de Dieu: nous confians, que par la pratique de ces Exercices, qui ce doiuent faire en grande retraite & silence, ainsi qu'il sera dit au Directoire suiuant, non seulemēt les ames Religieuses, mais mesmes celles qui dans le monde les voudront pratiquer, en tireront grand auantage pour l'amandement de leur vie, accroissement de lumiere, augmentation de force intérieure, amortissement de leurs passions, acquisition des ver-

PREFACE.

tus, & sur tout pour conseruer & accroistre dans les Communautez religieuses le bon esprit interieur, sans lequel toute l'obseruance exterieure va bien-tost en decadence & en ruine. Et d'autant que tous les saints Peres & Docteurs de l'Eglise distinguent trois estats des ames qui tendent à Dieu en ce monde, & aspirent à leur perfection, sçauoir est, l'estat des commençantes, celuy des profitantes, & de celles qui sont jà auácées en la perfection : à quoy se rapportent les trois degrez, ou voyes de la vie spirituelle, se-

PREFACE.

lon les mesmes Peres & Docteurs; sçauoir est, la vie, ou voye purgatiue, propre des ames commençantes, l'illuminatiue propre des profitantes, & l'vnitiue propre des auancées ; nous auons iugé tres à propos de distinguer les presens exercices en trois parties ; dont la premiere se peut appeller Excitatiue & Purgatiue, contenant les Meditatiõs & considerations qui seruent à exciter & réueiller l'ame de son sommeil, & la reporter à se repurger de tous ses vices & mauuaises habitudes : la secõde se peut appeller Illu-

PREFACE.

minatiue & operatiue, contenant les Meditations & considerations qui seruent à donner lumiere & force à l'ame pour s'auancer en la pratique des vertus : la troisiesme se peut appeller Vnitiue & perfectiue, contenant les Meditations & considerations qui seruent à porter l'ame à l'vnion auec Dieu, & à vn estat de tres-parfait amour en luy. La Premiere Partie contient vingt Meditations : La Seconde en contient dix, & la Troisiesme vnze, qui sont quarante & vne en tout, ainsi qu'il se void en la Table sui-

PREFACE.

uante. A quoy nous auons adiousté en cette nouuelle Edition par forme de Supplement, cinq autres Meditations sçauoir est, vne pour les Superieurs, vne pour les Predicateurs, vne autre pour les Confesseurs, & vne autre pour ceux qui doiuent prendre les Ordres, notamment la Prestrise, & finalement vne autre pour les Estudians. Or pour proceder auec plus d'ordre & methode nous auons distingué chaque Meditation en trois points ou considerations, en sorte que chaque consideration est suiuie de ses affe-

PREFACE.

ctions & resolutiōs par forme de colloque auec nostre Seigneur, nous ayant semblé qu'vn seul poinct ou deux seulemēt eust esté trop peu, & plus de trois eust esté trop, & eust apporté confusion. Et dautant aussi que les bonnes affections & sainctes resolutions procedent de la consideration, il a esté à propos de mettre en suitte de chaque consideration les affections & resolutions qui en peuuent naistre, & ce par forme de colloque pour exciter dautant plus la deuotion. Et quoy que nous ayōs mis icy vn plus grand nōbre

PREFACE.

de Meditations qu'il n'en faut pour le nombre des iours qu'on a couſtume d'éployer aux exercices; ſi eſt-ce que nous ne l'auons pas fait ſans ſuiet; car il eſtoit à propos qu'il y en euſt vn bō nombre, afin que les Directeurs peuſſent choiſir celles qui ſeroient plus propres ſelon la diſpoſition de leurs Exercitans, & laiſſer à part celles qui leur ſeroiēt moins propre ; Car par exemple telles Meditations ſeront fort vtiles, & meſme neceſſaires à vne ame commençante, qui ne le ſeront pas à vne ame plus auancée ; &

PREFACE.

telles feront conuenables à vne ame auancée en la vie spirituelle, qui ne le feroient pas à vne qui commence: mais quoy qu'il y ait, mon intention est, que les exposant par obeyssance au public, toutes feruent pour le bien & salut des ames; Suppliant la diuine bonté d'y espandre sa sainte benediction, afin que celles qui les liront & pratiqueront y apprennent à bien mourir à elles mesmes, & viure par grace en IESVS, à qui soit loüangé, honneur & gloire pour iamais.

Notez que ces presentes Meditations sont imprimées en telle maniere qu'on les peut faire relier toutes separement les vnes des autres en petits caiers, afin qu'on les puisse distribuer à diuerses personnes qui pourroient faire les exercices en mesme temps; & aussi afin que celles qui lisent & pratiquent les premieres Meditations ne puissent pas lire par curiosité les suiuantes, mais attendent que l'on leur donne.

Permission du tres-Reuerend Pere General de la Congregation de nostre-Dame de Fueillans.

Nous F. Charles de saint Paul, Abbé, & Superieur General de la Congregation de nostre Dame de Fueillans, Ordre de Cisteaux, permettons au R. Dom Eustache de S. Paul nostre premier Assistant, de faire imprimer le Liure des *Exercices spirituels*, qu'il a composé, pourueu qu'il ait l'Approbation des Docteurs. Fait en nostre Monastere de S. Bernard à Paris, ce 18. Octobre 1629.

Signé,

F. Charles de S. Paul.

Approbation des Docteurs.

NOvs sous-signez Docteurs, Regens en la sacrée Faculté de Theologie à Paris, certisions auoir leu soigneusement ces *Exercices spirituels*, composez par R. P. Dom Evstache de S. Pavl, Religieux Feuillantin; ausquels nous n'auons rien remarqué qui combatte les regles de la vraye & solide pieté, ou la foy de l'Eglise Catholique, Apostolique & Romaine; ains proposent beaucoup de bons & vtiles enseignemens qui forment à la vertu & sincere deuotion les Religieux & les seculiers; & seront esgalement sauoureux & de bon goust à tous ceux qui se nourrissent de la moüelle de Cedre du Liban. Fait à Paris en nos estudes, ce 10. de Septembre 1629.

G. Froger.

Lovys. Messier.

Extraict du Priuilege du Roy.

PAR Lettres Patentes de sa Majesté, données à Fontaine-bleau, le 28. Auril 1621. Signées par le Roy en son Conseil, PHILIPPIER, & scellées du grand sceau, & verifiées en la Cour de Parlemét, le 3. Iuillet 1621. Il est permis au R.P. DOM EVSTACHE DE S. PAVL, Visiteur de la Congregation de nostre Dame de Feuillans en France, de choisir tel Libraire ou Imprimeur que bon luy semblera, pour imprimer les œuures par luy composées, & defenses à tous autres marchands Libraires, Imprimeurs, & autres, d'imprimer ny faire imprimer aucunes des œuures dudit R.P. sans sa permission & consentement, à peine de mil liures d'amende, iusques à dix ans finis & accomplis, à commécer du iour & datte qu'ils auront esté acheuez d'imprimer la premiere fois, comme il est plus amplement declaré par lesdites Lettres.

JE souffigné premier Affiftant de la Congregation de noftre-Dame de Fueillans cede & tranfporte mon fufdit Priuilege pour ce qui eft de l'Impreffion de mes Exercices fpirituels, reueus, corrigés & augmentez par moy de cinq Meditations & d'vn brief Aduertiffement à vne Ame Religieufe, au fieur George-Ioffe, Marchand Libraire demeurant à Paris, pour en ioüir pendant dix ans, & ledit fieur Ioffe en doit faire part aux fieurs Michel Soly & Mathurin du Puis auffi Marchands Libraires à Paris. Fait à noftre Monaftere S. Bernard à Paris, ce premier Feurier 1640.

FR. EVSTACHE DE S. PAVL
Affiftant fufdit.

TABLE

TABLE DES MEDITATIONS CONTENVES EN CE Liure des Exercices.

PREMIERE PARTIE.
Excitatiue & Purgatiue.

1. Medit. *Du benefice de la creation.* page 1.
2. Medit. *De la vilité du corps, & dignité de l'ame.* pag. 13.
3. Medit. *De la conseruation & preseruation.* page 25.
4. Medit. *Du benefice de la redemption.* page 39.
5. Medit. *De la vocation à la foy & cõnoissance de Dieu.* p. 49.
6. Medit. *De la mort.* page 59.
7. Medit. *Du iugement.* pag. 71.

8. Medit. *De l'Enfer.* 83.
9. Medit. *Du Paradis.* 93.
10. Medit. *Du peché tant mortel que veniel.* 103.

Icy se peut faire la Confession generale, s'il en est besoin.

11. Medit. *De la iustification & misericorde de Dieu enuers le penitent.* 121.
12. Medit. *De la perseuerance en la grace.* 135.
13. Medit. *De la vocation à l'heureux estat de Religion.* 145.
14. Medit. *De l'obligation que l'ame Religieuse a d'aspirer à la perfection.* 161.
15. Medit. *De la necessité qu'il y a de vacquer à la mortification.* 177.
16. Medit. *De la mortification des sens, & de tout l'exterieur par modestie.* 189.
17. Medit. *De la mortification*

de la langue & du silence. 203.
18. Medit. *De la mortification de l'imagination & des passions.* 217.
9. Medit. *De la mortification de l'entendement & volonté.* 235.
20. Medit. *De l'entiere abnegation de soy-mesme, & total abandon en Dieu.* 251.

SECOND PARTIE.
Illuminatiue & operatiue.

1. Medit. *De l'humilité.* 265.
2. Medit. *De la patience & douceur en la souffrance.* 281.
3. Medit. *De la profession, & des trois vœux en general.* 291.
4. Medit. *De la pauureté volontaire.* 305.
5. Medit. *De la chasteté & austerité.* 321.

ẽ ij

6. Medit. De l'obeyssance. 337.
7. Medit. De l'obseruance reguliere. 355.
8. Medit. De l'Oraison. 371.
9. Medit. De la presence de Dieu 389.
10. Medit. De la charité ou amour enuers le prochain. 401

TROISIESME PARTIE.

Vnitiue & perfectiue.

1. Medit. De l'amour que nous deuons porter à Dieu. 419.
2. Medit. De la parfaite conformité à tous ses saints vouloirs. 441.
3. Medit. De l'amour & deuotion enuers la tres-sacrée Vierge Mere de Dieu. 457.
4. Medit. De la bonté & amour de Dieu enuers nous. 475.
5. Medit. De l'amour de Dieu au

myſtere admirable de l'Incarnation. 487.

6. Medit. *De l'amour de* IESVS-CHRIST *au tres-ſaint Sacrement.* 499.

7. Medit. *De l'amour de* IESVS *en ſa tres-douloureuſe mort & paſsion.* 523.

8. Medit. *De l'imitation de* IESVS *crucifié.* 535.

9. Medit. *De la glorieuſe reſurrection de noſtre Seigneur.* 543.

10. Medit. *De la triomphante Aſcenſion de noſtre Seigneur.* 563.

11. Medit. *De la ſanctifiante miſsion du ſaint Eſprit, & de l'vnion de l'ame auec Dieu par par ſa ſainte operation.* 583.

Aduertissement touchant la Meditation de la mort & passion de nostre Seigneur. 603.
Medit. *Pour les Superieurs.* 611.
Medit. *Pour les Predicateurs.* 631.
Medit. *Pour les Confesseurs.* 651
Medit. *Pour ceux qui doiuent prendre les Ordres, & notamment celuy de la Prestrise.* 669
Medit. *Pour le Estudians.* 697
Brief & tres-vtile aduertissement à l'ame Religieuse. 713

F I N.

DIRECTOIRE

CONTENANT L'ADDRESSE ou instruction pour bien faire les Exercices.

1. IL faut sçauoir tout premierement, que faire les Exercices, n'est autre chose que vacquer pendant quelques iours, & ce en retraite & silence, à l'oraison & meditation des choses de nostre salut, & du Royaume de Dieu; & qu'il n'y a personne, pour si parfaite qu'elle soit, à qui cette sorte de retraite & pieuse occupation ne soit tres-vtile & profitable; les plus grands Saincts nous en ayant

DIRECTOIRE.

donné l'exemple, qui pendant leurs vies se sequestroient quelquefois de la frequentation des autres pour vacquer auec plus d'attention à Dieu, & ramasser par ce moyen les forces de leur interieur eneruées ou affoiblies par la conuersation ordinaire auec le prochain; & ce à l'imitation du Sainct des Saincts, nostre Seigneur Iesvs-Christ; qui pour nous y inuiter, luy n'en ayant aucun besoin, se retiroit souuent de ses Disciples aux montagnes, & y passoit les nuits en Oraison.

2. Or auant que de commencer les Exercices, il faut bien dresser son intention; sçauoir est de les vouloir faire, non pour aucun propre contentement & satisfaction; mais pu-

DIRECTOIRE.

rement pour s'amender & corriger du peché, & de toutes les mauuaises inclinations & habitudes; & aussi pour s'auancer en la vertu, & reprendre nouuelles forces & nouueau courage au seruice, & en l'amour de Dieu.

3. Le temps qu'on employe d'ordinaire en ces exercices est de dix iours, prescrit en l'article de l'Indulgence planiere, concedée par le Pape Paul V. aux personnes regulieres, qui pendant ce temps demeureront retirées, faisans lesdits exercices: ce qui n'empesche, que ceux qui n'ont pas la commodité d'y employer tant de temps ne les puissent faire en moins; & qu'aussi ceux qui ont besoin, ou deuotion d'y employer plus de temps, ne

e v

DIRECTOIRE.
le puissent faire auec conseil du Directeur.

4. Il est tres à propos & expedient, voire mesme comme necessaire de faire tousiours les exercices sous la conduite de quelque personne bien spirituelle, & experimentée à qui on doit parler vne ou deux fois le iour, pour luy descouurir sincerement tout l'estat de l'ame, toutes les facilitez & difficultez, & toutes les consolations & desolations qu'on ressent és exercices, soit en l'oraison, soit en l'examen, soit en la Communion, & autres pratiques de deuotion, afin qu'il puisse donner des aduis & conseils conuenables aux besoins. Si toutesfois la personne qui feroit les exercices y estoit ia fort stilée, & ne trouuoit pas la commodité d'auoir

DIRECTOIRE.

vn Directeur, elle ne doit pas pour cela defifter de les faire felon le befoin & la deuotion quelle en aura,

Mais notez que ce que nous difons du Directeur, fe peut entendre auffi de la Directrice au regard des Religieufes foit la Superieure, foit la Maiftreffe des Nouices, ou autre au defaut d'vn Pere Directeur.

5. L'on doit demeurer pendant ce temps en lieu retiré & efloigné du bruit, fans conuerfer ny parle qu'au Directeur, & auffi fans fortir, fi ce n'eft pour fe pourmener quelque peu de temps feul au iardin, fi on en a befoin, ou pour aller à la Meffe, ou à quelques Office, ainfi que le Directeur, ou le Superieur iugera à propos.

6. Quant aux perfonnes qui

DIRECTOIRE.

se conuertissent nouuellement à Dieu, elles employeront les trois ou quatre premiers iours à faire vne bonne Confession generale, à laquelle elles pourront s'estre preparées dés auparauãt, & s'occuperont és actes de contrition & penitence, s'abstenant de la Communion, iusqu'à ce qu'elles ayent fait ladite Confession. Pour ce qui est des autres qui sont ià de long-temps portées au bien, & qui ont peut-estre desia pratiqué ces Exercices, il suffira, que dés le premier ou second iour elles fassent leur Confession extraordinaire, & elles pourront communier tous les iours, commençant dés le second ou troisiesme iour, voire mesme dés le premier, si le Directeur le iuge à propos. Quant aux Confessions ordinaires, el-

DIRECTOIRE.
les se feront de deux en deux iours, ou de trois en trois.

7. Celles qui commencent s'occuperont plus long-temps és Meditations de la voye purgatiue, & moins aux autres; là où les plus auancées s'occuperont moins en celles-là, & plus en celles cy, suiuant l'aduis du Directeur.

8. On fera tous les iours, s'il se peut commodément, trois Meditations de nos Exercices, deux au matin, & vne l'apresdisnée, chacune enuiron d'vne heure tout au plus; si toutefois il y auoit incommodité, on se contentera d'en faire deux par iour, l'vne au matin, & l'autre l'apresdisnée: & pourra on adioûster le soir vne autre Meditation de demie heure, si le Directeur le iuge à propos, sur quel-

DIRECTOIRE.

que Point de la mort & paſſion de noſtre Seigneur. Et faut touſjours auoir leu diligemment tout le ſujet de la Meditation auant que de la commencer, ſi ce n'eſt que la perſonne ait beſoin, ne pouuant pas faire autrement, de lire en meditant, & mediter en liſant, en s'arreſtant ſur les points où elle ſe ſentira touchée.

9. Outre les deux Examens de conſcience qui ſe font d'ordinaire deux fois le iour; l'vn ſur le midy, & l'autre auant ſe coucher, il ſera bon de pratiquer vn autre ſorte d'Examen, qui ſe fera ſans aucun effort, eſtant aſſis, ou en ſe promenant l'eſpace enuiron d'vne bonne demie heure quelque temps apres midy, chacun ſur ce qui eſt de ſa profeſſion, pour recon-

DIRECTOIRE.

noistre comme on s'y est comporté par le passé, & comme on s'y doit comporter de là en auāt. Et pour ce les personnes religieuses pourront distribuer les articles ou point principaux de leurs Regles & Constitutions, selon les iours qu'ils employeront aux exercices ; & en reliront tous les iours quelques vns, pendant le temps cy-dessus prescrit, pour voir s'ils y ont manqué, & pour se resoudre à les mieux pratiquer ; si ce n'est que le Directeur leur prescriue luy mesme les suiets de cét examen, auec lequel ils en confereront.

10. On ne manquera de faire tous les iours, aussi-tost qu'on sera leué, l'exercice du matin à peu prés, ainsi qu'il est couché dans nostre Addresse spirituel-

DIRECTOIRE.

le, & pareillement celuy du soir, auant que se coucher, comme aussi d'entendre la saincte Messe, & cōmunier auec quelque deuotion plus particuliere qu'à l'ordinaire, à quoy pourra seruir la maniere de bien entendre la Messe & communier, contenuë dans nostre susdite Addresse: & de plus, on employera vn bon quart d'heure à s'y preparer, & encore autant en l'action de grace.

11. Il sera bon aussi, outre la recitation de l'Office diuin, si on y est obligé, de reciter tous les iours le Chappelet ou troisiesme partie du Rosaire, les Litanies du nom de Iesvs & celles de la Vierge. On pourra aussi pratiquer quelque penitence ou austerité corporelle de surcroist, mais moderée, & auec l'aduis du

DIRECTOIRE.

Directeur ; car ces Exercices sont plus pour la mortificatió de l'esprit, que pour celle du corps.

12. Il est deplus necessaice de donner vne ou deux fois le iour, notamment aprés le repas, quelque petite heure de relasche à l'esprit, pendant laquelle on pourra se pourmener dans la chambre, & aussi prendre vn petit d'air au iardin, s'il se peut faire commodément, & pourra-on pendant ce temps reciter le Chapelet.

13. Ce qui restera de temps apres tout cela s'employera en la lecture des Meditatiós qu'on aura à faire ; lesquelles on lira & relira auec grande attention. Que si on a loisir de faire d'autre lecture, on la fera de quelque liure fort spirituel & affectif, tel qu'est le liure tout diuin de Tho-

DIRECTOIRE.

mas de Kempis, de l'imitation de Iesus-Chrift.

14. On pourra, fi le Directeur le iuge à propos, remarquer, & mefme mettre par efcrit les plus notables veuës, fentimens & refolutions qu'on aura eu pendant l'Oraifon, pour s'en feruir apres les Exercices aux occafions.

15. Ce fera de la prudence du Directeur, ou de la perfonne qui fait les Exercices, fi elle a quelque capacité de prendre les fuiets d'Oraifon qui luy feront plus conuenables, fuiuant à peu prés l'ordre que nous y auons gardé, en prenant les vns, & laiffant les autres, & quelquefois faifant plufieurs Meditations fur vn mefme fujet, à caufe de quelque plus particulier befoin qu'on en peut auoir.

DIRECTOIRE.

16. C'est aussi de la mesme prudence de disposer l'employ des heures du iour, depuis le leuer iusqu'au coucher, suiuant la condition, le besoin, la portée, & complexion des personnes ; & si ce sont personnes religieuses, suiuant à peu prés l'ordre de leurs obseruances regulieres.

17. Il ne faut pas que la personne qui fait les exercices se haste & precipite par curiosité de lire les Meditations qui ne luy sont pas prescriptes par le Directeur, mais se doit contenter de lire chaque iour les Meditations qu'elle doit faire ce iour-là.

18. Quant à la maniere de pratiquer les Meditations contenuës en ce liure des Exerci-

DIRECTOIRE.

ces, quoy que nous les ayons toutes distinguées en trois Points, si toutesfois l'on se peut entretenir pendant l'heure entiere sur vn seul Point, il ne sera pas besoin de passer aux autres. Et quoy qu'en suitte de chaque point nous ayons exprimé quelques affections & resolutions conformes au susdit Point, & qu'il les faille auoir attentiuement leuës; si n'est-il pas besoin de s'y attacher tellement en l'oraison, qu'on ne se reserue la liberté de receuoir celles que l'esprit de Dieu peut inspirer, qui sont les meilleures & les plus efficaces.

19. Quant à la maniere de bien faire l'Oraison, de s'y bien disposer, & d'en tirer profit, comme aussi touchant les difficultez qui s'y rencontrent, &

DIRECTOIRE.

les remedes dont on se doit seruir, tout cela se trouuera clairement & suffisamment expliqué, au traité que nous en auons fait dans nostre Addresse spirituelle; qu'il est bien necessaire d'auoir pour bien faire ces presens Exercices.

20. Quand on aura acheué les exercices, il faudra premierement remercier Dieu pour toutes les veuës, bons mouuemens, & sentimens qu'on y aura eu : Puis il faudra remarquer toutes les bonnes resolutions qu'on y aura pris : & finalement supplier la souueraine bonté de donner l'assistance de sa grace efficace, pour pratiquer en la conuersation tout le bien qu'on s'est proposé de faire en la retraite.

Nostre sainct Pere le Pape Pavl V. concede à toutes personnes religieuses, qui l'espace de dix iours retirées & separées de la conuersation des autres, feront les exercices spirituels, & durant iceux se confesseront & communieront, pleniere indulgence et remission de tous leurs pechez; ainsi qu'il est porté dans la Bulle des Indulgences octroyées aux Religieux, en datte du 23. May de l'année 1606.

PREMIERE PARTIE.

Contenant les Meditations propre à exciter l'ame, & la porter à la mortification de ses passions & mauuaises habitudes.

Premiere Meditation.

Du benefice de la Creation.

Trois points à considerer sur ce sujet.

1. De la source de nostre estre.
2. De l'excellence de nostre estre.
3. De la fin de nostre estre.

PREMIER POINT.

ONSIDEREZ comme Dieu estant ce qu'il est de toute eternité tres-heureux & content en soy,

Premiere Meditation

tres-fuffilant à foy-mefme, n'ayant befoin de nos biens, ny d'aucune creature; & vous eftant neant, fans pouuoir de vous donner vn moment d'eftre, & rien qui foit pendant toute cette eternité precedente: ce grand Dieu a bien daigné ietter les yeux fur l'abifme de voftre neant pour vous en extraire, & vous faire eftre. Car vn bien long-temps a efté que vous n'eftiés point, & n'euffiez iamais efté fans le bon plaifir de Dieu, qui vous aimant de toute eternité d'vn amour infiny, fans autre motif que fa pure bonté, vous a voulu creer, & vous faire eftre au nombre de fes creatures.

Affections & refolutions.

O mon Dieu, mon Crea-

de la premiere Partie.

teur, & Bien-facteur! qui voyez & appellez les choses qui ne sont cōme celles qui sont, ie vous adore & recōnois pour le souuerain & principal autheur de mon estre, de ma vie, & de tout ce que ie suis, & me reconnois pour vostre tres-obligée creature. La grace & faueur que vous m'auez faite de me regarder de toute eternité auec dessein & volonté de me creer; & puis de me tirer au temps qu'il vous a pleu du non estre à l'estre, est si grande que ie ne sçaurois iamais assez dignement le reconnoistre. Car que seroy-je sans la creation, qui est le premier de tous vos benefices, & sans lequel ie suis incapable de tous les autres? Et puis que pour ce benefice ie vous dois tout moy-mesme,

A ij

ie me rends tout entier & pour iamais à vous, desirant pour cette grace vous remercier infiniment, vous seruir fidelement, & penser à vous continuellement si ie pouuois, estant plus que raisonnable que vous ayant pensé eternellement à moy pour me creer, ie pense autant qu'il me sera possible à vous, pour vous aymer & seruir, detestant l'ingrat & méconnoissant oubly que i'ay fait de vous par le passé. Et reconnoissant combien le frequent souuenir de ma vile & abiecte extractió m'est necessaire pour desenfler ma superbe, ie vaqueray plus souuent à la Meditation de mon neant, & auec plus d'attention que ie n'ay fait par le passé. Ie m'humilieray & abaisseray plus bas que la terre mefme, me reconnoiffant extraict & produit du neant, qui eft plus bas & plus profond que les plus profonds abyfmes de la terre.

Second Point.

Confiderez que Dieu qui vous a veu & aymé d'vn amour fpecial dés l'eternité vous a voulu donner vn eftre non tel quel, mais vn eftre noble & releué par deffus toutes les creatures vifibles. Car ayāt annobly voftre eftre de vie & fentiment, il vous a en outre doüé d'intelligence, & liberté; de forte que vous foyez prefque égal & compagnon des Anges, & la feule Creature dans ce monde vifible capable de le connoiftre & de l'aymer.

Premiere Meditation

Affections & resolutions.

O mon souuerain Seigneur, maistre absolu de toute creature! ie recōnois qu'auec le mesme amour auec lequel vous m'auez creé, vous m'auez aussi distingué des autres creatures, & n'auez voulu que ie fusse ny vne pierre, ny vn marbre, ny vn serpent, ny telle autre creature, mais creature raisonnable faite à vostre image & semblance, releuée au dessus de toutes les autres creatures visibles. Et neantmoins ingrate & desloyale creature que ie suis, i'ay mis en oubly cette grace & estant mis en honneur & dignité, ie ne l'ay pas reconneu, mais ie me suis rendu semblable aux animaux sans raison: car au lieu de me seruir de la

de la premiere Partie.

raison, & du libre arbitre pour retenir mes sens, & dompter mes appetits, ie me suis rendu serf & esclaue de mes passions brutales comme vne beste. Reconnoissant donc à present par la lumiere de vostre grace, ô Monseigneur, la dignité de ma condition, ie n'en veux plus degenerer, ny me laisser transformer en beste à l'appetit de mes passions. Et partant ie me resous de prendre attentiuement garde desormais, que pas vne de mes affections ne me precipite le iugement, & ne me porte au delà de la raison : mais que toutes les puissances de mon interieur cheminent apres elle, & la suiuent comme leur guide, ayant tousjours l'œil ouuert, & la main leuée sur mes passions, lesquelles pour n'eſtre encore captiuées & amorties me troublent & rauagent l'eſprit, & ſont cauſe que depuis que ie me trouue dans la Religion, ie n'y ay pas encores parfaitement acquis vne vertu.

Troisiesme Point.

Conſiderez que la fin pourquoy Dieu vous a mis en ce monde, n'eſt pas pour y mener vne vie animale, & ioüyr des plaiſirs de vos ſens comme les beſtes, ny pour courir apres les vains honneurs de ce monde, ou apres les richeſſes periſſables de la terre: mais pour le connoiſtre, & l'aimer, le ſeruir, & l'honnorer. Car comme il a fait toutes les autres creatures & tout ce monde viſible pour vous, auſſi vous a-il fait tout pour luy seul, & non pas mesme pour les Saincts, ny pour les Anges, ny mesme pour sa bien-heureuse Mere. Et sçachez que tant & si long temps que vous ne viurez pas pour luy, vous viurez inutilement, & pour neant sur la terre.

Affections & resolutions.

O Dieu de mon cœur, mon souuerain principe, & ma derniere fin ! quelle grace vous rendray-ie de ce que comme vous auez fait toutes vos creatures pour moy, vous m'auez fait pour vous seul ? Mais quel regret auray-ie d'autre part d'auoir si temerairement & si souuent renuersé ce bel ordre que vous auez estably, ayant quasi fait toutes mes actions pour mon plaisir & propre satisfaction, m'establissant comme la derniere fin d'icelles? Et quoy qu'autant de creatures dôt vous auez orné & enrichy le monde, qui annoncent vostre puissance en leur estre, vostre sapience en leur ordre, & vostre bonté en leur espece, & qui n'ont iamais decliné de l'estat & du train où vous les auez mises dés leur creation, me soient autant de langues & de voix qui me preschent l'amour & l'obeïssance que ie vous dois, afin que comme elles correspondent totalement à vostre saincte ordónance en l'estat de nature, ie corresponde aussi fidelement à vostre sainct vouloir, & au mouuemēt de vostre sainct Esprit en l'estat de grace: neantmoins demeurant sourd à leur semonce, i'ay quasi tousiours fait ma propre volonté, ne me portant à la vostre qu'autant qu'elle s'accordoit à la mienne, & viuant cōme si i'eusse esté fait non pour vous, mais pour moy-mesme, qui ne suis qu'vn peu de poussiere, & fumée que le vent emporte. Et au lieu de me seruir de la beauté & bonté de vos creatures pour m'acheminer à vous qui estes ma derniere fin, ie vous ay indignement abandonné & mesprisé pour m'attacher aux creatures, n'ayant vsé quasi de rien, & n'ayant fait quasi iamais rien sans m'y lier d'affection, tant ie me suis aimé és creatures, & aymé le vain plaisir en icelles. Partant i'ay besoin d'vn grand effort, & d'vne tres-particuliere assistance de vostre grace, que ie requiers de tout mon cœur, pour me destacher de tout ce qui n'est point vous, & sur tout de moy-mesme, & m'attacher à vous, me resoluant de ne me plus seruir des creatures que petitement & comme en passant pour la seule necessité, & sur tout de n'aymer plus aucune creature pour elle mesme, ny pour moy, mais pour vous, & en vous, desirãt vous aymer en toutes choses, & vous mesme sur toutes choses, sans me laisser plus diuertir à l'amour de quoy que ce soit qui me puisse tant soit peu esloigner du pur amour & fidele seruice que ie vous dois, ô Dieu de mon cœur, la vie de mon ame, & le soustien de mon estre à iamais!

SECONDE MEDITATION.

De la vilité du Corps, & dignité de l'Ame.

Trois points à considerer sur ce sujet.

1. *La vile & abiecte condition du corps.*
2. *L'excellente & noble condition de l'Ame en la nature.*
3. *L'excellence de l'Ame en l'ordre de la grace.*

Premier Point.

CONSIDEREZ que Dieu vous ayant donné en la création vn Corps & vne Ame dont vous estes composé, le corps n'estant que le suiet & vaſſal de l'Ame, il n'en faut pas tenir grand compte, conſideré ſon origine, ce qu'il a eſté, ce qu'il eſt, & ce qu'il ſera. Son origine eſt la terre & le neant; ce n'a eſté autrefois qu'vne orde & ſale matiere; ce n'eſt à preſent qu'vn ſac d'ordure; & ce ne ſera vn iour que puanteur & infection, ſeruant de nourriture aux vers. C'eſt vn rebelle & mutin, qui s'éleue ſouuent contre la raiſon, & s'oppoſe d'ordinaire aux bonnes œuures. C'eſt vn laſche & pareſſeux, qui refuit les genereuſes & difficiles entrepriſes de vertu, touſiours ennemy de la peine, & de la penitence.

Affections & reſolutions.

Admirable eſt voſtre ſageſſe

& prouidence, en toutes choses, ô mon Dieu mon Createur! mais particulierement en ce que voyant combien grande est mon inclination à m'enfler & m'enorgueillir, vous m'auez donné en ce mien corps vn si grād sujet de m'humilier & mespriser moy-mesme, me voyant à son occasion si petit & bas, sujet à tant d'ordures, de miseres & calamitez, finalement sujet à la mort & pourriture. Et d'autant que ce mien corps est vn seditieux & rebelle à son maistre qui est l'esprit, ie le tiendray pour vostre amour soubs bride, crainte qu'il ne fasse le cheual eschappé: ie luy donneray comme à vn valet ou mercenaire ce que sa necessité requerra pour en tirer seruice, & non ce que sa sensualité desirera ; car le flatter & delicater ainsi, c'est le perdre & le gaster. Et puis que vous m'auez enseigné, ô mon bon Maistre, que si i'aime & cheris trop la vie de mon miserable corps en ce monde, ie la perdray en l'autre ; mais si ie la mesprise icy pour vostre amour, ie la recouureray là bien plus parfaite & accomplie : fortifiez moy en la resolution que ie prends de ne plus viure selon la chair & le sang, mais selon l'esprit, afin de vous seruir pour iamais en esprit & verité.

Second Point.

Considerez que vostre Ame est la principale & plus noble partie de vous, le corps n'estant de iuste droit que son esclaue & seruiteur ;

que c'est en elle que le Tout-puissant ouurier de l'vniuers a graué le charactere de sa diuinité, afin que quand elle viendroit à rétrer en elle mesme, elle y reconneust aussi tost le pourtrait de son autheur tiré au vif, & que par ce moyen elle fust à mesme instant doucement attirée à son amour & seruice. Ainsi l'a il creée toute spirituelle comme luy, intellectuelle & immaterielle comme luy, libre & franche en ses actions comme luy; & comme il est vn en essence, & trine en personnes, aussi a il creé cette Ame vne & simple en son essence, & distincte en trois belles puissances & facultez, sçauoir est la memoire, l'entendemét & la volonté, qui sont inseparablement vnies à la mesme essence : Bref, comme la diuinité est immense & infinie, ainsi l'Ame est de si grande capacité, qu'aucune chose creée ne peut suffir à son desir que Dieu seul infiny.

Affections & resolutions.

Soiez beny pour iamais, ô mon Dieu, de m'auoir donné vne Ame de si grande dignité, qu'elle soit égale aux Anges, & semblable à vous, capable de vous connoistre, aimer, & seruir. Mais malheur à moy qui frappé d'aueuglement & d'oubliance en ay tenu si peu de compte, que ie ne me suis soucié, à l'appetit d'vn petit plaisir, ou d'vne passion, de la gaster & soüiller si souuent par le peché ; & au lieu d'y conseruer soigneusement l'image que

de la premiere Partie. 19

vous y auiez grauée de voſtre diuinité, & me garder d'y brunir & fanertruire le moindre de ſes traits par quelque petite offenſe, i'y ay ſubſtitué par ma malice & infidelité celle de ſatan. Rechargez donc maintenant, ô mon Dieu ! par voſtre bonté & miſericorde les traits preſque tout ternis de cette voſtre diuine image en mon Ame, que vous y auiez grauée & imprimée de vos propres mains, non par vn Ange ou autre creature ; & faites qu'en la reconnoiſſant & venerant en moy, ie m'eſtudie de me conformer en tout & par tout à vous, & de vous ſeruir & honorer en toutes choſes. Et vous, ô mon Ame ! ſoiez honteuſe & confuſe qu'aiant eſté faite à la ſemblance de Dieu pour viure en esprit & selon Dieu, vous ayez si long temps & si indignement folastré apres les apperits du corps; & prenez resolution d'ores en-auant de les dominer à bon escient, & de viure auec interieur, c'est à dire auec mortification & vertu.

Troisieme Point.

Considerez que vostre Ame n'a pas esté rachetée auec l'or & l'argent, mais auec le pretieux sang de Iesvs-Christ. Que si les hommes du monde font grand estat des choses qu'ils ont achetées à grand prix, ou acquis auec grand' peine, les conseruans auec soin, & les possedans auec grande crainte de les perdre: quelle estime deuez vous faire de vostre Ame que Dieu mes-

de la premiere Partie. 21

me a acquife au prix de fa propre vie? auec quel foin la deuez vous conferuer? & quelle crainte deuez vous auoir de la perdre en ce monde, où vos ennemis font toufiours en embufcade pour la furprendre? On ne fçauroit affez dire combien le Chreftien, & le Religieux fe rend indigne de fa profeffion, quand ayant quitté le pere, la mere, les biens, & tout le monde, pour fuiure IESVS-CHRIST, & fauuer fon Ame, il va poftpofant le foin & attention qu'il doit auoir de perfectionner & fanctifier fon Ame, au foin de conferuer fon honneur, fa fanté, ou quelque vain plaifir.

Affections & resolutions.

O mon Sauueur & mon Redempteur, ie ne sçaurois assez detester ma méconnoissance & mon ingratitude en vostre endroit, de ce que vous ayant racheté mon Ame auec tant de peines & de souffrances, voire auec la mort de la Croix, ie me sois si peu soucié de la conseruer en la saincte liberté que vous luy auiez acquise par vn si grand prix, la laissant reduire en son premier esclauage, ores en seruant au diable, ores en s'assuietissant aux loix du monde, ores obeissant aux appetits du corps. Vous l'auiez faite par la mort de vostre Fils vostre fille adoptiue, & moy par le péché, fille d'ire; vous, sœur & coheritiere de Iesus-Christ,

& moy, sœur & coheritiere de satan; vous, compagne des Anges, & moy, compagne des malins esprits; vous, pure & libre, & moy, sale & esclaue du peché; vous, heritiere du Ciel, & moy, heritiere de l'enfer. Voyla, mon Seigneur, mes ingratitudes & desloyautez passées, que ie deteste & abhorre de tout mon cœur.

TROISIESME MEDITATION.

De la Conseruation & Preseruation.

Trois points à considerer sur ce sujet.

1. *Que la conseruation est vne continuelle creation.*
2. *Que Dieu conserue toutes les autres creatures pour nous.*
3. *Que pour nous conseruer Dieu nous preserue de beaucoup d'inconueniens.*

PREMIER POINT.

CONSIDEREZ que nostre bon Dieu, Pere cõmun de toute creature, mais plus particuliere-

B

ment de l'homme, ne vous a pas donné pour vne fois seulement tous les biens qui sont en vous, & hors de vous, soit en l'ordre de nature, soit en l'ordre de grace, mais qu'il continuë par sa singuliere bonté de vous conferer autant de fois ces mesmes biens qu'il y a d'ans, de iours, d'heures, & moments en vostre vie. Car qu'est-ce autre chose vous les conseruer tout ce temps là que vous les donner continuellement ? Pensez que la mesme toute-puissante main de Dieu qui vous a fait & formé vous soustient & conserue en l'estre qu'elle vous a donné. Que si cette main fauorable de l'assistance continuelle de ce bon Dieu venoit tant soit peu à se retirer de vous aussi tost vous retourneriez à neant, & seriez comme si vous n'eussiez iamais esté.

Affections & resolutions.

Ie reconnois plus que iamais, ô mon souuerain Conseruateur & Protecteur! combien grand est le benefice par lequel il vous plaist me conseruer en l'estre, & au bien estre que vous m'auez donné; & ce d'autant plus qu'il me semble qu'il part d'vne plus grande bonté & misericorde, que le benefice de la creation, par lequel vous me l'auez tout premierement conferé; car si bien auant que ie fusse ie n'ay peu rien meriter de vostre bonté, au moins ne pouuois-ie alors rien demeriter, ne vous pouuant offenser : mais du depuis que vous m'auez donné l'estre,

Troisiesme Meditation

i'ay autant de fois merité que vous m'abymassiez & aneantissiez, que ie vous ay offensé par le mespris que i'ay si souuent fait de vos saintes ordonnances, & salutaires cõseils. Il estoit bien iuste & raisonnable, que puis que i'auois si souuent abusé de l'estre & de la vie, & des autres biens que vous m'auiez donné, vous m'en priuassiez à iamais, & que vous effaçassiez pour tousiours de dessus la terre la memoire d'vne si ingrate & desloyale creature. Ouy certes, il estoit plus que iuste & raisonnable : & toutesfois vostre misericorde & bonté se monstrant plus forte que vostre iustice en mon endroit, a fait que vous m'auez cõserué iusqu'à ce iourd'huy. Puis donc que ie ne subsiste que par vostre bonté, ie ne veux plus eſtre, ny viure, ny agir, que pour aymer cette voſtre bonté, ſans iamais plus me departir de l'amour inuiolable que ie vous dois pour tant de miſericordes.

SECOND POINT.

Conſiderez que non ſeulement ce ſouuerain Seigneur & conſeruateur de tout eſtre vous conſerue & entretient d'vn ſoin plus grand qu'vne mere ne fait ſon petit enfant, mais encore conſerue pour l'amour de vous toute la nature creée, qui ſemble eſtre en voſtre endroit comme vne bonne mere nourrice, à qui voſtre Pere celeſte a recommandé le bien de voſtre conſeruation, dont les mammelles ſont autant de creatures qu'il y a, dont vous succez le laict de voſtre nourriture & entretien. Que ſi vous auez grand ſujet de vous reconnoiſtre tres-obligé à Dieu pour le ſoin particulier qu'il a de vous conſeruer en l'eſtre naturel; combien plus d'obligation luy auez vous de ce qu'il daigne vous conſeruer en l'eſtre ſurnaturel de ſa grace, & que pour vous y conſeruer il vous aſſiſte, outre le miniſtere des Anges qu'il a deſtinez pour voſtre garde, du continuel ſecours de ſes inſpirations, lumieres, & bons mouuemens interieurs; par leſquels il vous retire peu à peu des creatures, & vous attire à luy, & ſans laquelle aſſiſtance vous ne ſubſiſteriez pas vn iour, voire meſme pas vne heure en ſa grace.

Affections & resolutions.

Quand ie me considere, ô grand Dieu l'vnique souſtien de mon eſtre en vne ſi neceſſaire & ſi continuelle dependance de vous, que pour ſi peu que vous m'abandonnaſſiez, mon corps à meſme inſtant ſeroit reduit en poudre, & mon ame releguée aux enfers: non ſeulement ie m'eſtonne comme i'oſe vous irriter par mes offenſes; mais ie m'eſtonne meſme comme ie ne m'eſtudie continuellement à vous plaire & gagner vos bonnes graces, puis que de là depend la continuation de tout mon bien : c'eſt pourquoy ie reſous, moyennant voſtre grace, de viure deſormais fort humble, & ſouſmis en la veuë continuelle de la dependance que i'ay de vous & de voſtre grace, ſans plus me fier ny en la bonté de nature dont vous m'auez peu preuenir dés ma naiſſance, ny en l'accouſtumance ou habitude au bien que i'aurois peu contracter dés long temps, ny en la fermeté de mes reſolutions, ſçachant bien qu'il m'eſt beſoin, outre tout cela, dans l'occaſion du ſecours actuel & preſent de voſtre grace, ſans lequel ie ne pourrois rien faire auec tout le reſte qui vous fuſt agreable.

TROISIESME POINT.

COnſiderez comme noſtre bon Dieu pour vous conſeruer dans les biens qu'il vous a conferé, ſoit du corps, ſoit de l'eſprit, ſoit de la nature, ſoit de la grace, vous a preserué iusques à present, & vous preserue encore iournellement d'vne infinité d'accidents & malheurs qui vous pouuoient & peuuēt arriuer, soit au corps, soit à l'ame, & ce dés l'instant que vous fustes conceu au sein de vostre mere iusqu'à maintenant. Car qui empescha que dés lors que vous estiez renfermé dans le sein de celle qui vous a conceu, vous ne fustes contrefait ou difforme, ou mesme priué de quelques vns de vos sens, comme il s'en voit tant d'autres qui naissent, les vns bossus, les autres boiteux, les autres aueugles, les autres sourds & muets? Et qui a empesché que vous n'ayez esté estouffé dans ces mesmes entrailles, ou que ne soyez mort en naissant comme plusieurs autres auant de receuoir le sainct Baptesme, sinon la speciale prouidence de Dieu, qui vous a preserué de tous ces inconuenients, & qui apres vostre naissance, pendant vostre enfance, & du depuis, vous a preserué des mesmes malheurs que vous voyez arriuer à tant d'autres pendant le cours de leur vie, qui les rendent incommodez tout le reste de leurs iours ? C'est sans doute par sa speciale protection & sauuegarde que vous auez esté preserué de tous ces inconueniens-là ; & mesme de beaucoup d'autres qui concernent vostre ame. Car de combien de tentations & d'occasions de mal-faire pensez vous que nostre bon Dieu vous ayt guarenty & preserué, ausquels vous en auez veu, & voyez vne infinité d'autres exposez, & ausquels si vous eussiez esté exposé, vous eussiez sans doute succombé comme eux? Combien d'accidens pensez-vous que ce mesme Seigneur tres-misericordieux en vostre endroit a diuerty, que s'ils vous fussent arriuez, comme a beaucoup d'autres, vous fussiez mort en peché mortel comme ils sont morts?

Affections & resolutions.

O mon Seigneur, Dieu de mon salut, & le special protecteur de ma vie, de combien vous suis-ie obligé & redeuable pour le special & particulier soin que vous auez pris de moy, depuis l'instant de ma conception iusques à l'heure presente, pour me preseruer d'vne infinité d'inconueniens & miseres, soit corporelles, soit spirituelles, où ie pouuois tomber, & où tant d'autres sont tombez, & ce nonobstant tous mes demerites & offenses? Que vous rendray-ie donc pour tant de signalez benefices, qui sont en aussi grand nombre qu'il y a d'inconueniens & malheurs, soit corporels, soit spirituels, dont vous m'auez preserué? Hé! que pourroy-ie faire pour vous pouuoir tesmoigner le vouloir que i'ay de ne plus vous demeurer ingrat, comme i'ay fait par le passé, sinon de vous offrir & rendre de bon cœur, tout ce que vous m'auez donné & redonné à tous les momens de ma vie par le benefice de conseruation & preseruation, pour le consacrer & employer du tout à voſtre seruice? Ie ne veux plus que ce mien corps subsiste, ny qu'aucun de ses organes ou sentimens opere que pour voſtre gloire, & conformément à voſtre saint vouloir; comme aussi ne veux-ie plus que mon ame respire autre chose que voſtre amour, ny que ses facultez & puissances soient employées à autre chose qu'à vous loüer & honorer à iamais.

QVATRIESME MEDITATION.

Du benefice de la Redemption.

Trois points à considerer.

1. Que ce benefice est la source de beaucoup d'autres.
2. Que par iceluy nos plus puissants ennemis, le diable, le monde & la chair ont esté terrassez.
3. Que par ce benefice nous sommes deliurez de trois grands maux, du peché, de la mort, & de l'Enfer.

PREMIER POINT.

CONSIDEREZ que comme le benefice de la creation est la source de tous les biens que

Dieu comme principe de tout estre naturel nous confere en l'ordre de la nature, ainsi le benefice de la redemption est la source & l'origine de tous les biens surnaturels que IESVS Homme-Dieu, comme autheur & principe de nostre salut eternel, nous confere en l'ordre de la grace & de la gloire ; & de plus comprend tous les sacrez mysteres qui se sont passez en sa tres-sainte & sacrée humanité, notamment ces quatre-cy principaux ; sçavoir est son admirable Incarnation, sa douloureuse Mort & Passion, sa glorieuse Resurrection, & sa triomphante Ascension. Mais voyez de grace, que comme en la creation nostre bon Dieu, entât que toutpuissant, a produit pour vous toutes choses du rien ; le mesme, entant que tres-clement, en ce benefice de la Redemption, s'abaissant iusques à vostre rien, & s'aneantissant, s'est donné non moins amoureusement qu'admirablemét à vous, se faisant par ce moyen vostre vie & vostre salut, vostre resurrection & vostre gloire : pourquoy donc desormais ne serez-vous tout à luy.

Affections & resolutions.

O mon Seigneur & Redempteur IESVS, puis que vous ne vous estes pas contenté comme Verbe incrée, & en qualité de Dieu d'estre mon facteur & bien-faiteur, mon conseruateur & protecteur ; mais encore comme Verbe incarné en qualité d'homme diuin, vous auez bien daigné eſtre mon Redempteur & Iuſtificateur, mon Conducteur, mon Paſteur, & mon Sauueur, voire ma redemption meſme, ma iuſtice, ma guide, ma nourriture, & mon ſalut. Ce n'eſt point aſſez que ie me reconnoiſſe voſtre tres-obligée creature, & voſtre redeuable de tout ce que ie ſuis en l'eſtre de nature; mais il faut de plus que ie me reconnoiſſe voſtre eſclaue & ſerf de iuſte droict racheté, & à vous acquis par le prix ineſtimable de voſtre ſang, & aſſeruy pour iamais ſoubs le doux ioug de voſtre ſainte loy d'amour; & partant que ie ne dois plus eſtre à moy, mais tout à vous, & que ce n'eſt plus à moy, mais à vous de diſpoſer de moy au temps & en l'eternité.

Second Point.

Considerez qu'il ne vous eust de rien seruy d'auoir esté en la Creation formé à l'image & semblance de Dieu, si ayant esté difformé par le peché vous n'eussiez esté reformé par le benefice de la Redemption. Car sans ce signal bienfait vous estiez ennemy iuré de Dieu, miserablement captif de trois puissans ennemis de vostre salut, sçauoir est du diable, du monde, & de la chair, dont Dieu vous a par ce moyen misericordieusement deliuré. Le monde vous eust detenu emprisonné dans ces obscurs & tenebreux cachots d'erreur & d'impieté. La chair vous eust tenu l'esprit attaché, comme vn forçat à la cadene, à tous ses appetits & passions desordōnées. Et le diable se seruant de ces deux supposts de sa malice vous eust commandé à baguette, & se fust ioüé de vous. Et ainsi vous eussiez tousiours vescu miserablement, seduit du monde, infecté de la chair, & maistrisé du diable, si Dieu se faisant homme ne vous eust racheté au prix de son sang & de sa vie d'vne si miserable seruitude.

Affections & resolutions.

O mon souuerain Seigneur & Maistre, ouurez les yeux de mon ame, & me donnez lumiere, afin que ie puisse comprendre auec tous vos Saints la longueur, la largeur, la hauteur & profondeur de ce signalé benefice de ma Redemption

de la premiere Partie, 45

que vous auez operé auec tres-grande peine & souffrance en voſtre naiſſance, en voſtre vie, & en voſtre mort. C'eſt par ce grand bienfait que ie me vois maintenant aſſiſté de grace, guidé de voſtre eſprit, fortifié, muny & alimenté de vos ſaints Sacremens, conſolé de voſtre parole, & ſouſtenu par vos promeſſes en l'eſperance de mon ſalut. C'eſt auſſi par ce moyen que vous vous eſtes fait ma guide & mõ ſentier pour me redreſſer au train de voſtre ſainte volonté, ma lumiere & verité pour m'eſclairer à la connoiſtre, & ma vie pour m'animer & encourager à la bien faire & pratiquer: car c'eſt vous meſme, ô mon bon IESVS qui auez dit pendant que vous trauailliez à ce grand ouurage, *Ie ſuis la*

Voye, la Verité, & la Vie. O ma douce vie, quand sera-ce que ie ne viuray plus que pour vous ?

TROISIESME POINT.

Considerez comme par ce benefice Dieu vous a misericordieusement deliuré de trois grands maux qui regnent vniuersellement par tout le monde, sçauoir est du peché, de la mort, & de l'enfer, vous deliurant de ces maux, vous a conferé les biens opposites, vous tirant du peché à la grace, de la mort à la vie, & de l'enfer au Paradis. Et semble qu'en ce benefice nostre bon Dieu a d'éployé tous les tresors & richesses de son amour & bien-ueillance en vostre endroit: car pour commencer ce grand ouurage de voſtre redemption luy qui eſtoit en la forme & ſubſtance de Dieu, s'eſt aneanty iuſques a la forme de ſeruiteur fait à voſtre ſemblance. Et pour acheuer ce meſme ouurage, il s'eſt encores abaiſſé dans cet aneantiſſement iuſques à la mort de la Croix, y donnant ſa chere ame, & y eſpanchant tout ſon ſang precieux. Et par ce moyen Dieu vous a remis en pleine liberté, reconcilié auec luy, adopté pour ſon fils & heritier capable de ioüyr des treſors de ſa grace en terre, & de ſa gloire dans le Ciel.

Affections & reſolutions.

O Dieu de mon ſalut, mon liberateur & Sauueur, que vous pourray-ie rendre pour vn ſi grand benefice, & qui en contient tant d'autres; car si ie vous ay desia donné mon estre & ma vie comme à mon Createur & souuerain Seigneur, que me reste-il à vous donner comme à mon Redempteur & charitable liberateur, sinon ce que vous estimez & desirez plus que ma vie, qui est l'amour? Ie vous aimeray donc mon Seigneur, mon tres-aimable & tres-amoureux Sauueur, & vous aimeray de tout mon cœur, & de toutes mes forces, ne desirant plus estre, viure, ny agir, ny souffrir que pour vostre amour, & en vostre amour, ô l'vnique amour de mon ame pour iamais!

CINQVIESME MEDITATION.

De la vocation à la foy & connoissance de Dieu.

Trois points à considerer.

1. *La necessité de ce benefice.*
2. *La speciale providence de Dieu envers nous pour ce sujet.*
3. *Les fruicts signalez de ce benefice.*

Premier Point.

CONSIDEREZ comme les deux precedens signalez benefices de la Creation & Redemption, & tout ce que nostre Seigneur a fait en sa sainte vie & mort ne vous eussent de rien profité fans ceftuy-cy, non plus qu'à tant d'infideles & mefcreans fauuages, Mahometans, Iuifs, Heretiques & Schifmatiques, qui periffent tous les iours, & font miferablement damnez, quoy que Dieu les ayt creé à fon image & femblance auffi bien que vous, & ayt fouffert & enduré la mort auffi bien pour eux, que pour vous.

Affections & refolutions.

O Dieu de mon falut ; fi ie vous fuis doublement acquis par les benefices de creation & redemption, combien ne dois-ie fentir voftre obligé pour la fpeciale grace de vocation à la foy, creance, & participation de vos facrez myfteres, fans laquelle il ne m'euft de rien seruy d'auoir esté creé à vostre image, & racheté de vostre sang. Il me paroist bien en ce bien-fait que vous m'auez tres particulierement aymé & fauorisé de dire, qu'entre tant de milliaces d'hommes qui ont vescu & viuent dans les tenebres d'infidelité, vous m'ayez appellé à la lumiere de verité, & à la fidele creance de vos diuins mysteres. Qu'auoy-ie fait ou merité en vostre endroit plus que tous ces miserables infideles & payens, pour auoir esté preuenu de ceste speciale grace: c'est vostre pure bonté & special amour en mon endroit qui m'a procuré ce signalé bien-fait, qui me rend efficace le bien-fait de la Redemption, & me donne ouuerture à tous les autres bien-faits, soit

C ij

de grace en ce monde, soit de gloire en l'autre.

SECOND POINT.

Considerez comme nostre Seigneur a si suauement & fauorablement pour vous disposé toutes choses en l'ordre de sa sainte prouidence, que vous ayez esté appellé à la foy, & regeneré en sa grace pour le Ciel, quasi aussi tost que vous auez esté engendré sur la terre. Ce qui ne fust pas arriué, si vous eussiez pris naissance du temps que l'impieté & l'idolatrie regnoit par toute la terre; ou si vous fussiez né en vn pays desert parmy les sauuages, ou parmy les infideles & Mahometains; ou si vous fussiez né de parents heretiques ou schismatiques.

de la Premiere Partie. 53

Affections & resolutions.

C'est icy mon tres-pitoyable Pere que ie reconnois le soin ...es-particulier & plus que paternel que vous auez eu de moy en l'ordre immuable de vostre tres-sainte prouidence. Car vous pouuiez ordonner que ie naquisse du temps que l'infidelité couuroit toute la terre : & vous m'auez reserué au temps que vostre sainte Euangile, vraye lumiere du monde, a rayonné par tout l'vniuers. Vous pouuiez permettre que ie naquisse parmy des peuples sauuages & barbares, où vostre saint Nom n'est point conneu. Et vous m'auez fait naistre en vn pays habité, & dés long temps imbu de vostre connoissance, où l'on vous

C iij

presche & sert publiquement Bref i'eusse peu naistre de parens infideles, heretiques ou schismatiques, & vous m'auez fait naistre de parés Chrestiens & Catholiques. Que vous rendray-ie, ô mon souuerain bienfacteur! pour tant de graces contenuës en ce signalé bienfait de ma vocation à la foy? Ie me rendray pour iamais tout à vous, puisque vous ne demandez de moy que moy mesme, mais pour me rendre fidelement à vous, ie me desnieray à toute autre chose, voire à moy mesme, si ce n'est purement pour vous.

Troisiesme Point.

Considerez que Dieu pouuant, sans vous faire tort, vous laisser dans la masse de perdition des enfans d'Adam, comme ennemy que vous luy estiez, & pouuant par consequent permettre, que quoy que né au temps de la grace en vn pays Catholique, & de parens Chrestiés & Catholiques, ce neantmoins vous eussiez esté abandonné dés vostre tendre ieunesse, sans instruction des choses de vostre salut: meu toutesfois de sa pure misericorde, & du special amour qu'il vous porte, a voulu que vous fussiez instruit de la foy, & non seulement que vous fussiez instruit des mysteres qu'elle contient, mais mesme que vous les creussiez, & que par le moyen de cette foy & creáce vous fussiez faits membre du corps vniuersel de son Eglise, vous fussiez non plus estranger, mais l'vn de ses domestiques, edifié sur le solide fondement des Prophetes & Apostres, dont Iesus-Christ est la pierre angulaire, conjoignant en sa personne les predictions des Prophetes, & la predication des Apostres, les figures & ombres de la loy, & la verité de la foy.

Affections & resolutions.

Ie ne vous peux iamais assez dignement remercier, ô mon tres liberal Seigneur, de ce que par ce benefice de vocation vous m'auez infus la lumiere de la foy, qui est vn don de grace si grand, que ie ne sçaurois suffisamment l'exprimer; car elle est le principe de la grace, l'entrée à la vie eternelle, le fondement de salut, la porte du Ciel, l'œil & lumiere de l'ame, & la racine de tous biens, sans laquelle ie ne serois qu'vne miserable creature errante, sans guide, sans pasteur, & sans Dieu, & qu'vn bois sec pour brusler eternellement en enfer. Or quoy que vostre bonté m'ait si misericordieusement esclairé de ceste diuine lumiere, si est-ce que mon ingratitude & mesconnoissance a esté si grande, que i'ay souuent laissé comme eclipser cette lumiere de vostre grace en mon esprit, pour le peu de soing que i'ay eu de penser viuement & de prés aux choses de vostre Royaume, & de les auoir ordinairement comme presentes deuant le yeux, à l'exemple de tous vos Saincts, qui viuans sur terre auoient le futur present. Ie reconnois, à ma grande confusion, que faute de viue foy, & forte apprehension des choses de mon salut, i'ay ce iourd'huy fort peu de vertu & de mortification: & partant pour me tirer de ce desordre ie penseray souuent, fortement, & viuement aux choses de mon salut, ie tascheray, moyennant vostre sainte grace, d'auoir les choses futures tousiours presentes, & de demeurer tousiours d'esprit au Ciel, sans plus me lier aux choses de la terre, puis qu'aussi bien ie ne fais que voler à la mort, & ne suis au monde que pour vn moment.

SIXIESME MEDITATION.

De la Mort.

Trois points à considerer.

1. Touchant la necessité de mourir.
2. Touchant l'incertitude du temps, & de l'heure qu'il faudra mourir.
3. Touchant l'importance de bien mourir.

PREMIER POINT.

CONSIDEREZ que c'est vn arrest de condemnation irreuocable, & sans appel, sur tous les enfans des hommes, sans exception, qu'il faut mourir; & partant qu'il n'y a rien de si certain que vous passerez vn iour par le tranchant de ce glaiue, qui ne pardonne à perfonne, & que vous vous trouuerez vous mefme en pareil eſtat, que tel, ou tel que vous auez veu rendre le dernier ſouſpir, & ce dans bien peu de temps. Car tout ce qui vous peut reſter de temps à viure eſt bien peu de choſe au regard de l'eternité qui ſuit. Conſiderez que les ieunes peuuent mourir bien toſt, & les vieux ne peuuent pas long temps viure. Penſez donc ſouuent & à bon eſcient qu'il vous faut bien toſt mourir, & ſortir de ce monde pour vn iamais, & que ce que vous auez à y viure paſſe comme le vol d'vn oyſeau, & comme vn ſonge ſur le réueil.

de la premiere Partie. 61

Affections & resolutions.

O que la frequente & serieuse pensée de ce derniere acte de ma vie me seroit vtile & necessaire pour la bien passer & me sauuer! & pour ce, ô Dieu de mon salut inspirez la moy souuent; car ie reconnois par experience qu'il n'y a rien qui rabaisse plus bas les cornes de mon orgueil & vanité, qui me porte plus au mespris du monde & de moy-mesme, qui suffoque plus soudain le vain plaisir, & couppe plustost broche à mes vices, que la pensée qu'il me faut bien tost mourir, & quitter tout pour comparoistre deuant vous, & vous rendre compte de ma vie. Ie me propose bien d'estre desormais plus soigneux d'y appliquer ma pensée, & de me representer au vif le grand changement & catastrophe qui se fera de moy alors. Helas! ô Dieu de ma vie, tout me passera pour lors, tout me disparoistra comme vne fumée de vent, & vous seul me demeurerez pour me sauuer ou damner pour iamais. Mes parens & mes proches, & ceux que i'ay le plus aymez, & pour l'amour desquels i'ay souuent abandonné vostre amour & vostre seruice ne me seruiront plus de rien. Vous seul, ô mon Dieu, vostre saincte Mere, vos bien-heureux Anges, & vos Saincts seront mon ayde, ma force, & mon secours. O que bien-heureux ie serois, si dés maintenant, pour tout le reste de mes iours ie ne m'attachois plus qu'à vous, pendant que la vaine apparence des choses de ce monde s'escoule comme l'eau d'vn fleuue! Grande folie à moy de former desormais d'autres desseins que pour la vie eternelle, puis qu'aussi bien la mort, que ie ne peux éuiter tost ou tard renuersera & dissipera tout ce qui ne sera point pour cela. Passe donc ô mon ame, comme estrangere & pelerine en ce monde, & ne t'arreste plus à rien qu'à Dieu, & à tout ce qui est de Dieu.

Second Point.

Considerez que comme il n'y a rien de plus certain que la mort, aussi n'y a-il rien de plus incertain que l'heure & le moment auquel elle doit arriuer, qui sera, peut estre, dans cette année, & peut eftre dans ce mois, ou en cette femaine. Hé! que fçauez-vous fi ce ne fera point dés auiourd'huy, ce foir, ou cette nuit? car combien en a on trouué le matin eftouffez d'vn catarre inopiné, qui s'en eftoient allez coucher en bonne fanté? & combien fe font leuez fains & difpos le matin, qui font morts auant la nuit? Penfez, ie vous prie, combien il vous peut furuenir d'accidens non preueus chaque iour, qui ne vous donneront pas peut eftre le loifir de parler, ny de penfer aux affaires de voftre ame. Et partant ne fçachant pas quand, ny de quelle part cette inexorable vous furprendra, tenez vous y tous les iours & à toute heure preparé.

de la premiere Partie. 65

Affections & resolutions.

Combien il m'est important de me tenir tout prest & preparé pour bien mourir, vous me le faites assez cōnoistre par les frequents aduertissemens que vous m'en donnez, ô mon bon Sauueur, comme quand vous dites en vn endroit, *Veillez, car vous ne sçauez, ny le iour, ny l'heure que le Seigneur viendra*, c'est à dire, qu'il viendra redemander vostre ame. Et en vn autre, *Soyez comme les seruiteurs qui attendent leur Maistre retournans des nopces, pour luy ouurir incontinent la porte*, c'est à dire, veillez & soyez preparez à me rendre l'ame quand ie la vous demāderay. Ie me resous donc de veiller, & me tenir cōtinuellemēt preparé pour bien mourir, voire de faire en sorte que toute ma vie soit comme vne continuelle preparation à la mort, m'eſtudiant d'eſtre touſiours dans le meſme reglement, & en la meſme diſpoſition d'eſprit que ie voudrois eſtre à cette heure là. Et pour ce qu'à l'heure de la mort ie voudrois bien pouuoir faire force actes de foy, d'humilité, de contrition, de reſignation, d'haine de moy-meſme, & d'amour de Dieu, ne ſçachant pas ſi i'en auray le pouuoir alors, ie les exerceray & reïtereray ſouuent pendant ma vie.

Troisieme Point.

Considerez combien il eſt important de bien mourir; & comme ce dernier moment de voſtre vie eſt decisif d'vne bien heureuse, ou mal-heureuse eternité, & que vous serez pour iamais tel que vous serez trouué à cet instant là: & partant quand vous auriez mille ans à vous preparer pour ce dernier instant, ils ne seroient pas mal employez, puis qu'il y va de l'eternité; & que ce n'est pas assez de commencer à s'y preparer, mais qu'il faut perseuerer. Car combien y en a-il, qui ayant presque acheué leur nauigation sur la mer de cette vie, ont fait naufrage prés de ce port?

Affections & resolutions.

Puis que ie ne suis pas certain en quel estat ie dois mourir, & que rien ne m'en peut donner plus d'asseurance que la bonne vie, & le desattachement de toutes choses, pour adherer à Dieu seul, qui seul me peut efficacement secourir à l'heure de la mort, que toutes les autres choses m'abandonneront. Ie me resous de mieux regler ma vie que iamais, & de battre en ruine tous les desordres de mes affections desréglées. Car, ô combien sont grands alors les remords de la vie passée, & les desirs de mieux faire si la santé estoit renduë? auec combien plus d'austerité & de pureté voudroit on pour lors auoir vescu, & que ne voudroit-on pour lors auoir fait & souffert chacun en la condition où Dieu l'a appellé, pour l'amour de celuy à qui nostre vie appartenoit. C'est pourquoy ie me resous, moyennant vostre sainte grace, ô mon Seigneur, qui estes le souuerain Maistre de mon estre & de ma vie, d'accomplir en toutes choses aussi exactement tous vos saincts vouloirs, & d'executer aussi fidelement tous les desseins que vous auez sur moy, que ie voudrois auoir fait à l'heure de ma mort.

SEPTIESME MEDITATION.

Du Iugement.

Trois points à considerer.

1. *Touchant le Iuge.*
2. *Touchant le criminel.*
3. *Touchant la sentence.*

Premier Point.

CONSIDEREZ qu'à l'instant que vostre ame sera separée du corps, elle sera presentée deuant le tribunal de Dieu, pour receuoir au mesme instant sentence, ou de salut eternel, ou de damnation eternelle. Et ce souuerain Iuge qui vous doit

Septiesme Meditation

iuger en dernier ressort n'ignore rien, non seulement de vos actions les plus secretes, mais mesmes de vos pensées & intentions les plus cachées, & les pechez mortels que par honte vous auez celé à vostre Confesseur, luy sont tres-notoires & manifestes, & seront vostre condamnation, si vous ne les effacez par vne bonne & entiere confession. Outre ce il sera rigoureux, & ne pardonnera plus à personne en cet instant-là. Car comme ce ne sera plus le temps de faire penitence & meriter, aussi ne sera-ce plus le temps de pardonner & faire misericorde.

Affections & resolutions.

Hé! quoy, bon Dieu, à ce que ie vois, tous ceux qui meurent

rent en peché mortel ne vous voyent qu'en colere & sans misericorde. Ah! que ie souffre plustost tous les tourmens du monde, que ie voye iamais vostre face irritée de fureur contre moy. I'ayme beaucoup mieux me confesser mille fois, quand il le faudroit, de tous mes pechez, quelques secrets & vergongneux qu'ils puissent estre, que d'en celer vn seul à mon escient, & encourir vne telle disgrace, que de vous voir irrité contre moy. O iuste Iuge de nos ames, que vous nous serez redoutable alors, si nous ne sommes decedez en vostre grace! Si les marchands du Temple; si les soldats qui se venoient saisir de vostre personne; & si ceux qui gardoient vostre Sepulchre ont redouté

D

voſtre regard, que feray-ie alors, ſi ie ne vous appaiſe pendans ce temps de grace & de miſericorde.

SECOND POINT.

CONSIDEREZ la honte & confuſion de l'ame criminelle, tant pour le compte exact qu'il luy conuiendra rendre à Dieu, que pour la deſcouuerte de ſes pechez, & auſſi pour le nombre des accuſateurs dont elle ſe verra enuironnée. Elle rendra compte à Dieu de tous les bien-faits, tant en l'ordre de nature que de grace qu'elle a receu de luy, & dont elle a grandement abuſé. Tous ſes pechez, quoy que honteux & tres-occultes, ſeront pour lors entierement manifeſtez, non ſeulement aux yeux de Dieu, ausquels rien ne peut estre caché, mais mesme aux yeux de ses Anges, des Saints, & des demons qui seront vos parties contraires, & vos accusateurs deuant ce redoutable tribunal de iustice, si vous y comparoissez destitué de sa grace, qui tous vous accuseront: les Anges, de ce que vous n'aurez tenu compte de leurs assistances & inspirations; les Saints, notamment ceux qui vous doiuent estre en plus particuliere recommandation, de ce que vous ne les aurez imitez; les malins esprits de ce que vous leur aurez adheré; & outre ce, vostre propre conscience vous conuaincra, & le Ciel, la terre, & toutes les creatures, dōt vous auez abusé crieront vengeance contre vous.

Affections & resolutions.

Si les Cieux, ô mon Dieu, ne sont pas purs deuant vos yeux, & si vous auez trouué à redire en vos Anges, combien ay-ie sujet de craindre & d'éuiter ce seuere examen que vous ferez de moy, si ie ne le fais icy à bon escient moy-mesme? Si vous espluchez les actions de Ierusalem la chādelle en main, que ferez-vous de moy qui ne suis qu'vne Babylone de cōfussion, si ie ne mets vn meilleur ordre aux affaires de ma conscience; Et puis qu'il est ainsi, ô mon Dieu, que vous me ferez rendre compte si exact de tous les biens & graces que vous me conferez pendant cette vie, & de tant de moyens que vous m'offrez d'y bien faire, & de

de la Premiere Partie. 77

m'aduancer en voſtre amour, & que vous examinerez & diſcuterez ſi particulierement, non ſeulement toutes mes offenſes, voire iuſques à vne parole oyſeuſe, mais meſmes mes iuſtices, c'eſt à dire mes bonnes œuures, pour voir ſi ie les auray faites purement pour voſtre ſeule gloire, & ſans aucun intereſt d'amour propre. Ie veux, moyennant voſtre grace, preuenir & deſtourner ce ſi rigoureux examen en m'examinant exactement moy-meſme, & diſcutant ſoigneuſement toutes mes actions, mes paroles, & meſmes mes penſées. Ie me tiendray deſormais continuellement attentif ſur moy meſme, comme en ſentinelle & au guet, afin de deſcouurir & preuenir tous les mouuemens deſ ordonnez de mon ame, & les redreſſer au niueau de la raiſon, & de voſtre ſainct vouloir. Ie n'examineray pas ſeulement ſi ie dois faire, ou ne faire pas cecy & cela, mais auſſi ſi ie le dois faire en cette maniere-cy, ou en vne autre qui vous pouroit eſtre plus agreable. Car ſans cette continuelle diſcuſſion & veille ſur moy-meſme, ie ne peux éuiter celle de voſtre redoutable iugement, non plus que ie n'éuiteray iamais les accuſations de mes parties aduerſes apres la mort, ſi en cette vie ie ne m'accuſe & ne me reprens ſeuerement moy-meſme, & ſi en m'accuſant & reprenant ie ne me corrige & m'amende. Ie m'accuſeray donc, & me reprendray à toute heure, & trouueray touſ-

jours à redire en toutes mes a-
ctions, comme à la verité ie n'en
sçache auoir iamais fait pas vne
où il ne manquast quelque chose de sa perfection. Et d'autant
que s'accuser soy-mesme, &
ne vouloir estre accusé ou aduisé
d'autrui, est vne fausse humilité
& superbe couuerte, ie desire
pour deuenir entieremēt humble, & vous estre parfaitement
agreable, qu'vn chacun m'ac-
cuse & me reprenne, & sans aucun respect me die mes fautes,
voire déchire ma reputation
à tort, puis qu'à tort, mon Dieu,
ie vo⁹ ai infinies fois, en me glo-
rifiant & estimant, pris & dérobé
la gloire qui vous estoit deuë.

TROISIESME POINT.

Considerez que comme
au mesme instant que vo-

stre souuerain Iuge aura examiné toute vostre vie, & entendu les accusations formées contre vous, il prononcera la sentence : & si dauanture vous estes trouué coulpable de la mort eternelle, il vous dira d'vne voix effroyable, *Va maudit au feu eternel qui est preparé au diable & à ses Anges.* Comme au contraire si vous vous trouuez en sa grace, il vous dira d'vne voix douce & amiable, *Vien benist de mon Pere posseder le Royaume qui t'a esté preparé de mon Pere dés la constitution du mõde.* Considerez combien contraire est cette voix de benediction à celle de malediction, & que l'vne & l'autre retentisse souuent aux oreilles de vostre cœur.

de la premiere Partie. 81
Affections & resolutions.

Mon Dieu que vous estes terrible & redoutable en tous vos iugemens, mais notamment en celuy que vous me prononcerez à l'instant de ma mort, si ie comparois alors criminel deuant vous. Tu apprendras pour lors à tes despens, ô mon ame, combien il est horrible de tomber entre les mains de Dieu viuant, & combien les iugemés des hommes sont differends de ceux de Dieu. Iugez de moy mondains, tout ainsi qu'il vous plaira : Dieu seul est mon vray, iuste, & souuerain Iuge, qui seul me peut recompenser ou chastier pour vne eternité. O Dieu Tout-puissant ! quel foudre, quel tonnerre de parole est cestui-ci. Retire toy maudit de moy, & va au feu d'enfer preparé au diable & à ses ministres. S'il est force que cette ame criminelle se retire de vous, où ira-elle? car vous seul auez les paroles de vie. Il est de tout point necessaire qu'elle se precipite dans les abysmes de mort eternelle. O Iuge redoutable! quelle horreur d'estre maudit de vous? car ce que vous dites est fait: vostre benediction comble l'ame de biens, & vostre malediction la comble de miseres; faites-moy le grace qu'en ce monde, pour éuiter cette parole aspre de malediction, & ce iugement redoutable, ie me iuge & condamne moy-mesme à bon escient. Car vostre Apostre m'apprend, que si nous nous iugions nous mesmes, nous ne serions point iugez de vous,

HVITIESME MEDITATION.

De l'Enfer.

Trois points à considerer en ce sujet.

1. La peine du sens.
2. La peine du dam.
3. Et l'eternité de ces peines.

PREMIER POINT.

Il nous vaut beaucoup mieux descendre tous vivans en enfer par consideration, que d'y estre precipitez apres la mort par iuste iugement & punition.

Considerez donc premierement les peines du sens que souffrent les miserables ames damnées : qui sont l'obscurité l'ordure & puanteur du lieu, où il n'y a aucun ordre, mais vne eternelle horreur : la compagnie ineuitable, & horrible vision des diables, & de tous les miserables damnez, dont les cris sont espouuentables, les blasphemes & grincemens des dents sont insupportables. Adjoustez vn nombre infiny de supplices & tourmens, dont les miserables damnez sont cruciez, n'y ayāt membre au corps, ny puissance en l'ame qui n'ayt son propre tourment, outre les tourmens vniuersels du feu, de la glace, des roües, de la faim & soif intolerable, & toutes autres sortes de peines qui se peuuent imaginer : car la peine du sens comprend tout cela.

Affections & resolutions.

Si les hommes font tout ce qu'ils peuuent pour éuiter vne obscure, sale, & puante prison, si l'on fuyt tant que l'on peut la compagnie d'vn meschant homme, d'vn iureur, d'vn blasphemateur & sacrilege; si l'on prend tant de soing d'éuiter vne maladie, vne rupture de membre, vne bruslure; que ne feray ie point en ce monde, quel soin ne prendray-ie point pour éuiter cette eternelle prison? cette insupportable compagnie des demons, & ces douleurs incomparables des damnez? Venez afflictions & tentations, venez douleurs & maladies, venez mespris, venez accusatiens & calomnies: car pourueu que ie sois assisté de la grace de mon Dieu, ie vous supporteray non seulement patiemment, mais gayement & ioyeusement, puis que par ce moien ie peux éuiter de si grāds maux, à comparaison desquels la continuelle retraite dans le Monastere, la supportation des manquements corporels & spirituels de quiconque ce soit de mes freres, & toutes les austeritez de mon institut me seront des roses & des lys.

Second Point.

CONSIDEREZ combien grande est la peine du dam, qui consiste à estre pour iamais priué de la bien-heureuse vision de Dieu. Car comme c'est vn bien incomparable de voir & comtempler cette souueraine beauté, d'embrasser d'vn amour immuable cette infinie bonté, aussi est-ce vn mal inexplicable d'estre pour iamais priué d'vn si grand bien, pour lequel seul nous sommes créez & rachetez, & hors lequel nos ames n'auront iamais de repos. Ah! quel malheur & quelle amertume de ces miserables ames reprouuées, qui portées par instinct naturel de leur propre amour, à chercher leur contentement en la possession de leur derniere fin, s'en voient rudement rebutées ; ce qui les porte à d'éstranges rages & desespoir, & à vomir d'execrables blasphemes contre la iustice de Dieu.

Affections & resolutions.

O mon Seigneur & Sauueur

tres-aymable, qui m'auez fait pour vous voir & vous aymer, quel plus grand malheur me pourroit-il iamais arriuer que de me voir pour iamais banny de vostre face & de vostre cœur. Priuez-moy plustost de tout autre plaisir & contentement en cette vie, que de me priuer de celuy-là de vostre bien-heureuse ioüyssance & possession. Car estre hors de ce corps sans vous posseder par amour, c'est l'enfer des enfers. Et certes comme l'enfer seroit vn Paradis si on vous y aimoit, aussi le Paradis deuiendroit vn enfer si l'on y estoit sans vous aimer.

Or sus, mon ame, sera-il dit que desormais, pour ne te vouloir pas priuer d'vn bien petit plaisir, tu te priue malheureusement de la possession & iouyssance de ton souuerain bien? Y a t'il rien dedans le Ciel, ny sur la terre de comparable à la bien-heureuse vision & iouyssance eternelle de ton Dieu? y a t'il rien que tu puisse imaginer d'égal à ce si grand bien? qu'il ne t'arriue donc plus desormais, pour quelque vain plaisir que ce soit, de te priuer des delices du Ciel. Et puis que le peché à causé l'enfer, fuis le peché plus que l'enfer.

TROISIESME POINT.

Considerez que toutes les peines d'enfer sont eternelles, & ne finiront iamais: qu'apres les dizaines, les centaines, & les millions d'années elles seront aussi verdes & sensibles qu'au commencement, & sembleröt tousiours recommencer sans iamais finir. Quel malheur non seulement de brusler eternellement dans ces flammes infernales sans aucun respit, mais de hayr, de maudire, de blasphemer Dieu sans cesse tant qu'il sera Dieu?

Affections & resolutions.

O eternité de peines, que vous me faites bien reconnoistre l'infinité de la iustice de Dieu vers le pecheur obstiné! ie reconnois clairement, ô mon Dieu, combien le peché vous est en horreur, puis que l'eternité des peines que souffrent ceux pour qui vous auez souffert la mort, n'adoucit point vostre fureur contre eux, les punissant aussi seuerement au bout de mille & dix mille ans, comme au bout d'vn iour & d'vne heure.

Pense, ô mon ame, de quelle importance est le cours de ta vie presente, quoy que tres-brief, puis que pendant ce moment tu peux encourir vne eternité de maux, côme aussi tu te peux acquerir vne eternité de biens! Ah! que tout ce qu'on peut souffrir de mal en ce monde est petit & momentanéee, au regard de ces supplices eternels! Souffrons, mon ame, souffrons pendant le moment de cette vie bien volontiers auec merite, pour ne pas souffrir vn iour eternellement sans merite.

NEVFIESME MEDITATION.

Du Paradis.

Trois points à considerer sur ce sujet.

1. La gloire essētielle des bien-heureux.
2. La gloire accidentelle d'iceux.
3. L'eternité de cette gloire.

PREMIER POINT.

CONSIDEREZ comme la gloire essentielle des ames bien-heureuses consiste en l'entiere ioüyssance & fruition de Dieu, par le moyen de la claire vision de son essence, & de la parfaite dilection de sa bonté; qui est la plus excellente & plus heureuse fin à laquelle la creature raisonnable pouuoit estre destinée, estant la mesme fin pour laquelle les Anges ont esté creez.

O quel grand heur que de ioüyr de Dieu, & le posseder en cette maniere, c'est à dire l'embrasser comme des deux bras par vne tres-claire vision, & tres-parfaite amour, & ce auec plenitude & asseurance de n'en pouuoir iamais estre priué. Que s'il y a du plaisir à voir les choses belles & agreables à nos sens, & s'il y a vn singulier contentement à ioüyr de quelque grand bien : qui pourroit expliquer l'extreme plaisir & contentement qu'il y a de voir & contempler cette souueraine beauté, qui est l'idée & exemplaire de toutes les beautez, de posseder ce souuerain bien, qui est le principe & le comble de tout bien?

Affections & resolutions.

O mon doux Seigneur, mon salut & ma gloire! puis que vous vous donnez vous mesme pour recompense de vos bons seruiteurs, vostre diuine essence estant l'vnique objet de leur gloire essentielle & souueraine felicité, que ne feray-ie, que ne souffriray-ie, & quel soing ne prendray-ie en ce monde pour ne perdre vn si grand bien en l'autre? Et s'il est ainsi qu'on vous contemple & vous ayme d'autant plus dans le Ciel, qu'ō vous a purement & constamment aymé sur la terre, ie feray tout mon possible en ce monde pour vous aymer de tout mon cœur, & de toutes mes

forces: & à cette fin ie trauailleray sans cesse à me faire quitte des prises de l'amour propre, & de tous les interests de
ma nature corrompuë, qui empeschent le pur amour que ie
vous dois.

SECOND POINT.

Considerez combien la gloire accidentelle des bien-heureux comprend de grands biens; comme de voir la glorieuse humanité de nostre Seigneur, la tres-saincte Vierge, tous les Chœurs des Anges, & tous les bien heureux Saints, la beauté, l'esten-duë, la richesse & somptuosité du Paradis; la douceur & suauité de la compagnie qui s'y retrouue, qui est composée des Anges, des Saints, de la tres-

tres-sacrée Vierge, & notamment de IESVS-CHRIST noſtre Sauueur, qui ſe trouue là tres-intimement vny auec vn chacun des bien heureux, dont la charité eſt ſi grande & ſi parfaite, qu'vn chacun d'entre-eux ſe reſioüyt autant de la gloire d'vn autre bien-heureux, comme de la ſienne propre. De ſorte que le nombre des bien-heureux eſtant preſque infiny, le nombre des ioyes d'vn chacun eſt auſſi preſque infiny.

Affections & reſolutions.

O qu'aymable & deſirable eſt l'entrée en voſtre ſainte Cité celeſte, ô mon ſouuerain Seigneur! Et quoy que la porte, cōme vous dites, en ſoit eſtroite & baſſe: il ne m'importe, ie m'abaisseray plustost iusques au dessous des abysmes du neant, tout prest d'estre foullé toute ma vie aux pieds de toutes vos creatures, que ie n'aye vn iour le bon-heur d'entrer en ces somptueux & magnifiques Palais du Ciel empyrée, pour y contempler à iamais les inépuisables tresors de vostre gloire, pour y ioüir de la douce & agreable societé de tous vos Saints, mais sur tout de la vostre, ô mon doux IESVS ! Quand sera-ce que deslié de la miserable prison de ce corps, mon ame ira iouyr de cette sainte societé ? ie le desire de tout mon cœur : mais pour m'y disposer, il faut, en attendant que par vostre amour, par vne sincere & cordiale dilection, ie sois vne mesme chose auec tous mes freres, abhorrant comme la mort l'enuie, le ressentiment, la singularité, la proprieté, le mal iuger & penser, & tout ce qui peut tant soit peu contrarier à la charité, me resioüyssant autant, voire plus do leur bien que du mien propre, pour l'estime que ie dois auoir, qu'ils sont meilleurs & plus vertueux que moy, & par consequent plus dignes de vostre grace & de vos liberalitez.

TROISIESME POINT.

CONSIDEREZ que ce bien-heureux estat de gloire ne finira iamais, ny ne changera ou diminuera en quelque façon que ce soit, ains que tant que Dieu sera Dieu, les bien-heureux l'aymeront, le loüeront, & beniront, auec asseurance non seulement de ne le pouuoir iamais plus offencer, mais mesme de ne pouuoir à iamais plus cesser vn seul moment de le contempler, l'aymer, & le loüer.

Affections & resolutions.

Sera-t'il bien possible, ô mon Dieu, que desormais les ieusnes, les veilles, la faim, la soif, le froid, le chaud, les infirmitez & maladies, les tentations & afflictions, les calomnies & accusations, ou autres plus grandes peines me semblent longues & ennuyeuses, quand ie considereray que la gloire auec laquelle vous les recompensez n'est pas d'vn an, ny de mille, ou cent mille ans seulement, mais de plus de cent mille millions d'années, c'est à dire eternelle? O grand aueuglement! quand pour crainte d'vn peu de peine paſſagere ie refuis les moyens d'acquerir ce comble de bon heur eternel, veu que quand il ne ſeroit que d'vne heure, ie deurois patir toutes les peines du monde, s'il eſtoit neceſſaire, pour en ioüyr ce temps-là.

DIXIESME.
MEDITATION.

Du peché, tant mortel, que veniel.

Trois points à considerer sur ce sujet.

1. *L'horreur & deformité du peché mortel.*
2. *Les grandes pertes qui se font par le peché mortel.*
3. *Les dangereux inconueniens que cause le peché veniel.*

PREMIER POINT.

CONSIDEREZ que le peché mortel, au regard de Dieu, est vne iniustice intolerable, vn execrable sacrilege, vne felonnie & desloyauté nonpareille, &

vn adultere tres-abominable. C'est vne iniustice insupportable: car y a-t'il rien de plus inique & desraisonnable, que de preferer la creature cheriue & perissable, au Createur eternel & tout-puissant; de faire plus d'estat d'vn peu de poudre & de fange, que de cette souueraine Majesté, non moins aymable pour sa beauté, qu'admirable pour sa sapience, & redoutable pour sa puissance? Hé! que faites-vous autre chose, quand mettant vostre Createur, & son saint vouloir d'vn costé de la balance, & la creature, vn petit plaisir mondain, vostre propre volonté de l'autre, vous choisissez plustost cette creature, ce petit plaisir mondain, & vostre propre volonté, que vostre Dieu & son saint vouloir, que vous deuez aymer & cherir plus sans comparaison que toutes les creatures ensemble, & tout le plaisir qui s'en peut receuoir, voire infiniment plus que vous mesme? c'est vn detestable sacrilege, puis que par iceluy vous soüillez & contaminez vostre ame consacrée par le saint Baptesme, pour estre le temple de Dieu, & l'habitation de son sainct Esprit, vous foulez aux pieds le fils de Dieu, & contaminez le sang de son nouueau testament, & faites iniure & outrage à la grace du saint Esprit, comme parle l'Apostre. C'est en outre vne trahison & felonnie la plus indigne qui se puisse imaginer; car l'homme estant le sujet & vassal tres-obligé de Dieu, pour tant de biens, de nature & de grace qu'il a receu de luy, venant à faire vn peché mortel, liure traitreusement entre les mains du diable la place-forte de son ame, que nostre Seigneur auoit conquise au prix de son sang & de sa vie. Finalement c'est vn adultere, voire vn inceste tres-abominable: car l'ame commettant vn peché mortel, vient à rompre & dissoudre la tres-sainte & tres estroite alliance de mariage que Dieu auoit contracté auec elle, polluant & contaminant le lict nuptial de ce tres-Saint, & tres-aymable Espoux.

Affections & resolutions.

Quand ie considere l'excés de mon ingratitude enuers vous, mon bon Seigneur &

Sauueur, lors que tant de fois i'ay preferé le contentement de mes sens, & ma propre satisfaction à vostre tres-sainte loy, ie la compare à celle des Iuifs, lors qu'insensez & forcenez qu'ils estoient ils vous refuserent, vous qui estiez l'autheur & principe de vie, & choisirent vn insigne voleur & brigand plus de cent fois peut-estre coupable de la mort. Vostre Prophete considerant cet inique & tres-iniuste choix que font tous les pecheurs, veut que les creatures insensibles s'en estonnent. O Cieux, dit-il, estonnez-vous de cecy, & que vos superbes & magnifiques portaux, quoy qu'immobiles en leurs fondemens, soient esbranlez d'espouuantement, & tout couuerts de dueil en vn si estrange spectacle. Mon peuple a fait deux lourdes fautes : ces ingrats & méconnoissans m'ont abandonné, qui suis la fontaine d'eau viue, & sont allez fouïr des cisternes en terre, qui ne peuuent contenir l'eau. Helas! mon bon Seigneur, ie suis l'vne de ces ingrates & meconnoissantes creatures, qui ay commis ces deux lourdes fautes, autant de fois que ie vous ay offensé par mes pechez mortels. Quelle felonnie & desloyauté poürroit estre semblable à celle d'vn vassal & sujet de quelque grand Roy, qui de petit compagnon, sans aucun sien merite, par la seule bienveillance de ce Prince, ayant esté esleué en de grands honneurs, & estably Gouuerneur de quelque belle Prouince,

de la premiere Partie. 109

mettroit en oubly toutes ces obligations ; de sorte qu'à la seule arriuée de l'ennemy il luy iroit au deuant, & luy mettroit entre les mains les clefs de toutes les villes & chasteaux que son Roy luy auoit donné en garde ? Quelle ingratitude, dis-ie, & quelle felonnie pourroit estre semblable à celle-cy, sinon la mienne, lors que i'ay, de gayeté de cœur, liuré mon ame, que vous auiez mis en ma garde, entre les mains de vostre ennemy capital, apres auoir receu de vostre diuine Majesté des graces & faueurs incomparablement plus grandes que ce vassal n'en auroit receu de son Roy ? Ah trahison & desloyauté non-pareille ! ah deplorable felonnie, & punissable par toutes sortes de supplices ! Hé ! qui donnera de l'eau à ma teste, & des fontaines de larmes à mes yeux, afin que ie plore sans cesse, & iour & nuit mes trahisons & felonnies? Verse, ô mon ame, verse vn torrēt de larmes, mais de larmes de sang, pour effacer le criminel mespris que tu as fait d'vne Majesté infinie, que les Anges adorent auec respect & crainte dans les Cieux.

SECOND POINT.

CONSIDEREZ les deplorables pertes que vous faites par le peché mortel, & les malheurs que vous en encourez. Vous perdez par le peché mortel la grace diuine & la charité, & par consequent toutes les faueurs d'amitié de la part de Dieu: Vous perdez le droit que vous auez au Royaume des Cieux, vous perdez l'esprit d'adoption, qui vous donnoit vn cœur d'enfant enuers voſtre Pere celeſte: vous perdez toute la paix & tranquillité de voſtre conſcience, & toute l'aſſiſtance & conſolation du ſaint Eſprit: bref vous perdez Dieu, c'eſt à dire, que vous ne l'auez plus pour voſtre Roy, pour voſtre Paſteur & conducteur, ains que d'vn Dieu tres-pitoyable & Pere charitable, vous vous le faites ennemy capital, & Iuge tres rigoureux: & de ce mal-heur ſourdent tous les autres, comme de ce que le peché mortel efface en vous la ſemblance de Dieu, & y dépeint celle du diable, vous oblige aux peines eternelles, vous met ſoubs la puiſſance de Satan, bref vous cauſe la mort eternelle: de sorte, que comme le corps estant destitué de l'ame demeure privé de vie, de mouuement, & sentiment, ainsi l'ame priuée de la grace & de l'esprit de Dieu, qui est le principe de sa vie, est comme morte sans pouuoir plus rien respirer de bon, ny ressentir ou gouster tant soit peu les choses de Dieu, elle deuient insensible aux bonnes inspirations ? & toute immobile & percluse aux saintes & charitables actions. Et comme il n'y a rien de plus hideux à voir qu'vn corps sans ame, infecté de pourriture, & à demy rongé de vers, tous crouillans & fourmillans dans ses entrailles, aussi n'y a-t'il rien de plus effroyable à voir des yeux de l'esprit & de la foy, qu'vne ame destituée

de la Premiere Partie. 113
de grace, infectée du peché mortel, & par consequent toute défigurée & rongée impitoyablement du ver de sa propre conscience, & de mille passions desordonnées, qu'elle va couuant dans son sein.

Affections & resolutions.

Puis que le peché, qui seul contrarie & déplaist à Dieu, & qui cause vn plus grand desordre aux yeux de sa diuine Majesté, que si tous les elemens & les Cieux estoient bouleuersez, est accompagné de tant de malheurs, & suiuy de si dangereux effets, ie le detesteray & fuiray plus que tous les maux du monde, voire plus que mille morts, mille pestes, & mille supplices. Et puis que tu as esté si malheureuse, ô mon ame, que de commettre plusieurs fois en ta vie vn si grand mal, si rigoureusement chastié en la personne des Anges & de nos premiers parens, qui ne l'auoient commis qu'vne seule fois; quel chastimét ne receuras tu point? quelle penitence n'embrasseras tu point? non tant pour éuiter les supplices eternels qui te sont iustement deubs, que pour satisfaire à cette souueraine bonté que tu as si griéuement offensée? O mon Dieu, ma douleur & ma satisfaction en vostre endroit deuroit estre plus grande que ne seroit celle des demons, s'ils en estoient capables. Car mon offense a esté accompagnée de plus grande ingratitude que la leur. Il est bien vray que vous les auiez creez tres-parfaits & accomplis en la nature & en la grace, mais vous ne leur auiez pas donné temps de penitence comme à moy, vous ne leur auiez pas pardonné plusieurs fois comme à moy, vous n'auiez pas souffert la mort pour eux, comme vous auez fait pour moy. C'est pourquoy i'ay tres-grand sujet de redouter vostre iustice, mais plus grand encore d'aymer vostre bonté, & plorer mes pechez.

Troisiesme Point.

COnsiderez, que quoy que le peché veniel ne vous separe pas entierement de Dieu, & ne vous priue entierement de sa grace & bienueillance, comme fait le peché mortel; si est-ce qu'il est tousiours peché, & offense de Dieu, qui est vne infinie bonté ; & partant doit estre éuité plus qu'aucun mal corporel, quoy qu'il puisse estre. Considerez de plus, que le peché veniel contriste en quelque façon l'esprit de Dieu en vous, diminuë sa bienueillance en vostre endroit, affoiblit la grace, refroidit la charité, suffoque la deuotion, fait que le Ciel vous est de plus difficile accés, vous rend plus tardif au bien, & plus enclin au mal, & finalement vous dispose au peché mortel : de maniere que l'ame notamment religieuse, qui ne met peine de tout son possible d'éuiter les pechez veniels, ains s'y porte facilement & librement, à peine se pourra iamais exempter de tomber tost ou tard dans le precipice du peché mortel.

Adiouſtez que le peché veniel eſtant obſtacle à la perfection, l'ame Religieuſe qui eſt eſtroitement obligée d'y aſpirer, eſt par conſequent tres-particulierement obligée d'éuiter le peché veniel; que ſi elle s'y rend negligente, elle ſe rend par conſequent tres-indigne de ſa vocation & de ſa profeſſion, & de plus donne par le mauuais exemple de ſon libertinage grand ſujet de ſcandale & ruine à ſa Religion.

Affections & reſolutions.

Puis qu'il eſt ainſi, ô mon doux & debonnaire IESVS, que le peché veniel m'eſt de ſi dangereuſe conſequence, & que vous auez voulu ſouffrir & mourir pour effacer toute ſorte d'offenſe, auſſi bien venielle que mortelle, & que voſtre diuin vouloir eſt auſſi iuſte, auſſi ſainct, & auſſi deſirable, en me defendāt les pechés veniels que les mortels, & que vous auez dit de voſtre propre bouche, que celuy qui n'eſt pas fidele aux petites choſes, ne le ſera pas aux grandes : Ie me reſous d'eſtre deſormais plus diligent & plus ſoigneux pour me garder des pechez veniels, & ſur tout de n'en commettre iamais aucun de propos deliberé, & de renouueller cette mienne reſolution, toutes & quantes fois que ie m'en confeſſeray, pour me conſeruer en la plus grande innocence qu'il me ſera poſſible. De ſorte que ſi par le paſſé i'ay eſté lent & pareſſeux au ſeruice de Dieu, ie m'eſtudieray d'y eſtre deſormais soigneux & diligent; si par le passé i'ay esté vain, superbe, & orgueilleux, ie me tiendray continuellement en vne tres-humble & basse estime de moy-mesme; si i'ay aymé l'honneur, & me suis ressenty quand on m'a repris ou mesestimé, ie tiendray desormais à grande faueur & misericorde que chacun m'enseigne, me reprenne, & me chastie; si i'ay esté mal endurant, impatient & cholere, ie veux deuenir doux côme vn agneau en tout ce qu'il me conuiendra souffrir de contraire à ma nature & à mon humeur; si i'ay esté immodeste & trop libertin en mes actions & comportemens, ie seray, Dieu aydant plus retenu, modeste & zelé à tout ce qui est de mon obseruance; si i'ay esté trop libre à perdre le temps en beaucoup de discours & paroles inutiles, ie le mesnageray mieux desormais, & mettray vn frein à mon cœur & à ma bouche, afin que mes pensées & mes paroles ne feruent desormais que pour honorer Dieu, & edifier le prochain.

VNZIESME MEDITATION.

De la iustification & misericorde de Dieu enuers le penitent.

Trois points à considerer.

1. La preuenance de Dieu en la iustification.
2. Sa speciale misericorde enuers les pecheurs.
3. Son extréme liberalité en la iustification.

PREMIER POINT.

CONSIDEREZ comme Dieu vous a misericordieusement preuenu de sa grace, non seulement auant mesme que vous le peussiez connoistre, quand

F

il vous fist la grace, par le moyen du saint Baptesme, de renaistre quasi aussi tost que de naistre, influant dés lors, par l'efficace de ce divin Sacrement, avec les habitudes des vertus Theologales, de Foy, Esperance, & Charité, la grace iustifiante en vostre ame, l'adoptant pour fille, & la faisant heritiere du Ciel. Mais notamment lors que vous luy ayant tourné le dos, & comme mis en oubly, & qui pis est, l'ayant par vne abominable ingratitude & desloyauté tant de fois offensé, il vous rechercha le premier, vous toucha le cœur par sa grace preuenante, & vous inspira de vous conuertir & faire penitence.

Affections & resolutions.

Grands & inespuisables sont les tresors de vos graces & misericordes, ô mon tres-misericordieux Seigneur! notamment enuers les ames pecheresses telles que ie suis : mais sur tout tres-signalée est la grace de laquelle vous les preuenez & inspirez de se conuertir à vous. C'est à la verité vne grande misericorde que vous faites au pecheur de le receuoir en grace, quand il se conuertit à vous ; mais c'est encore vne plus grande misericorde, quand vous luy inspirez de se conuertir à vous, & luy amollissez le cœur. La raison est que vous vous estes bien obligé de receuoir tous les pecheurs qui se conuertiront à vous; mais vous ne vous estes pas obligé de faire que tous les pecheurs se conuertissent. Et de fait vous ne faites pas la grace à tous les pecheurs de se conuertir, ains par vn tres iuste iugement vous en laissez mourir la plus part en leurs iniquitez. Hé pourquoy donc n'auez vous vsé de cette iuste rigueur en mon endroit? Qui a retenu vostre bras tout-puissant qu'il n'ayt lancé sur moy ce redoutable foudre de sa iuste vengeance aussi bien que sur tant d'autres, sinon vostre speciale bien-veillance & misericorde en mon endroit: ce qui m'oblige desormais à mourir de mille morts plustost que de vous offenser.

SECOND POINT.

CONSIDEREZ combien volontiers noſtre bon Dieu ouure le ſein de ſa bonté, & les entrailles de ſa miſericorde aux pauures pecheurs, nous ayant teſmoigné par ſon Prophete Ezechiel, qu'il ne veut point la mort du pecheur, mais qu'il ſe conuertiſſe, & qu'il viue; & que toutes & quantes fois qu'il quittera ſon peché, & ſe portera au bien, qu'il ne ſe reſouuiendra plus de toutes les offenſes paſſées; mais ſurtout nous a-il fait paroiſtre l'excés de ſa miſericorde enuers les pecheurs, quand il nous a tant de fois témoigné en ſon ſaint Euangile, qu'il eſtoit venu particulierement pour eux. Ie ne ſuis pas,

c. 18. & 33.

venu, disoit il, pour appeller les iustes, mais les pecheurs; non pour les iuger, mais pour les iustifier: & qu'il estoit venu en qualité de medecin, non pour les sains, mais pour les malades. Et de fait, ayant pris la semblance du pecheur, il a appellé à soy les pecheurs, a conuersé (quoy qu'on luy en fist reproche) ordinairement auec eux; bref a voulu souffrir & mourir pour eux. Et apres son depart de ce monde, il a laissé pour eux le Sacrement de penitence & reconciliation, lequel fondé sur les merites infinis est de telle efficace, que pour vne petite douleur il efface toutes les coulpes de l'ame, & exempte de l'eternité des peines.

de la premiere Partie.

Affections & resolutions.

O excés de misericorde! ô abysme de bonté! que vous daigniez, ô mon bon Seigneur, qui estes l'innocence & la pureté mesme, rechercher d'alliance, & rappeller à vous tant d'ames pecheresses, soüillées de tant d'offenses & d'iniquitez! que vous daigniez de ces vaisseaux d'ire & de contumelie en faire des vases d'honneur pour vostre gloire! que vous vouliez bien reprendre en vostre amitié vn infame esclaue, adultere & desloyal, qui vous a indignement faulsé la foy coniugale qu'il vous auoit si solemnellement promise! Reuenez à moy, dites-vous par vostre Prophete, quoy que vous ayez adulteré, & ie vous receuray comme ma chere Espouse. O excés d'amour & de bonté: quelle raison auez-vous de me solliciter si fort à vous donner mon cœur? & que pretendez-vous d'vne creature si chetiue que ie suis? Il paroist bien que l'excés de vos misericordes est infiny: pourquoy donc n'espereray-ie grace d'vn Seigneur si doux & misericordieux? Car si par cet excés de bien-veillance en mon endroit vous me recherchiez lors que ie vous fuyois, combien plus me receuerez vous lors que ie vous rechercheray? Ie vous rechercheray donc mon Seigneur, & m'abandonneray entre les bras de vostre misericorde & bonté paternelle. Et puis que vostre amour m'assiege & me presse si fort, ie me rends à vous pour vous seruir à iamais, & iamais plus ne vous offencer.

Troisiesme Point.

Considerez qu'en la iustification de l'ame pecheresse, nostre Seigneur ne se contente pas d'effacer le peché, mais de plus confere la grace, qui est le principe de tout bon mouuement & sentiment en l'ame, la forme de l'estre surnaturel en elle, le gage de son amitié, l'arre de vie eternelle, l'ornement & la beauté de l'ame, & en conferant si misericordieusement cette sienne grace à l'ame, il y rappelle quant & quant tous les merites de toutes les bonnes œuures qu'il auoit fait estant en grace, & qu'il auoit perdu par son peché, & de plus y adiouste quelque nouueau degré de grace, qui n'y estoit pas au precedent la cheute. Voyez, ie vous prie, iusques où va l'excés de la bonté & misericorde de Dieu enuers l'ame pecheresse, quand il la iustifie.

Affections & resolutions.

Il est vray, mon Seigneur & mon Sauueur, que vos misericordes vont à l'infiny, aussi n'appartient-il qu'à vostre infinie bonté de pardonner & remettre nos offenses, qui sont en quelque maniere infinies, entant qu'elles attaquent vostre Majesté infinie. Comme aussi n'appartient-il qu'à vous de nous conferer la grace, dont vous estes l'vnique source. C'est moy, dites-vous, qui efface vos iniquitez. Le Seigneur seul, dit voſtre Prophete, donnera la grace & la gloire. O hauteur de richeſſes de voſtre bonté & miſericorde enuers ma pauure ame pechereſſe! Ie ne vous dois rien, ô puiſſances mondaines, car vous auez bien peu me precipiter dans les abyſmes de mes malheurs paſſez, mais non pas m'en retirer: vous ſeul, ô mon Sauueur, auez rompu mes fers, ie vous en ſacrifieray vne hoſtie de loüange. Or ſus, mon ame, aymez & cheriſſez de tout voſtre effort voſtre miſericordieux & liberal Sauueur, qui en remettant vos pechez, vous confera ſa grace, qui eſt le precieux gage de ſon amour, & de ſon ſpecial amour en voſtre endroit; car les demons l'auoient vne fois offensé, & il ne leur a iamais pardonné : Beaucoup d'ames sont damnées, qui ont moins offensé que vous. Où chercheray-ie la cause de cette speciale faueur, qu'en vostre cœur specialement amoureux en mon endroit, ô mon tres-cher Seigneur ? Et puis que vous m'auez regardé d'vn œil de compassion entre tant de miserables, ie vous cheriray aussi entre tous, & par tous les obiets aymables : ie vous aymeray, mon Seigneur, d'autant plus qu'en me pardonnant vous m'auez monstré plus d'amour. Et puis que tel est l'excés de vostre bonté enuers ma pauure ame pecheresse, que vous vous resiouyssez plus de sa conuersion que de la perseuerance de plu-

de la premiere Partie. 133
sieurs iustes; faites moy la grace, que comme la conuersion de mon pauure cœur renouuelle vostre ioye, vous renouuelliez aussi la sienne par le renouuellement de vostre amour.

DOVZIESME MEDITATION.

De la perseuerance en la grace.

Trois points à considerer.

1. *Le soin qu'on doit auoir de conser-uer la grace de Dieu.*
2. *Les excellences de la grace.*
3. *Le danger qu'il y a de retourner arriere au seruice de Dieu.*

PREMIER POINT.

CONSIDEREZ que comme vous ne deuez auoir rien en vous de si cher que vostre ame ; car quelle chose, dit nostre Seigneur, l'homme peut-il donner pour son ame ; aussi ne deuez vous auoir rien en vostre ame de si cher que la grace, qui est au regard de voste ame, ce que l'ame est au regard de vostre corps. De sorte que comme vn corps sans ame est sans vie, sans aucun sentiment & mouuement, & en outre de mauuaise odeur, & desagreable à nostre veuë; ainsi l'ame sans la grace n'a plus de vie interieure, reste priuée de tout bon sentiment & mouuement de Dieu, est de tres mauuaise odeur deuant Dieu & ses Anges, & desagreable aux yeux de sa diuine Majesté.

Affections & resolutions.

Puis qu'il n'y a rien que ie doiue tant desirer, ô mon Dieu, que de vous estre agreable & viure en vous, ce que ie ne puis sans vostre grace, quel soing, quelle diligence & trauail n'apporteray-ie à l'acquerir? & si par vostre misericorde ie l'ay acquise, (comme probablemēt ie le veux croire) à la conseruer? Et s'il est ainsi, comme il est, que les voleurs & brigands infernaux ne dorment point, ains veillent & m'espient sans cesse pour me rauir ce tresor inestimable; pourquoy dormiray-ie, & m'assoupiray-ie en ma paresse & negligence, comme si i'estois en lieu de paix & de repos? Ie veilleray donc continuellement sur mon cœur, & y feray bonne garde; & quand il faudroit, pour y conseruer vostre grace, & vostre amour, faire risque de tous mes plaisirs, voire mesme de ma santé, de ma vie, & de ma reputation, il ne m'importe, car vostre grace, & vostre amour m'est plus que tout.

SECOND POINT.

COnsiderez que la grace de Dieu estant d'vn ordre releué par dessus celuy de la nature, le moindre degré, & la moindre parcelle de grace vaut plus que tout ce qui est de plus precieux en toute l'estenduë de la nature, soit sur la terre, soit aux Cieux. Adioustez que la grace est le principe & la forme de l'estre supernaturel en nous, & la semence de la gloire, laquelle n'est autre chose que l'accomplissement de cette mesme grace: bref cette grace est la iustice, la paix, la ioye, la vie, la bonté, & la beauté de l'ame, & qui n'a rien moins cousté que le sang & la vie du fils de Dieu.

de la premiere Partie. 139

Affections & resolutions.

Ah! de quel aueuglement ay-ie esté surpris iusques icy, ô mon doux Saueur, d'auoir tenu si peu de conte d'vn tresor si pretieux, & qui vous a cousté si cher, d'auoir bien souuent preferé vne bagatelle, vn vain plaisir, & vne satisfaction de propre volonté, ie ne diray pas à vn petit degré ou parcelle de vostre grace, que ie deurois preferer à tous mes plaisirs & volontez; mais peut estre, à vostre grace toute entiere, que ie deurois preferer à mille vies si ie les auois? O mon bon Seigneur, faites moy desormais cheminer en lumiere, afin que faisant l'estime que ie dois faire de vostre graces, ie sois plus soigneux incomparablement de la conseruer, que ie ne suis de conseruer ma santé, & ma propre vie, & que desormais ie n'apporte à rien tant de soin, d'effort & diligence, ny plus d'estude & d'attention, que de correspondre fidelement à vostre grace, soit pour la receuoir quand vous me l'offrirez, soit pour m'en bien seruir quand ie l'auray receuë, reconnoissant que cette fidele correspondance à vostre grace, est l'affaire la plus importante que i'aye à manier en ce monde pour mon salut & mon auancement au bien.

Troisiesme Point.

Considerez que nostre Seigneur n'a pas dit, qui aura commencé, mais qui aura perseueré iusques à la fin sera sauué: & qu'il est tres-dangereux, apres auoir mis la main à la charruë, de regarder arriere. Nostre Seigneur ayant forclos, par sa propre bouche, du Royaume des Cieux, ces sortes d'ames poltronnes & casanieres, qui desobligent d'autant plus la bonté de Dieu par leur ingratitude, negligence & lascheté, que cette mesme bonté les a obligez, par la liberalité dont elles les auoit preuenu. Souuenez-vous à ce sujet de la condamnation du mauuais seruiteur, qui ne fist pas profiter son talent, & des folles Vierges, qui negligerent de se pouruoir à temps d'huile necessaire pour conseruer la lumiere de leurs lampes. Mais sur tout pensez à cette reformidable sentéce de l'Apostre; Il est impossible, dit-il escriuant aux Hebreux, c'est à dire, tres-difficile, que ceux qui preuenus de quelque grace speciale de Dieu, ont esté illuminez, iusques-là mesme, d'auoir gousté la saueur des dons celestes, & participé aux graces particulieres du saint Esprit, & mesme esprouué les auant-gousts de la vie future, & apres tout cela ont tourné arriere; Il est (dit-il) impossible que telles gens ce conuertissent à penitence.

Affections & resolutions.

O Dieu de mon salut, que i'aurois grand sujet de craindre & de trembler soubs la grandeur de vos iugemens, quand ie considere que beaucoup de ceux qui auoient bien commencé par vostre grace, ont ce nonobstant malheureusement finy, & ayans commencé par l'esprit, comme dit vostre Apostre, se sont consommez par la chair, & que ie n'ay pas, peut-estre, ny de meilleures resolutions, ny plus de force & constance d'esprit qu'ils auoient, si ce n'estoit, que me défiant entierement de moy-mesme, ie me confie totalement en vous, & qu'appuyé sur tant d'arres & de gages de vostre bien-veillance en mon endroit, ie ne peux quasi douter de mon salut. Mais pour ce que vous voulez que i'y coopere par la perseuerance au bien, ie le desire de tout mon cœur, me proposant quelques tentations, quelques repugnances, desolations, & difficultez qui me puissent arriuer en vostre suitte, de ne tourner iamais arriere, ains la teste baissée, de poursuiure ma pointe iusques au dernier soulpir de ma vie, me proposant de souffrir plustost mille supplices que de vous offenser iamais à mon escient, & perdre vostre grace, voire d'en souffrir aucune tare ou déchet que ie puisse connoistre.

TREIZIESME MEDITATION.

De la vocation à la Religion.

Trois points à considerer

1. *Que ce benefice est un effet de grace & misericorde tres-speciale de Dieu enuers vous.*
2. *Combien excellent est l'estat de Religion où vous estes appellé.*
3. *De l'heureux eschange que l'ame fait quittant le monde, & entrant en Religion.*

PREMIER POINT.

COnsiderez que si c'est vn trait bien special de la bien-veillance & misericorde de Dieu en vostre endroit, de vous auoir

G

tiré de la masse de perdition de tous les infideles & mescreans, vous appellant à la foy, & vous faisant Chrestien. C'est vn trait de bien plus particuliere grace & bien-veillance, de ce qu'il vous a retiré de la multitude des mauuais Chrestiens, de ce siecle malin & corrompu, vous appellant à vne maniere de vie plus sainte & innocente que celle du commun des Chrestiens, & vous faisant Religieux. C'est à la verité vn tres-grand benefice de vous auoir fait estre l'vn des membres de son Corps mystique, qui est son Eglise: mais cestuy-cy est encore plus grand de vous auoir mis & colloqué en la meilleure, plus saine, & plus seure partie de ce corps. Il ne s'est pas contenté de vous appeller & receuoir en l'eſtat commun de grace & d'amitié auec luy, mais il a voulu que vous fuſſiez en vn eſtat de plus parfaite grace, & d'vne plus eſtroite amitié & familiarité auec luy, qui eſt l'eſtat de Religion. Ce Roy de gloire ne s'eſt pas contenté que vous fuſſiez de ſes amis, mais il a voulu que vous fuſſiez de ſes plus chers & fauoris, & pour ce il vous a introduit dans les celliers de ſon Egliſe; non ſeulement pour vous y faire gouſter comme à la paſſade la douce liqueur de ſes conſolations, mais pour vous la faire boire à longs trais & vous enyurer du torrent de ſes delices. Peut-il arriuer vn plus grand bon-heur, ſelon le monde, à vn courtiſan, que d'eſtre non ſeulement bien veu & bien voulu du Roy, mais mesme d'auoir tousiours son oreille, sa faueur & familiere conuersation. Pensez que le bonheur du Religieux est incomparablement plus grand, qui a sa conuersation ordinaire dans le Ciel auec Dieu.

Affections & resolutions.

O bon Pasteur, qui par l'efficace de vostre voix m'auez appellé, comme vne brebis esgarée, qui s'alloit perdre dans les sentiers esgarez de ce monde, & m'auez conduit dans vostre bercail, & mis à l'abry de vostre bergerie ; quand i'employerois tous les iours & les nuits à vous loüer & remercier pour cette misericorde, ie ne responderois iamais à la grandeur de ce benefice. Car quelle grace me pouuiez-vous faire plus grande, apres m'auoir arraché par voſtre mort & paſſion des griffes du diable, que de me retirer du monde pour m'attirer à voſtre ſuitte? C'eſt bien la verité, que comme l'eſtre que vous m'auez donné par la creation ne m'euſt de rien ſeruy, ſi vous ne l'euſſiez reformé par la Redemption; auſſi fort peu m'euſt ſeruy le benefice de la Redemption, ſi vous ne m'euſſiez appellé à la Religion, eſtant tellement panchant au mal, que ie me fuſſe perdu dans le monde; que meritoy-je de voſtre diuine Majeſté plus qu'vne infinité d'autres, que vous auez laiſſé dans le monde, leſquels ſi vous euſſiez appelé en cet heureux eſtat de la Religion, vous y eussent plus fidelement seruy que ie ne fais. Si est-ce que nonobstant ie suis bien resolu de ne croupir pas dauantage dans mon ingratitude, mais d'apporter tout le soin & l'effort qui me sera possible, pour reconoistre par les effets de ma fidelité en vostre endroit la grace de ma vocation : & comme cette grace que ie ne tiens que de vous est speciale & particuliere, ie veux aussi vous rendre vne tres-particuliere fidelité en tout ce qui est de la profession à laquelle vous m'auez appellé, ne me rendant pas moins exact en l'obeïssance des moindres points de ma regle, que des plus importans.

SECOND POINT.

CONSIDEREZ combien excellent & auantageux est l'estat de la Religion, & par là vous reconnoistrez la grande estime que vous deuez faire de vostre vocation. La Religion est vn estat comble de toute sorte de biens spirituels, & la vraye beatitude de l'ame Chrestienne en ce monde; c'est vn desert pour le corps, mais c'est vn Paradis pour l'ame, où Dieu seul est l'obiet ordinaire de ses pensées, & le but de toutes ses pretentions. Cet estat est tout diuin & celeste, & grandement releué par dessus la grandeur & dignité des Roys & Empereurs de la terre: car les Roys ne sont nobles que de sang, & par naissance; mais les

Religieux le font d'esprit, & par grace : les Roys ne conuersent d'ordinaire qu'auec les hommes, mais les Religieux auec les Anges : les Roys ont leur esprit espandu sur la terre, mais les Religieux l'ont recueilly au Ciel : bref les Roys commandent aux hommes, & sont bien souuent captifs de leurs passions ; mais les Religieux commandent à leurs appetits, au diable, & au monde, qui est bien vn plus grand empire & domination que celuy des Roys. La condition de la Religion est par dessus l'homme, elle va de pair auec les Anges, & sa pureté imite de bien prés celle des Anges. Finalement cét estat est vn estat tres-saint, tres-haut, & tres-asseuré, auquel, comme dit nostre tresdeuot Pere saint Bernard, on vit bien plus purement qu'au monde, on y tombe plus rarement, on se releue plus vistement, on y marche plus soigneusement, on y est arrousé plus frequemment, on y repose plus seurement, on y meurt plus confidemment, on est purgé plus promptement, & recompensé plus abondamment.

Affections & resolutions.

O diuin, celeste, & angelique estat où vous m'auez appellé: mon Dieu! comment est-il possible que le connoissant tel qu'il est, i'y viue & conuerse, comme ie fais si animalement & si brutalement, qui y deurois viure comme vn Ange? O bon IESVS, qui estes la lumiere du monde, deſſillez les yeux de mon cœur, & les eſclairez continuellement, afin que ie ne perde iamais de veuë l'excellence & dignité de l'eſtat où vous m'auez appellé, & que ie ne commette plus tant de choſes indignes d'vne ſi noble & diuine condition. A quoy bon tant de vaines & inutiles occupations d'eſprit? tant de paroles oyſeuſes, & ſans fruit? tant d'actions inconſiderées, & ſans aucune bonne intention? tant de temps perdu? tant de vains entretiens? tant de contes faits à plaiſir? tant de riſées & gauſſeries du prochain? tant de murmures contre les Superieurs? tant de mouuemens de colere, d'impatience, de meſpris, ou d'enuie contre les vns ou les autres? Mon Dieu, que tout cela est esloigné de la vie Angelique que ie deurois mener, & à laquelle vous m'apellez! Ie veux desormais en mes pensées, en mes paroles, actions & conuersations, imiter le plus qu'il me sera possible vos bienheureux Anges: ie veux occuper mes pensées continuellement à vous contempler, ou les choses qui vous concernent, comme ils font: ie veux estre tousiours occupé & possedé de vostre saint Amour, comme ils font: ie veux estre pur, simple, & innocent comme ils font: ie ne veux plus rien faire ny entreprendre que pour vous honorer, & accomplir vostre saint vouloir, comme ils font: ie veux estre humble, souple, & prompt à toute sorte d'obeïssance, comme ils font: ie veux estre tousiours doux, debonnaire, & patient enuers tous mes prochains, leur estre tousiours charitable & secourable, comme ils sont. Faites m'en la grace, ô souuerain Maistre, & Seigneur des Anges & des hommes, qui auez fait les Anges pour seruir les hommes, & notamment les Religieux, afin qu'ils deuiennent Anges.

TROISIESME POINT.

CONSIDEREZ l'heureux eschange que vous auez fait, par l'appel que Dieu a fait misericordieusement de vous. Voyez, ie vous prie, combien les biens & auantages que vous auez trouué dans la Religion sont preferables à ceux que vous auez quittés dans le monde.Peut-estre y auez vous laissé quelque peu de biens temporels que vous pouuiez aisément perdre ; & en contr'eschange vous auez trouué vn tresor de biens spirituels que personne ne vous peut à iamais rauir, si vous ne voulez : adioustez, que pour quelque maison, terre, ou rente que vous auiez au monde, vous auez autant de maisons, terres, & rentes qu'il y en a en l'Ordre ou Congregation dont vous estes membre. Peut-estre pouuiez vous ioüyr de beaucoup de plaisirs, mesme licites dans le monde, dont vous vous estes sevré pour iamais, quand vous vous estes fait Religieux. Mais considerez d'ailleurs combien plus grands, plus veritables, & plus sortables à la qualité de creature raisonnable que vous portez, sont les plaisirs & contentemens dont vous pouuez iouyr en la Religion, quand ce ne seroit que cette paix secrette de l'ame auec Dieu, qui au dire de l'Apostre surpasse de beaucoup tous les contentemens sensibles. Au lieu de quelque petit & bien fresle honneur & reputation que vous pouuiez acquerir dans le monde, vous estes honoré & estimé de Dieu & des Anges, & peut estre beaucoup plus des hommes que vous n'eussiez iamais esté dans le monde. Adioustez à tout ce que dessus, combien de sorte de maux & de dangers, que vous couriez, & eussiez encouru dans le monde, vous auez euité embrassant le bien de la Religion.

Affections & resolutions.

O Dieu de mon salut! quand ie regarde d'vne part le peu de bien & de vain contentement que i'ay quitté au monde, & les grands maux & perils dont le monde regorge que i'ay euité, & d'autre part les grands biens & auantages que ie trouue en l'estat où vous m'auez par vostre pure grace appellé, ie n'en sçaurois iamais assez faire d'estime. Car c'est vn abry contre vne infinité d'accidens & de malheurs; c'est vn port asseuré, d'où l'on voit sans crainte le naufrage des autres; c'est vn fort sur vn rocher imprenable à la force des hommes & des demons; bref c'est le tabernacle & le sanctuaire où puissamment vous protegez les vostres;

c'est le secret de vostre face où vous les retirez contre les efforts des meschans. Mais puis que ie n'ay quitté le monde, & tous les vains plaisirs qu'il y a, que pour plus aisément me quitter moy-mesme, & vous posseder vous mesme en contr'eschange, ô mon Dieu, receuez-moy comme vn sacrifice d'holocauste, qui desire tout entier, sans reserue, par le feu d'vne sincere & cordiale dilection me consommer pour vous, ô Dieu de mon cœur, ma part, & mon heritage pour iamais.

QVATORZIESME MEDITATION.

De l'obligation que l'ame Religieuse a de tendre à la prefection.

Trois points à considerer.

1. *Que le dessein de Dieu est d'estre plus parfaitement aymé & seruy des ames Religieuses que des autres.*
2. *Que la vie Religieuse doit estre vne continuelle course à la perfection.*
3. *Que le moyen de tendre à la perfection est l'obseruance des vœux, Regles & statuts auec interieur.*

PREMIER POINT.

CONSIDEREZ que la principale fin pourquoy Dieu a establi les Communautez Religieuses en son Eglise, a esté afin qu'il y eust certaines personnes choisies & tirées du commun des Chrestiens, qui s'occupassent plus particulierement que les autres à le connoistre, aymer, seruir & honorer, & s'en rendre capable par continuel exercice d'oraison & mortification. C'est pour cela, mon tres-cher frere, & non pas tant pour estudier, trauailler, prescher, & conuerser auec le monde, que nostre bon Dieu vous a appellé à la Religion; c'est, dis-ie, pour luy rendre vn plus pur & parfait amour, & vn bien plus fidele seruice que vous n'eussiez fait dans le monde : ce que vous ne pouuez, si vous n'estudiez à vous perfectionner & auancer de iour en iour en la vertu. De sorte que si vous ne

de la premiere Partie. 163

vous estudiez continuellement à cela, vous frustrez Dieu de son intention, vous manquez au principal de vostre profession, & consequemment vous n'estes point vray Religieux. Car c'est à ceux de cette profession principalement que cette parole de nostre Seigneur s'addresse; *Soyez parfaits comme vostre Pere celeste est parfait*; c'est ce que Dieu desire principalement de vous, que vous vacquiez à vostre sanctification.

Affections & resolutions.

Ah mon Dieu! que iamais vn si grand malheur ne m'arriue, qu'apres auoir entendu vostre voix dans le monde pour le quitter & entrer en Religion, maintenant que i'y suis, ie ne l'entende point pour vous suiure pas à pas, & tendre par le sentier de la Croix que vous me frayez à la perfection. Malheur à moy si ie viens à commettre vne si grande ingratitude & desloyauté. Helas mon bon Pasteur ! ne me quittez, afin que ie ne vous quitte, & que ie ne me lasse point d'aller tousjour en auant dans le sentier estroit & espineux de Croix, d'humiliation, & d'abnegation totale de moy mesme. Que toutes mes voyes & pretentions soient deuant vos yeux, & que ie ne me detraque iamais du but & de la fin principale que vous m'auez prescrit en l'estat où ie me retrouue, & que conformément à vostre dessein i'aye incomparablemēt plus de soin d'y deuenir bon &

parfait Religieux, c'est à dire fort humble, fort patient, fort obeïssant & charitable, fort silentieux, sobre & retiré que d'y devenir bien sçauant, grand Casuiste, Confesseur ou Predicateur: car ce n'est pas pour tout cela que vous m'auez appellé en Religion.

Second Point.

Considerez que si la vie de toute ame Chrestienne doit estre vne cōtinuelle course à Dieu, n'ayant esté formée ny reformée que pour son seruice & sa gloire, combien plus la vostre, mon cher frere, vous doit estre vn continuel eslans vers Dieu, qui ne vous appelle du monde que pour cela, & ne vous a osté les empeschemens & obstacles qui vous eussent peu retarder voſtre courſe, qu'afin que vous peuſſiez plus alaigrement cheminer à luy par la voye de la perfection. Que ſi vous negligez les moyẽs que noſtre Seigneur vous a donnez pour vacquer à la reformation de voſtre ame, vous occupant bien à d'autres choſes moins importantes pour voſtre ſalut, ſçachez qu'il vous en demandera vn iour conte tres-exact, & vous en chaſtiera tres-aſprement. Car le Religieux qui ne fait profit de la grace que noſtre Seigneur luy offre, ſe monſtre ingrat enuers luy, ferme la main de ſa liberalité, & le prouoque à courroux. Or il ne ſuffit par pour reſpondre au deſſein de Dieu & à ſa grace, que vous ayez l'intention de vous perfectionner, c'est bien quelque chose, mais ce n'est pas assez, il faut mettre la main à l'œuure, il faut faire de iour en iour nouuelle violence à vostre nature pour la former à la vertu, & la rendre tousiours plus souple à tous les vouloirs de Dieu. Et pour ce il faut de iour en iour prendre noûueau courage, s'exciter & s'animer comme de nouueau à vous rendre fidelement à Dieu dans les occasions, & tascher de vous releuer autant de fois que vous retombez. C'est là vostre principale besongne, mon cher frere, c'est vostre tasche iournaliere, que nostre Seigneur exige principalement de vous en la Religion, qui est vne escole de mortification, de vertu, & de perfection, tout le reste n'estant qu'accessoire.

Quatorziesme Meditation

Affections & resolutions.

Puis que vous m'auez fait la grace ô mon souuerain Maistre & Seigneur, de me faire entrer en cette saincte lice de la Religion, & d'y commencer heureusement ma course vers vous, assistez-moy, & me fauorisez de vostre grace, afin que ie la continuë courageusement sant relasche iusques au but & terme que vous m'y auez prescrit, qui est le dernier soulpir de ma vie; ie vous veux suiure & imiter en cette course, ô bon Iesus, qui n'auez terminé & finy la vostre que par la mort, & la mort de la Croix. Vous auez couru comme vn geant, au dire de vostre royal Prophete, sans vous arrester qu'à la mort. Et pourquoy donc m'ar-

resteray-ie, ou me relacheray-
ie en ma courfe, fi ie ne vous
veux quitter? car ne pas auancer en ce fujet, c'eft reculer arriere, & s'efloigner de vous. Ie
vous fuiuray donc pas à pas, ô
mon Sauueur, & cōtinueray ma
courfe apres vous; c'eft à dire,
que ie m'éuerturay de iour
en iour à me rendre plus humble, & ce iufques à la mort; à
me rēdre de plus en plus obeïffant iufques à la mort; de plus
en plus patient, doux & debonnaire iufques à la mort; de
plus en plus fupportant & charitable iufques à la mort; de
plus en plus obeïffant & filen-
tieux iufques à la mort, me gardant bien deformais de dire en
moy-mefme, ou me propofer
de m'humilier iufques à tel
point feulement & non plus,

H

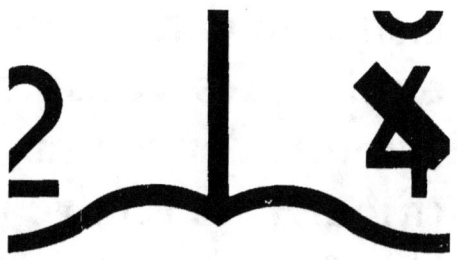

Pagination incorrecte — date incorrecte
NF Z 43-120-12

de patienter & supporter en telle ou telle occasion, & non en vne autre, mais vniuersellement par vn total abandon de ma volonté à la vostre, en toute sorte de suiets & de rencontres quels qu'ils puissent estre.

TROISIESME POINT.

CONSIDEREZ que tendre ou aspirer à la perfection à quoy vous estes obligé en qualité de Religieux, sous peine de peché mortel, n'estant autre chose que de vous estudier continuellement à reformer vostre ame, & la conformer à la semblance du fils de Dieu. Il n'y a moyen de ce faire en la Religion plus efficace que celuy que Dieu vous y a prescrit, sçauoir est l'exacte obseruance de vos vœux, de voſtre Regle, & de vos Statuts. Car Dieu en eſtant l'Autheur, veut que par la fidele pratique d'iceux vous vous acheminiez à la perfection. Et tenez pour certain, ſans vous flater, que vous ne vous auancerez à la perfection, qu'autant que vous vous ſentirez affectionné à toutes ces choſes. Que ſi vous vous laiſſez emporter au degouſt d'icelles, c'eſt vne marque aſſeurée, qu'au lieu de vous aduancer en la perfection, vous vous en reculez, ce qui eſt fort dangereux. Rentrez donc en vous meſme, & conſiderez ſi vous aymez & cheriſſez la pauureté plus que vous n'auez fait autrefois ; ſi vous eſtes plus ſoigneux que iamais de conſeruer la pureté de voſtre corps & de voſtre cœur ; ſi vous eſtes plus prompt & soubmis à l'obeïssance que par le passé ; si vous estes plus exact à l'obseruance de vostre Regle & Statuts que iamais : car cela estant, sans doute vous vous auancez à la perfection ; comme au contraire cela n'estant pas, vous vous en reculez, & courez grand risque de vous perdre & de vous damner.

Affections & resolutions.

Il est vray, mon Dieu, que comme vous m'obligez de tendre & aspirer à la perfection, aussi m'obligez-vous de m'y acheminer par le sentier que vous auez tracé pour les ames Religieuses, sçauoir est l'obseruance de mes vœux, Regles & Statuts. Ie veux donc aller à vous, & m'acheminer à la

de la premiere Partie. 173
perfection par ce sentier, sans m'en destourner iamais, ny sans me dispenser du moindre point de ma Regle & Statuts que par obeïssance, & pour vn plus grand bien. Ie ne prefereray iamais aucune deuotion particuliere à ce qui est de l'obligation de mes Regles & Constitutions, que ie tascheray d'obseruer exterieurement, auec esprit interieur, car tel est vostre bon plaisir. Et partant ie me resous bien de ne pas imiter certaines ames religieuses, qui se faisant a-croire, que tout le deuoir de la Religion consiste en l'interieur, negligent les Obseruances exterieures de leurs Regles & Status; ny aussi certaines autres, qui tout au contraire ne s'arrestant qu'à l'escorce & à l'exterieur

H iij

374 *Quatorziesme Meditation* des obseruances, negligent l'interieur, ne se soucians de bien occuper leurs pensées, ny de mortifier leurs passions, ny d'accompagner leurs actions & obseruances regulieres de quelques bons sentimens interieurs. Ie n'imiteray ny les vnes ny les autres, mais bien les bonnes ames qui cheminent dans le droit chemin ; & pensant tousiours à la fin principale pourquoy ie suis Religieux, ie m'adonneray de telle maniere à l'interieur, qui est le principal de la Religion, que ie ne negligeray rien des obseruances exterieures de mon institut, croyant certainement que toute ma spiritualité & interiorité sans cette obseruance, la pouuant faire, n'est que tromperie & fausseté. Et d'ail-

leurs ie garderay ponctuellement, autant qu'il me fera pof-
sible les obferuances exterieures de ma Regle & Conftitutions, mais auec mortification
& deuotion: fçachant bien que
l'obferuance exterieure d'vne
Regle fans pieté, ny pratique
de vertu, n'eft qu'vne vaine apparence, vn corps fans ame, &
vne matiere fans forme.

QVINZIESME MEDITATION.

De la necessité qu'à l'ame religieuse de vacquer à a mortification.

Trois points à considerer.

1. *Que touse ame Chrestienne estant obligée de se mortifier pour se sauuer, la Religieuse l'est encore plus.*
2. *Que la Religion est vn Caluaire ou escole de mort, où il faut faire mourir tout le vieil homme.*
3. *Que la mortification est grandement auantageuse & profitable à l'ame religieuse.*

PREMIER POINT.

CONSIDEREZ que le monde estant diametralement opposé à Iesvs-Christ, la chair à l'esprit, & la nature à la grace, il faut de necessité que l'ame qui se veut sauuer mortifie en soy les mauuaises habitudes & vanitez du monde pour suiure IESVS-CHRIST, mortifie sa chair pour viure selon l'esprit, & mortifie sa nature & propre volonté pour adherer à la grace. En fin il faut que toute ame Chrestienne meure à soy-mesme, pour ressusciter & viure en IESVS CHRIST, qui nous enseigne, que si le grain de froment ne tombe en terre, & n'y pourrit, il ne rapporte rien ; & que si nous ne mourrons à l'affection de toutes choses pour luy, nous ne pouuons estre ses disciples, Si donc la mortification est si necessaire à tous les Chrestiẽs, s'ils se veulent sauuer, combien plus à vous qui estes obligé de tendre à la perfection du Christianisme. Car sans cette continuelle pratique vous ne pouez iamais estre bien dépris, ny des vanitez du monde, ny des impuretez de la chair, ny des interests & propres recherches de la nature; & par consequent vous ne pouuez estre bon Religieux.

Affections & resolutions.

Ah! que ie suis lasche & poltron, & bien indigne de ma profession, si quand on me parle de croix & de mortification, i'apprehende & ie m'attriste ; au lieu de m'exciter & encourager comme fait vn bon soldat au son de la trompette. Helas! i'ay bien à craindre si ie croupis plus long temps dans ma coüardise & lascheté que beaucoup d'ames seculieres, qui ont pratiqué à bon escient la mortification dans le monde, ne me fassent honte deuant le tribunal de Iesus-Christ, voire que beaucoup d'ames payennes ne s'esleuent en iugement contre moy, qui se sont beaucoup plus mortifiées pour la seule vertu, ou mesme pour la vanité, que ie n'ay fait pour la grace & pour la verité. Sus donc, mon ame, releuons nous de nostre paresse, & prenons vn nouueau courage pour nous mortifier à bon escient pour l'amour de Iesus-Christ. Quittons toutes nos vaines craintes & apprehensions, & suiuons-le courageusement à la Croix, & au Caluaire, & mourons auec luy.

SECOND POINT.

CONSIDEREZ que la Religion est comme vne montagne de Caluaire, où il faut par mortification non seulement crucifier la chair auec toutes ses conuoitises, ainsi que dit l'Apostre, mais mesme l'esprit & la nature toute entiere auec toutes ses passions. C'est vne escole de mort en laquelle on apprend à mourir auant que de mourir. Et c'est pourquoy les bons Religieux trauaillent iour & nuit à se vaincre & se rauoir de tant de ruines & rauages que le peché a fait & causé en leur nature. Et comme il n'y a partie ny faculté, soit au corps, soit en l'ame, où le peché n'ait rampé, & n'ait laissé ou vne langueur & lascheté vitieuse, ou vne ardeur & viuacité mauuaise; Aussi n'y a-il rien en vous que vous ne deuiez amortir ou viuifier; amortir ce qui est trop vif, viuifier ce qui est trop lasche.

Affections & resolutions.

Ie voy bien que viure en Religion sans y vouloir faire penitence, & s'y mortifier à bon escient, c'est y perdre le temps, & courir risque de perdre l'eternité; ce qui me donne grande confusion, voyant que l'amour de moy-mesme, & l'apprehension de la peine m'a quasi tousiours retenu iusques à present de m'adonner à la mortification comme ie dois. Ie vous en demande tres-humblement pardon, ô bon IESVS; & me resous (moyennant vostre grace, & pour voſtre amour, contre la crainte de la peine, & la peine meſme) de m'y porter deſormais comme à corps perdu, notamment quant à l'humiliation & meſpris de moy-meſme. Ie ne me mortifieray point en partie, comme quelques vns font, qui faiſans la guerre au corps, ne mortifient point les paſſions de l'ame, ou qui chaſtians l'ame, dorlottent trop le corps. Mais ie me porteray principalement à la mortification de mon interieur, & de toutes les paſſions de mon ame, ſans toutesfois négliger la mortification du corps & de tous ſes ſens. Ie ne me contenteray pas auſſi de m'exercer en la mortification notamment interieure pour vn temps, mais pour tant que ie viuray, ny en cecy, ou en cela seulement, mais generalement en tout ce qui peut empescher ou retarder mon aduancement à la vertu & à vostre pur amour. Ie vois bien clairement que les ieusnes, les veilles, le chant, le silence, & les autres pieces de la discipline exterieure ne me peuuent rendre bon & vertueux Religieux, qu'autant que ie me mortifieray interieurement; puis qu'auec tout cela, sans mortification interieure, vne petite reprehension m'esmeut, vn petit mot d'aduis me trouble, vne mouche me distrait, le propre interest m'allume, vn peu de prosperité m'esleue, & le moindre vent d'aduersité m'abbat. Ie me mortifieray donc entierement, continuellement & fortement.

TROISIESME POINT.

CONSIDEREZ que noſtre Seigneur a eſtably en ſon Egliſe les Religions comme autant de ſaintes Academies de penitence, de ſouffrance & mortification, afin que ceux qu'il y appelle y acquierent plus de vertu, y meritent plus de graces, & ſoient vn iour plus glorieux dans le Ciel, que ceux qui menent la vie ſeculiere. Cette mortification eſt de ſoy ſi agreable à Dieu, que les Anges & les ames bien-heureuſes voudroient volontiers venir au monde, s'il leur eſtoit pefmis, pour la pratiquer; ſi digne que Dieu la recompenſe d'vne eternité bien-heureuſe;

si necessaire, que le Religieux n'a de vertu qu'autant qu'il a de mortification; & si vtile, qu'elle rapporte toute sorte de biens à celuy qui la pratique. Car comme l'immortification est vne gehenne de peine, ainsi la mortification est vn Paradis pour l'ame, qui iouyt par son moyen d'vn grandissime repos & tranquillité.

Affections & resolutions.

O sainte mortification, quoy qu'amere aux sens & à la nature, que tu es non seulement vtile & profitable, mais mesme douce & agreable aux ames touchées de l'esprit de IESVS crucifié. O qu'il y a peu d'ames qui t'estiment & te prisent ce que tu vaus, & moins encore qui t'embrassent de cœur &

d'affection, pour n'auoir point encore esprouué les grands biens que tu produis és ames qui te pratiquent. Et quoy que tu n'en ayes point encores esprouué les efforts à bon escient, ô mon ame, si est-ce que l'esperance & l'asseurance que tu en as t'y doit porter. Hé! quels plus grands tresors peux-tu esperer que les vertus, la grace, & la gloire, que la mortification t'acquerra, te conseruera & accroistra?

SEIZIESME MEDITATION.

De la mortification des sens, & de tout l'exterieur par modestie.

Trois points à considerer.

1. *Que le corps doit estre gouuerné par la raison pour honorer Dieu, & edifier le prochain.*
2. *Que la retenuë des sens est du tout necessaire en la vie religieuse.*
3. *Que l'immortification exterieure est plus reprehensible, & de plus mauuaise odeur que l'interieure.*

PREMIER POINT.

CONSIDEREZ que Dieu qui vous a fait corporel & spirituel, c'est à dire composé de corps & d'esprit, ne desire pas moins de reglement en l'exterieur de vostre corps, qu'en l'interieur de vostre ame; consideré qu'il ne vous a pas donné la raison pour bien regir seulement l'esprit, mais aussi pour bien regir & gouuerner le corps; qui estant l'image de l'ame, porte en quelque façon l'image de Dieu sur soy quand il est bien reglé: ce qui a fait dire à saint Paul escriuant aux Corinthiens, *Glorifiez & portez Dieu en vostre corps*, c'est à dire, Soyez modestes, & que la sainteté de Dieu reluise tousiours en vostre exterieur, afin que Dieu en soit honoré & glorifié. Et pour monstrer combien ce bon reglement de nostre exterieur sert pour edifier le prochain, le mesme Apostre escriuant aux Philippiens, leur dit,

1. Aux Corint. ch. 6

de la premiere Parie.

Que vostre modestie soit manifeste à tous; c'est à dire, Que tous voyent que vous estes sages & modestes, afin de s'en bien edifier, & se former à vostre exemple.

Affections & resolutions.

Il est bien raisonnable, ô mon Sauueur, puis que non seulement mon ame, mais aussi mon corps vous a esté dedié & consacré par le saint Baptesme, que ie ne me contente pas de bien regler mon interieur; mais aussi que i'aye grand soing de tenir mon exterieur bien composé. Et si vostre saint Apostre exhorte les seculiers, escriuant aux Philipiens, d'estre modestes & retenus en leur exterieur pour l'exemple; combien plus deurois-ie, estant Religieux, & partant beaucoup plus obligé de seruir d'exemple aux autres, m'estudier à garder la modestie & bien-seance exterieure, sans me laisser emporter comme vne beste, sans aucune raison ny consideration, à la legereté de mes sens, & à l'incomposition de mon corps. Et partant ie prendray garde desormais de ne me tourner, & virer legerement la teste comme vne giroüette çà & là; de ne la tenir trop leuée; de ne regarder curieusement, tantost d'vn costé, tantost de l'autre; de n'estre trop prompt ny trop lent en mon alleure; & de ne marcher auec certain fast & grauité affectée; mais simplement, posément, & comme deuant Dieu. Ie m'estudieray d'auoir tousiours le visage serain,

rain, graue, doux, & honneste, sans rider le front, ny faire paroistre aucune tristesse, ou vaine ioye: ie m'estudieray de tenir le corps droit, sant pancher d'vne part ny d'autre, les bras & les mains en repos, sans les remuer qu'en la necessité, ny faire des gestes en deuisant, le col droit, & la teste arrestée sans la branler. Et me propose pour tousiours de plus en plus vous honorer, mon Dieu, en mon exterieur, de me mortifier quand il me prendra fantasie de faire quelque legereté, ou tenir pour mon aise quelque posture messeante.

Second Point.

Considerez que vostre profession vous obligeant à vn bien plus grand recueil interieur, que si vous estiez en la vie seculiere, elle vous oblige aussi à vne bien plus grande retenuë de vos sens exterieurs, estant impossible que vostre ame soit interieuremēt recolligée en Dieu, tant qu'elle sera continuellement distraite & diuertie par la legereté & curiosité de vos sens, notamment de la veuë & de l'ouye, qui sont comme deux fenestres par lesquelles l'ame s'esgare & prend l'essort parmy les vanitez seculieres, & par où les apparentes beautez des choses exterieures s'insinuent doucement en elle, & la deçoiuent. Et tenez pour asseuré, que tant que vous vous remplirez licentieusement des images & impressions des choses externes, que vous auez curieusement regardé ou escouté, vous ne serez iamais capable de contempler ou gouster les internes, spirituelles & diuines, Tenez donc vos yeux fermez au monde & à la terre, si vous les voulez tenir ouuerts au Ciel. Tenez vos oreilles bouchées aux discours vains & superflus, pour les rendre attentiues à la voix de nostre Seigneur.

Affections & resolutions.

S'il est iuste de condamner à la prison ceux qui abusent de la liberté qu'ils ont de conuerser auec les hommes, iniuriant les vns, & excedant les autres; ne sera-il pas tres-iuste & raisonnable de retenir d'ores-en-auant mes sens comme prisonniers, notamment ma veuë

& mon ouye, puis qu'ils ont quaſi continuellement abuſé de leur liberté, regardans & eſcoutans vne infinité de choſes vaines & inutiles? O Seigneur deſtournez d'ores-en auant mes yeux, afin qu'ils ne s'attachent plus à aucune vanité, & que ie n'aye plus d'ouye que pour entendre voſtre ſainte parole, & me rendre attentif à vos ſaintes inſpirations. Que ie ne prenne plus plaiſir de voir rien que ce qui me peut porter au deſir de vous voir, & m'auancer en voſtre ſaint Amour. Que ie n'aye plus de curioſité d'entendre que ce qui concerne voſtre ſeruice, l'eſtabliſſement de voſtre Royaume, & qui me peut rendre plus ſçauant en la ſcience de mon ſalut. Mais d'autant que nonobstant toutes mes bonnes resolutions telle est ma fragilité, que ie me laisse emporter dans les ooccasionis à regarder & escouter beaucoup de choses par curiosité, & notamment celles qui peuuent flater ma sensualité; fortifiez-moy dans ces rencontres là, afin de m'en destourner courageusement & promptement.

TROISIESME POINT.

CONSIDEREZ que l'immodestie, notamment en vn Religieux, est grandement reprehensible & condamnable pour beaucoup de raisons, comme pour ce qu'elle procede du déreglement interieur de l'ame, & le fomente, estant obiet exterieur à l'ame de se déregler interieurement, comme la modestie exterieure luy est objet & motif de se bien regler interieurement : pour ce que c'est vne espece de folie qui ressent son enfant & son folastre : par exemple, remuer ores les mains, ores les pieds, tordre le col, se virer çà & là, & faire autres gestes semblables quand il n'est pas necessaire, sont legeretez, & marques infaillibles d'vn esprit interieurement detraqué. Bref l'immortification exterieure est plus reprehensible que l'interieure, d'autant que l'ame a beaucoup plus de pouuoir sur le mouuement exterieur du corps, que sur ses propres mouuemens interieurs. Et partant il luy est beaucoup plus aisé de rendre fidelité à Dieu en ce sujet, qu'en la mortification de ses passions & ressentimens interieurs ; & par consequent elle est beaucoup plus reprehensible quand elle ne le fait pas. Adioustez que le desreglement exterieur ne se voyant pas, il n'est pas de si mauuaise edification que l'exterieur, qui bien souuent donne suiet aux autres Religieux de murmure, de ressentiment, & d'impatience, & aux seculiers de mespris & de scandale : voyez combien de mal, cause vn Religieux immodeste, & déreglé en son exterieur.

Affections & resolutions.

O mon Dieu ! si ie considerois que vous m'estes

Contraste insuffisant
NF Z 43-120-14

toufiours prefent, & que vous me regardez en tous lieux, & qu'en outre i'ay vn bon Ange qui m'affifte continuellement, que ie dois grandement refpecter, ie me tiendrois bien plus compofé que ie ne fais. Et fi ie confiderois de plus, que par mon déreglement exterieur ie fais connoiftre l'eftat de mon interieur au malin efprit, qui tente plus hardiment ceux qu'il voit defordonnez, & que ie donne mauuais exemple à mes freres, que ie fuis tenu d'edifier, que ie fcandalife les feculiers, & leur rends la Religion mefprifable, que ie fuis tenu d'honnorer: & que finalement Dieu s'en irritera contre moy, & m'en chaftiera feuerement, ie ne ferois plus immodeste, turbulent, & leger comme par le passé. Et partant ie me propose; moyennant vostre sainte grace, ô mon Sauueur, de mortifier soigneusement, & tenir en bride la promptitude, legereté, & déreglement de tous mes sens, & de tous les mouuemens de mon corps, pour ne rien faire en mon exterieur que par raison & necessité, afin que vous soyez honoré & glorifié en tout ce qui partira de moy, tant exterieurement qu'interieurement. Et que si les membres & parties de mon corps ont seruy par le passé à l'iniquité à ma condamnation, ils seruent desormais à la iustice, & à la grace pour ma sanctification.

DIX-SEPTIESME MEDITATION.

De la mortification de la langue, & du silence.

Trois points à considerer.

1. Qu'il faut user d'un grand soing pour mortifier la langue.
2. Que le peu parler & le silence est grandement recommandable aux Religieux.
3. Que le beaucoup parler est grandement nuisible aux Religieux, & à Region.

PREMIER POINT.

CONSIDEREZ que quoy que la langue soit aute de beaucoup de vien, pour ce que par icelle nous louons & benissons Dieu

I vj

nous exprimons nos penſées, declarons nos volontez, inſtruiſons nos prochains, & faiſons force autres bonnes œuures; & par conſequent il ne ſemble pas y auoir rien de meilleur: neantmoins ſi vous tournez le feüillet, vous ne trouuerez rien de pire, n'y ayant mal qu'elle ne faſſe, quand elle quitte les reſnes de la raiſon, ores mentant, ores meſdiſant, ores flattant, ores murmurant, ores taxant, ores piquant & offenſant les vns & les autres, ſans eſpargner les plus gens de bien, voire meſme les morts. Adiouſtez à cecy mille autres deſordres que la corruption de noſtre nature fait gliſſer dans l'vſage de la parole, qui fait qu'il y en a qui ne font à toute heure que parler ſans s'amender, & d'autres qui ne parlent pas tant, mais ne disent iamais vne parole d'edification, parlans de beaucoup de choses indifferentes, & bien souuent des choses du monde, mais quasi iamais de Dieu; d'autres qui ont le cœur au bout de leur langue, qui disent tous leurs sentimens, & deschargẽt leurs passions à tout le monde; d'autres qui font estat d'ordinaire de rire & de gausser, & donner suiet de rire aux autres, ce qui est diametralement contraire à la vie penitente, & à la grauité de l'esprit de Religion, & qui destruit & sape auec le temps toute la pieté, deuotion, & bonne discipline des Communautez religieuses. Il s'en trouue d'autres bien plus dangereux que tous ceux-là, qui parlent auec duplicit, faisant paroistre par leur parole toute vne autre affection & volonté que celle qu'ils ont au cœur, menteurs & trompeurs, ennemis de la verité, enfans du diable, & non de Dieu, vuides de charité, destructeurs de toute foy & simplicité, durs à tout sentiment de graces, odieux à tous supçonneux & inquiets en eux mesmes, bref detestables & insupportables en toute façon dans la Religion. Voyez, ie vous prie, combien il faut apporter de soin & de veille sur soy-mesme, pour se garentir de tous ces inconueniens. Certes il n'y a meilleur ny plus seur abry contre tous ces déreglemens, que le silence & le peu parler.

Affections & resolutions.

Ie voy bien, mon Seigneur, que vostre Apostre saint Iacques auoit bien raison de dire, que nostre langue estoit le timon & gouuernail d'où depend toute la bonne ou mauuaise conduite de nostre vie, & que celuy-là pouuoit à bon droit estre estimé parfait qui sçait refrener & gouuerner sa langue: comme au contraire, quelque deuot & pieux qu'vn homme paroisse, s'il ne sçait retenir & moderer sa langue, toute sa pieté & deuotion est vaine. C'est pourquoy l'vn de mes plus grands soins en cette escole de perfection où vous m'auez appellé, sera de m'estudier iournellement à bien regler & mortifier ma langue, me proposant de tousiours parler sobrement, modestement, & raisonnablement; de ne parler desormais que pour la necessité ou charité : & partant de ne parler iamais que ie n'aye consideré auparauant s'il est à propos & vtile de parler, & que ie ne vous en aye comme demãdé licence : sçachãt bien que vous auez dit, que quiconque parle de soy-mesme, & non du mouuement de vostre esprit, cherche d'ordinaire sa propre gloire. O si ie pratiquois bien cecy comme ie me le propose, que i'éuiterois d'offenses & de pechez, & que ma conscience se trouueroit en grand repos, & conseruerois bien plus facilement l'esprit de pieté & deuotion, qui se dissipe & s'euapore par les paroles inconsiderées & superfluës.

SECOND POINT.

CONSIDEREZ que comme le dire du Sage est veritable, qu'en beaucoup parler le peché ne manquera point; aussi au peu ou point parler il y aura peu ou point de peché; & que comme le parler superflu & déreglé monstre le déreglement & legereté de l'esprit, aussi le parler sobre & consideré est la marque d'vn esprit bien fait, sage & posé. C'est pourquoy le Religieux qui est obligé par son habit & sa profession à vne bien plus grande retenuë & sagesse que les personnes seculieres, doit auoir cette vertu de retenuë & sobrieté de paroles en singuliere recommãdation. Et c'est pourquoy tous ceux qui ont institué les Ordres & Maisons de Religion, ont grandement recommandé le silence, notamment és heures de la nuit; & entre tous le B. H. Pere des Moynes en l'Eglise Occidentale S. Benoist, le recommande si expressément en plusieurs endroits de sa tres-sainte Regle, que les ames qui militent souz son estendart ne peuuent negliger cette sainte obseruance sans grand mespris. Il est bien vray que nostre nature, toute gastée & corrompuë par le peché, & par consequent desordonnément amoureuse d'ellemesme, & ne cherchant que son contentement & vain plaisir, a grand peine à s'empescher de parler & garder le silence, pour ce qu'elle reçoit d'ordinaire quelque vanité &

propre satisfaction en parlant :
& c'est pourquoy, si vous voulez, mon tres-cher frere, bien
garder le silence, & par ce
moyen éuiter les desordres du
beaucoup parler, fuyez le vain
plaisir, & mortifiez à bon escient vostre interieur, vous as-
seurant que vous ne garderez
iamais vostre langue, qu'autant que vous garderez bien
vostre ame.

Affections & resolutions.

O mon Sauueur & Redem-
pteur IESVS, quand ie vous
vois gardant vn si admirable silence deuant Pilate, estant
faussement accusé & calom-
nié, que ce President en estoit
tout esmerueillé ; ie ne sçaurois
assez accuser & condamner
ma legereté, ma vanité, & ma

temerité, qui me portent si facilement à parler, lors mesme que ie deurois garder silence. I'en ay grand regret, & me propose bien, moyennant vostre sainte grace, d'imiter & honorer desormais vostre silence, par l'obseruãce du mien, que ie tascheray d'accompagner comme vous faisiez le vostre de bon reglement interieur, de douceur, d'humilité & charité, pour ne pas faire comme ceux, qui se portans par certain effort de resolution à se taire, sans se regler interieurement, condamnent & censurent ceux qui parlent & s'enflent de bonne opinion & propre estime, de ce qu'ils parlent moins que les autres. Pour donc garder vn bon silence en me taisant, ie m'humilieray sans accuser ny censurer personne; & pour bien regler ma langue, ie regleray & tiendray en bride toutes mes passions & affections: car ma langue ne parle & n'agist que selon les mouuemens interieurs de mon ame. Mettez, Seigneur, cette garde à ma bouche, & cet huis de circonspection à mes levres: car quand vous me ferez la grace de veiller continuellement sur mon interieur, ie ne laisseray pas eschapper de ma bouche tant de paroles à la legere, oyseuses, & mal digerées, dont il me faut rendre conte.

Troisiesme Point.

Considerez combien de maux & de desordres arriuent non seulement aux Religieux particuliers, mais mesme à toute vne Communauté religieuse du beaucoup parler. Car non seulement les Religieux particeliers en deuiennent plus licentieux, plus altiers, plus vains, moins simples, & moins deuots: mais encores par les frequentes mesdisances, detractions, gausseries, plaintes & murmures qui sourdent de la trop grande licence & coustume de parler, les Communautez se desunissent & dschirent miserablement, & mesme quelques fois se ruinent auec scandale. Voyez, mon cher frere, que si vous parlez inconsiderément, & à toutes rencontres, & si vous violez les loix du silence dans vostre Commnnauté, vous contribuez selon vostre pouuoir à ces malheurs là.

Affections & resolutions.

Puis que vous m'auez appellé par voſtre ſpeciale miſericorde, ô mon Dieu, en la Religiõ, non ſeulemẽt pour m'y perfectionner & auancer en la pieté, mais auſſi pour y edifier mes freres, & contribuer de tout mon poſſible au bien & à l'vnion de la Communauté, ià n'aduienne, que faute de mortifier le vain plaiſir que ie prens à parler & m'entretenir, meſme és lieux & temps où ie dois garder le ſilẽce, non ſeulement i'eſtouffe en moy le ſentiment de pieté & deuotion, mais meſme par mon mauuais exemple ie donne ſujet de relaſche à mes freres, & introduiſant autãt que ie peux la mauuaiſe couſtume de parler librement, ie donne ouuerture aux detractions, plaintes, murmures, disputes, contestations, & autres semblables desordres, qui sõt la ruine des plus saintes Communautez, tãt s'en faut que ie veuille plus rien cõtribuer à vn si grand mal, dont ie serois responsable deuãt vostre Tribunal ; qu'au contraire ie me propose de me retirer de toutes les licences & libertez que i'ay pris par le passé pour ce sujet; & me propose de reprimer pour vostre saint amour, & pour vous cõplaire tous les desirs qui me viendrõt de parler, & m'entretenir aux temps & lieux que vous ne le desirez pas de moy, ains d'y garder vn inuiolable silence, voire mesme de ne parler en tout autre temps, qu'autant que ie m'y sentiray porté par mouuement de grace & de charité enuers le prochain.

DIX-HVITIESME MEDITATION.

De la mortification, de l'imagination, & des passions.

Trois points à considerer.

1. *Combien cette mortification est necessaire & importante.*
2. *Qu'il importe beaucoup de bien reconnoistre & discerner toutes les passions.*
3. *Qu'il faut necessairement mortifier l'imagination, pour bien mortifier les passions.*

PREMIER POINT.

CONSIDEREZ que comme les dispositions & fonctions interieures de l'ame sont bien plus necessaires & importantes à nostre salut & profit spirituel, que les dispositions & actions exterieures de nostre corps; aussi la mortification des mouuemens de l'ame est bien plus necessaire & importante que celle des mouuemens du corps, iusques-là que la mortification corporelle & exterieure qui se fait par les ieusnes, abstinences, haires & disciplines, & par la retenue des sens & de la langue n'est bonne, qu'entant qu'elle est accompagnée de l'interieure, & qu'elle en procede. Ce que reconnoissant l'Apostre, ne s'est pas contenté de dire, que tous ceux qui sont du party de IESVS CHRIST ont crucifié leur chair, mais il adiouste, auec leurs vices & concupiscences; qui sont l'imagination & les passions: ce

Gal. 5.

qui est bien le principal, Nostre Seigneur nous enseignant que son Royaume est au dedans de nous, c'est à dire en nostre ame & en l'interieur; & partant la vraye mortification ne consiste pas tant à matter le corps (sinon autant qu'il est necessaire pour le soufmettre à l'esprit) qu'en la haine du peché, & en l'abnegation de son propre sens & de sa propre volonté; mais notamment en la retenuë & reglement de nos passions, qui bien souuent renuersẽt sans dessus dessous toute l'œconomie de nostre ame, & destruisent de fond en comble tout le Royaume de Dieu en nous. Car encores que nostre Seigneur ait soufmis l'appetit sensuel, où se forment toutes vos passions à vostre esprit, si

K ij

est-ce que le peché l'a tellement defordonné, que pour l'ordinaire il refiste & fait la guerre à la raifon, empefchant tant qu'il peut les actions de vertu, ores fe portant au mal, ores refuyant le bien. C'eft pourquoy vous deuez apporter vn tres-grand foin & grand courage à le regler & mortifier auec tous fes mouuemens defordonnez, qui font les paffions, & le reduire & foufmettre à la feigneurie de l'efprit & mouuement de la grace. Et fçachez que vous ne ferez iamais bon Religieux que de nom, fi actuellement, & d'vne forte refolution, vous ne vous appliquez à cette mortification.

Affections & resolutions.

O que de maux & de malheurs causent en moy mes passions desordonnées! elles m'aueuglent l'entendement, me debilitent la volonté au bien, affoiblissent ma memoire, me desbauchent l'imagination, m'inquietent & troublent le cœur, me font perdre ou amoindrir la grace, m'empeschent l'establissement des vertus en l'interieur, bref me renuersent & confondent l'esprit, & le rendent esclaue & captif de leurs obiets. Comment donc est-il possible que ie les souffre si long-temps & si puissamment regner sans les combattre? Auray-ie si peu de zele pour le Royaume de Dieu, que ie ne coure aux armes pour guerroyer toute ma vie mes desordonnées passions qui luy resistent? Non, ie ne pardonneray à pas vne, & ne cesseray de les poursuiure & leur faire violence, iusques à ce que ie les aye entierement sousmises au mouuement de vostre grace & saint vouloir. Fortifiez moy, mon Seigneur & mon Dieu dans cette sainte resolution que ie prends en vostre sainte presence, & me donnez la grace d'y perseuerer iusqu'au dernier souspir de ma vie; & puis que vous estes mort pour moy, que ie meure mille fois à moy-mesme, & à toutes mes passions, afin que vous seul viuiez en moy, & que comme vous auez esté crucifié pour moy, ie crucifie tous les iours pour vous mon cœur & ma chair auec tous ses vices & conuoitises.

SECOND POINT.

CONSIDEREZ que pour bien mortifier vos passions, il les faut bien reconnoistre & discerner : & partant il faut que vous sçachiez qu'y ayant deux parties en vostre ame, l'vne superieure & raisonnable, l'autre inferieure & animale ; celle-là consiste principalement en l'entendement & volonté, & celle-cy en l'imagination & appetit sensuel : & tout ainsi qu'en la partie superieure la volonté suit l'entendement, & de l'vn & de l'autre procedent les mouuemens reglez & raisonnables de vostre ame ; ainsi en la partie inferieure l'appetit sensuel suit l'imagination, & de l'vn & de l'autre procedent les mouuemens déreglez de vostre ame, qu'on appelle passions. Et comme l'entendement venant à apprehender ou conceuoir le bien ou le mal, incontinent la volonté se porte à suiure l'vn, ou fuyr l'autre: ainsi l'imagination venant à se representer le bien ou le mal sensible, aussi-tost l'appetit sensuel se porte à suiure l'vn, ou fuyr l'autre; d'où vient en partie la diuersité des passions, les vnes estans au regard du bien, & les autres au regard du mal. Il faut aussi remarquer que l'appetit sensuel ayant deux parties, l'vne qu'on appelle concupiscible, & l'autre irascible: on remarque six passions qui procedent de l'appetit concupiscible, & cinq autres qui procedent de l'irascible, qui font en tout le nombre d'vnze passiõs. Les six qui procedent de la partie concupiscible de l'appetit sensuel, sont l'amour, & la haine, le desir, & la fuite, la ioye, & la tristesse. Les cinq qui procedent de la partie irascible, sont, l'esperãce, & le desespoir, la hardiesse, & la crainte, & finalement l'ire ou cholere. Mais pour encore bien discerner les susdites passions au regard du bien & du mal, qui sont leurs propres obiets, & remarquer l'ordre qu'elles ont entre elles ; notez que si nous considerons le bien simplemẽt, comme bien il excite en nous la passion d'amour, qui est toute la premiere & la cause des autres, & si nous voyons que ce bien est encores absent, il nous vient aussi-tost le desir de l'auoir, & si en le desirant nous pensons le pouuoir acquerir, l'esperance s'excite en nous : mais si nous croyons ne le pouuoir obtenir, nous sentons le desespoir; que si nous venons à le posseder, il nous cause la ioye; voyla comme les passions se forment au regard du bien. Quant au mal, aussi tost que nous l'enuisageons comme tel, nous le haïssons, que si nous le voyons absent, nous le fuyons; & si estant absent, nous estimõs ne le pouuoir euiter, nous le craignons; si toutesfois nous pensons le pouuoir euiter, alors nous nous enhardissons & encourageons; mais si le mal nous est present, nous nous en attristons; si toutesfois nous esperons en quelque façon le pouuoir rechasser, & nous en venger, alors nous nous mettons en cholere: & voyla comme les passions se forment au regard du mal. Voyez, ie vous supplie, mon tres-cher frere, combien vous deuez faire soigneuse garde sur vous mesme, vous voyant enuironné, assiegé, & combattu de tant de sortes de passions.

Affections & resolutions.

Helas mon Dieu, combien de gens sçauans, & mesme des contemplatifs, qui n'ignorent point la nature, l'origine, & les effets des passions, se sont trompez dans les occasions & la pratique à les bien discerner, faute de les vouloir à bon escient mortifier, prenant les faux mouuemens de l'ame pour les vrais, comme la cholere pour zele; l'affection ou amour desordonné pour charité, la vaine ioye pour l'allegresse spirituelle, la melancholie pour moderation, la trop grande crainte pour prudence, la trop grande hardiesse pour courage, la cupidité pour le desir de necessité, & ainsi des autres. Certes ie voy bien qu'il me sera impossible de bien discerner les mouuemens raisonnables de mon ame d'auec mes passions, si ie ne m'en fais quitte, ou que du moins ie m'en sois rendu le maistre par la continuelle estude & pratique de mortification. Et à cette fin ie prends resolution, moyennant vostre grace de faire quatre choses. Premierement ie tiendray le plus continuellement qu'il me sera possible mon ame esleuée vers vous, & les yeux de mon cœur ouuert, afin que tant que faire se pourra aucun mouuement de passion ne me preuienne le iugement. En second lieu, si ie ne peux empescher que quelques fois les passions ne me surprennent, au moins feray-ie tout l'effort à moy possible pour les reprimer aussi tost que ie m'en sentiray esmeu, taschant de les suffoquer en leur naissance. En troisiesme lieu, si ie ne peux empescher que le mouuement de passion ne continuë, ie le supporteray auec patience, sans y consentir. Finalement ie m'estudieray de ne me porter à rien par aucun mouuement de passion, tant petit soit-il, ny par humeur & fantasie, mais de me comporter en toutes choses par la raison, & auec tranquillité d'esprit.

Troisiesme Point.

CONSIDEREZ qu'il vous est impossible de iamais bien mortifier vos passions, si vous ne vous estudiez à retenir & bien regler vostre imagination, qui en est la cause & le principe : & considerez combien c'est chose indigne de la creature raisonnable de se conduire comme les bestes par imagination, qui comme vne folle esceruelée va courant & sautelant vagabonde çà & là, sans raison ny discretion sur vne infinité d'obiets tous differens, & ce quasi à mesme temps, ce qui vous émeut en bien peu de temps diuerses sortes de mouuemens & passions en l'ame. Si donc vous desirez empescher les frequentes saillies de vos passions, & tenir vostre ame en paix & tranquilité, il est de tout point necessaire que vous teniez de court cette faculté animale, ne luy permettant desormais de se porter ainsi licentieusement à toutes sortes d'obiets, & de pensées friuoles, impertinentes & dangereuses.

Affections & resolutions.

Quoy que tel soit le rauage & desordre que le peché a causé en toutes les puissances & facultez de mon ame, qu'il me soit quelques fois impossible de sousmettre entierement mon imagination à la raison, ne pouuant empescher que beaucoup d'images & representations ne s'y forment contre ma volonté. Si est-ce neantmoins que ie trauailleray desormais à la reduire le plus qu'il me sera possible sous l'empire de l'esprit, non seulement en quittant les vains plaisirs qui la detraquent, mais aussi en la fermant aux vains obiets qui la delectent, & m'estudiant au contraire de la tenir tousiours ouuerte à Dieu, & aux choses de Dieu. Ie prendray desormais vn soin tout particulier pour vôtre amour, ô mon Dieu, de m'occuper continuellement d'esprit en de bonnes & serieuses pensées, afin que les mauuaises & impertinentes n'y trouuent plus de place. Ce que ie feray toutesfois fort passiuement & sans violence, pour euiter l'inconuenient qui arriue à plusieurs, qui ne sçachant manier leur esprit, & voulans obtenir de vous, à force d'imagination, ce qu'il faut attendre de vostre misericorde auec patience, resignation & indiference, s'offensent le cerueau, blessent leur fantasie, & se rendent inhabiles aux exercices de pieté, & signamment aux exercices d'oraison, & de mortification.

DIX-NEVFIESME MEDITATION.

De la mortification de l'en-
tendement & volonté.

Trois points à considerer.

1. Le grand desordre que le peché a causé en ces deux puissances & facultez de l'ame.
2. La necessité qu'il y a de mortifier l'entendement.
3. La necessité qu'il y a de mortifier la volonté.

TROISIESME POINT.

CONSIDEREZ que non seulement la partie inferieure de vostre ame, mais aussi la superieure où resident & president l'entendement ou raison, & la libre volonté ou franc-arbitre, a grand besoin de reglement & mortification. Ce que vous reconnoistrez clairement, si vous penetrez le déreglemẽt & desordre que le peché a causé en ces deux principales & souueraines facultez de vostre ame. Car quant à l'entendement, depuis qu'il a esté frappé du peché, il est deuenu fort court de veuë en la connoissance de la verité, & tout à fait aueugle aux choses de son salut, sans le secours de la foy, & l'assistance de la grace : il est oublieux du passé, ignorant du present, & douteux de l'auenir, leger en ses pensees, inconstant en ses conseils ; bref exposé à beaucoup d'erreurs & tromperies. Quant à la volonté, le peché l'a renduë extremément foible

& impuissante au bien, & daultre-part fort encline & penchante au mal, fort peu souple & soumise au saint vouloir de Dieu, & extrememēt attachée à ses propres interests qu'elle recherche en toutes choses, mesmes aux meilleures & plus saintes, infectée qu'elle est en la source de ce mortel poison, que nous appellons amour propre, ennemy capital de l'amour de Dieu, & de toute obeissance & submission.

Affections & resolutions.

Helas mon Dieu ! que la condition de mon estre est miserable sans vostre grace, de dire que non seulement toute ma chair, & la partie inferieure de mon ame ayt esté corrompüe & gastée par le peché, mais mesme que la partie superieure qui vous auoisine de plus pres s'en trouue toute infectée: que non seulement ie sente que mes membres, & toute ma sensualité & animalité se mutinent & souleuent contre l'esprit & la raison, bon gré, malgré mon libre arbitre, mais encore que mon esprit, ma raison, & libre volonté se cabrent contre vostre saint vouloir, & y resistent. Ce m'est vn grand malheur que le peché ait bouleuersé & rauagé toute la partie inferieure de mon ame: mais ce m'est vn bien plus grād malheur, que le mesme peché ait troublé & renuersé la superieure, qui doit regir & gouuerner l'inferieure, & remedier à ses desordres. Si dauāture quelquefois ma chair, auec ses vices & concupiscences s'excitent & se souleuent, i'ay en moy l'esprit & la raison, qui y peuuent & doiuent resister. Mais si cét esprit & cette raison est detraquée & desordonnée, comme il arriue le plus souuent, qu'ay-ie en moy qui y puisse resister & y mettre ordre? Rien du tout, ô mon Dieu; c'est pourquoy i'ay recours à vostre bonté & misericorde, vous suppliant de m'assister en ce besoin ordinaire de vostre grace, afin que la vertu de vostre esprit habitant en moy, combatte mon propre esprit, le regle & le range soubs l'empire de vostre saint vouloir: que vostre sainte lumiere esclaire les tenebres de mon pauure entendement, & que la force de vostre grace retire puissamment ma volonté du mal, & la porte efficacement au bien.

SECOND POINT.

CONSIDEREZ que quoy que vostre entendement soit remply d'ignorances & de tenebres, & par consequent fort sujet à se tromper : ce neantmoins il est tellement enflé de superbe, vanité, & presomption, & si amy de ses propres pensées & sentimens, qu'il a toutes les peines du monde à se soufmettre au iugement d'autruy, se presuadant fort facilement que ses pensées sont les meilleures, que ses auis & iugemens sont preferables aux autres, qu'il est moins sujet à se tromper que les autres, & qu'il void & penetre ce que les autres ne voyent

voyent & ne penetrent pas. Et ainſi bien ſouuent, & pour l'ordinaire, demeure entier & obſtiné en ſes iugemens & ſentimens, eſtant alors d'autant plus ſujet à ſe tromper, & ſe tromper plus lourdement, que moins il croit ſe pouuoir tromper. C'eſt pourquoy, mon trescher frere, ſi vous voulez n'eſtre pas ſi ſujet à eſtre trompé, croyez touſiours que vous le pouuez eſtre ; & ſi vous voulez vous rendre ſuſceptible de la lumiere de la grace, rabbatez les aiſles, c'eſt à dire la vanité & preſomption de voſtre ſuffiſance, & propre iugement. Car Dieu ne reuele ſes ſecrets qu'aux petits & humbles de cœur, qui ſe défient touſiours d'eux-meſmes, & de leurs propres penſées.

Affections & resolutions.

Ie voy bien, ô mon Seigneur & Pere des lumieres, qu'vn des plus grands empeschemens que i'aye eu au progrés de la vertu, c'est d'auoir eu trop bonne opinion de mes pensées, d'auoir esté trop attaché à mon propre iugement, & d'auoir trop cheminé apres mes propres veuës & sentimens, sans crainte de me tromper, ne me souuenant pas du dire d'vn de vos seruiteurs, que celuy qui se croit trop est vn diable à soy-mesme, c'est à dire, se tente & se deçoit soy-mesme. Hé! quelle fiance peux-ie auoir à ma propre raison, la voyant emprisonnée dans vne chair corrompuë & mal enclinée, assaillie de plusieurs passions qui la troublent, environnée des sens exterieurs & interieurs qui la distraient, & sur tout infectée d'amour propre, qui fait qu'elle iuge des choses selon son goust. Ie me défieray donc desormais de mon propre sens, & mon asseurance sera de ne m'asseurer point sur mes propres pensées; ie ne seray plus desormais si prompt & hardy à dire mes aduis, & quand l'obeïssance ou la charité m'obligera de les proposer, ie ne les diray comme arrests & diffinitions, mais comme simples pensées, que ie ne defendray point, & ne tascheray de les faire receuoir par force de raisons & disputes; ie ne mespriseray point les aduis des autres, croyant qu'vn chacun parle selon sa lumiere : & quand ie trouueray difficulté d'vnir mon sens à celuy de plusieurs, qui monstreront zeler le bien autant ou plus que moy, ie ne laisseray de m'y sousmettre, & tascheray de me persuader que ie ne voy pas ce qu'ils voyent, & que quoy qu'ils soient bien en ma veuë, ie ne suis pas toutesfois en la leur. Et d'autant que faute de tenir mon intellect bien occupé, toute mon ame se déregle auec toutes ses puissances, ie m'estudieray de l'appliquer tousiours en quelque bon sujet, & de le tenir le plus qu'il me sera possible occupé en vous, ô mon Dieu, afin que ie fasse toutes mes actions en voſtre sainte presence, & en la veuë de voſtre saint vouloir, & en la maniere que vous me ferez connoistre, par l'instinct de vostre grace : Ie m'estudieray aussi de le tenir tres-humblement & entierement sousmis à vostre saint vouloir, pour n'apprendre, & ne sçauoir que ce que vous voulez qu'il connoisse & sçache, luy retranchant toute la vaine curiosité qu'il pourroit auoir de sçauoir beaucoup de choses, qui ne luy sont point vtiles ny salutaires.

TROISIESME POINT.

CONSIDEREZ que quoy que le bon reglement de l'intellect, & la mortification du propre iugement soit vn grand auantage pour bien regler & mortifier la volonté, d'autant que c'est le propre iugement qui la fait propre & desordonnée; si est ce qu'outre cela il est necessaire de battre fort & ferme sur icelle, d'autant qu'elle resiste quelquesfois à la raison, commettant malicieusement le mal qu'elle pourroit euiter, si elle vouloit, auec sa liberté assistée de la grace de Dieu. Considerez en outre, que la volonté deprauée par le peché, que nous appellons volonté propre, n'est pas seulement vn tres-grand mal, mais est le principe & source de tous les maux qui se retrouuent sur la terre & dans l'enfer : elle est si vniuerselle que personne n'en est exempt : elle est si puissante qu'elle a fait tomber les estoiles du Ciel; si contraire à Dieu, qu'elle luy fait continuelle guerre, & luy dérobe tout ce qu'elle peut d'honneur ; & si amie d'elle-mesme, qu'elle ne veut dependre de qui que ce soit, non pas de Dieu mesme. Voyez, ie vous prie, mon trescher frere, auec quelle horreur & quel effort vous deuez esloigner de vous ce pernicieux conseiller, qui est cause de tant de maux & desordres qui se commettent par les meschans sur la terre, & en enfer par les diables & les ames damnées.

Affections & resolutions.

O Pere des misericordes, & Dieu de toute consolation, quand sera-ce que ie me verray entierement soulagé du pesant faix de ma propre volonté, & entierement sousmis souz le doux & le suaue ioug de la vostre? Ce sera, comme i'espere quelque iour, par le secours de votre grace; mais non toutesfois sans moy: car vous voulez que i'y trauaille & coopere de ma part. Vous ne me voulez pas couronner d'vn si grand bon-heur, que ie n'aye au prealable legitimement & long-temps combattu cette mienne propre volonté, & tous les interests de mon amour propre qu'elle fomente. O Dieu de mon cœur, afin que vous le soyez veritablement, donnez-moy vne sainte haine & detestation de ma propre volonté, que ie l'aye non seulement tousiours suspecte, mais en continuelle auersion. Ie me propose bien à cette fin en toutes les rencontres qui se pourront presenter, de me conuertir de bon cœur à vous, afin de ne m'y comporter pas selon

de la premiere Partie. 249

mon vouloir, mais selon le vostre, qui est la souueraine regle de toute iustice & equité, en sorte que ie ne veuille iamais rien, ny contre vos commandemens, ny contre vos saints conseils, ny contre les saintes inspirations qu'il vous plaira de me donner par vostre grace.

VINGTIESME MEDITATION.

De l'entiere abnegation de soy-mesme, & total abandon à Dieu.

Trois points à considerer sur ce sujet.

1. La necessité de cette pratique.
2. Les motifs qui nous y doiuent porter.
3. Le grand soulagement que l'ame en reçoit.

PREMIER POINT.

CONSIDEREZ qu'il est impossible de toute impossibilité d'estre à Dieu & à vous mesme. Personne ne peut seruir à deux maistres : l'amour propre de vous mesme ne peut compatir avec le vray amour de Dieu. Il faut necessairement renoncer à vous mesme, pour vous donner à bon escient à nostre Seigneur & le suiure; c'est luy mesme qui l'a dit; *Quiconque veut venir apres moy, qu'il renonce à soy-mesme, qu'il porte sa Croix, & me suiue.* Il faut de necessité despoüiller le vieil homme auec tous ses comportemens, au dire de l'Apostre, si vous voulez reuestir le nouueau, il faut quitter la semblance de l'homme animal & terrestre, si vous voulez porter l'image du spirituel & celeste; Bref il faut mourir pour viure: il faut, dis-ie mourir au monde pour viure au Ciel, mourir à la chair pour viure à l'esprit, mais sur tout mourir à vous mesme pour viure à Dieu.

Affections & resolutions.

O qu'heureux ie serois, mon Seigneur mon Dieu, & mon tout, si apres auoir tout quitté pour vous suiure en la religion, ie me quittois & abandonnois en moy-mesme, pour me donner totalement à vous, si ie ne tenois non plus de conte de moy que d'vn neant, si ie n'auois iamais plus aucun mien interest en veuë, mais le seul interest de vostre seruice & gloire, sans y plus rien pretendre pour moy si ie ne viuois, ne me sentois, & ne me mouuois plus que par vous & pour vous. O qu'heureuse seroit pour lors ma vie, si mienne se pouuoit appeller, & non plustost vostre. Car ie ne viurois plus moy, mais vous viuriez entierement en moy : vous seriez alors toute ma raison, ma lumiere & ma sapience : vous seriez toute ma force, mon pouuoir & ma subsistance : bref vous seriez ma vie, mon salut, & tout mon bon-heur pour iamais. Ie ne verois plus rien en moy, comme de moy, & à moy que tenebres, tromperie, vanité, foiblesse & neant, & en vous seul ie verrois tout mon estre & mon bien estre pour iamais.

SECOND POINT.

COnsiderez auec quelle cōfiance vous vous deuez abandōner à Dieu tout bon, tout voyant, & tout puissant, & qui vous asseure par sa sainte parole qu'il a plus de soin de ceux qui se iettent entre ses bras, qu'vn pere ne peut auoir de só propre enfant. *Si vous* (disoit-il) *qui* Luc. *estes mauuais estes si soigneux de* 11. *donner à vos enfans tout ce qui leur est bon & salutaire, combien plus vostre Pere celeste aura-il soin de donner tout ce qui est besoin, & sur tout le bon esprit à ceux qui luy demandent?* Et pour nous en asseurer dauantage, il adiouste; *Pourquoy vous mettez* Mat. *vous en peine, disans, que man-* 6. *gerons nous, que boirons nous, ou dequoy nous vestirons nous? Considerez les oiseaux du Ciel, ils ne sement, & ne moissonnent point, & toutesfois vostre Pere celeste les nourrit. Voyez les lys des champs comme ils sont magnifiquement vestus, ils ne trauaillent point, & toutesfois vostre Pere celeste a soin de les vestir.* O pensez vn peu combien cestuy-mesme vostre Pere celeste aura plus de soin de vous, qui vous ayme & cherit incomparablement plus que ces creatures-là. Sa sapience & prouidence void tout, conduit tout, embrasse tout, mais particulierement esprouuõs nous les effets de cette diuine prouidence en nostre endroit, selon la mesure de nostre confiance en luy.

Affections & resolutions.

Il est tres vray, & ie le connois bien, que toutes nos pensées sont vaines, & nos prouidences incertaines, ô mon Dieu, mais les vostres sont asseurées, vos desseins sont eternels, tous vos conseils sont stables, & vos voyes & iugemens equitables; pourquoy donc ne m'y abandonneray ie pas? pourquoy ne m'y laisseray-ie pas entierement conduire? pourquoy n'y acquiesceray ie auec toute paix & soufmission de mon cœur; Sus donc mon ame, quitte desormais tous tes soins superflus, que l'amour desordonné de toy-mesme te cause, sous pretexte de preuoyance & discretion: iette tout ton soin & ta pensée en Dieu, & il te nourrira & secourera. Pourquoy t'attriste-tu, mon ame, & pourquoy te trouble tu de vaines craintes & apprehensions? Espere au Seigneur, & confie toy en luy, puis qu'il est ton salutaire, c'est à dire l'vnique esperance & moyenneur de ton salut. Tu te trompe bien lourdement, si tu pense pouuoir preuoir tous les inconueniens qui te peuuent heurter & contrarier; & tu presume trop, si tu crois par ta prouidence les pouuoir tous éuiter ou y remedier; le plus court & plus asseuré est de nous resoudre, ô mon ame, à receuoir auec treshumble submission & resignation tous les euenemens de sa sainte prouidence, quoy que contraires à nostre nature & à nos sens. Et partant ie me resous, quelque fascheux accident qui me puisse desormais arriuer, ou que ie n'auray peu prudemment ny licitement éuiter, de m'humilier sous vostre puissante main, ô mon Dieu, & croiray fermement que le tout arriuera pour mon plus grand bien, puis que c'est par vostre ordre ou permission; qui estant la premiere verité, & la regle de tout bien, ne pounez manquer en voſtre conduite, ains operez & permettez tout auec raiſon, quoy qu'elle me ſoit quelquesfois inconneuë, ne m'appartenant pas de penetrer ou comprendre vos ſecrets deſſeins & conſeils; mais bien de les admirer, les honorer, & m'y ſouſmettre & conformer.

TROISIESME POINT.

COnſiderez qu'en quelque affliction que vous ſoyez, ſoit de corps, ſoit d'eſprit, noſtre Seigneur non ſeulement vous void & conſidere d'vn œil benin & de compaſſion, mais meſme ſe tient alors plus proche de vous, quoy que vous ne l'apperceuiez & ne le reſſentiez pas touſiours. *Le Seigneur*, dit ſon royal Prophete, *est tout proche de ceux qui ont le cœur affligé*. & luy mesme, *Ie suis*, dit il, *auec luy en sa tribulation, ie l'en retireray, & l'en glorifieray*. Pensez qu'estant en sa protection, quoy qu'il vous semble en estre abandonné, rien ne vous peut nuire, ny les hommes, ny les diables ne peuuent rien contre vous, qu'autant qu'il leur permet, tout autre pouuoir dependant du sien: or ne leur permet-il iamais que pour sa gloire & vostre bié. Ne vous allez donc plus imaginer que nostre Seigneur vous delaisse quand il vous enuoye quelque affliction, ou quand il retire de vous sa consolation: mais croyez qu'il est ainsi expedient pour vostre perfection, & sçachez, qu'alors il vous est plus vtile que vous soyez exercez par l'aduersité interieur, que si vous estiez tousiours dans la prosperité: & que comme nostre Seigneur a peu retirer, quand il l'a voulu, ce qu'il vous auoit presté, ainsi le vous peut-il redonner quand bon luy semblera.

Affections & resolutions.

O mon Seigneur, mon Dieu, vous estes ma lumiere & mon salut, qui craindray-ie? vous estes le protecteur de ma vie, qui redouteray-ie? quelque chose qui m'arriue ie me tiendray pour iamais à l'abry de vostre sainte protection, & soin plus que paternel en mon endroit. Et pour ce que nonobstant le soin que vous auez de tout le reste de vos creatures, vous soignez pour moy seul auec autant d'attention que s'il n'y auoit que moy au monde : c'est pourquoy ie mettray en vous toute ma confiance, comme s'il n'y auoit icy aucun support pour moy que vous : aussi bien malheur à celuy qui se confie en l'homme, & qui met sa force en la chair. O Dieu de mon cœur, & Pere tres-aymable de mon ame, puis que vous voulez bien estre mon Pere, ie veux estre vostre enfant, & en cette qualité m'abandonner totalement à vostre soin. En vous donc, ô mon tres-bon Pere, sera desormais toute mon esperance, en vous toute ma confiance, mes yeux seront tousiours tournez & leuez à vous, d'où i'espere toute mon ayde & reconfort. Et partant ie ne m'inquieteray,

& ne me troubleray plus pour quelque affliction & defolation qui me puiffe arriuer, efperant, ou que vous la deftournerez, ou que vous me donnerez la force de la fupporter, & la grace d'en profiter,

SECONDE PARTIE.

Contenant les Meditations propres à donner lumiere & facilité pour la pratique des vertus Chrestiennes & religieuses.

Premiere Meditation.
De l'Humilité.

Trois points à considerer.

1. Les excellences & prerogatiues de cette vertu.
2. Les grands sujets que nous auons en nous mesmes de nous humilier.
3. L'exemple & les enseignemens que nostre Seigneur nous en a donné.

PREMIER POINT.

CONSIDEREZ que cette vertu, qui est vne certaine disposition de

M

grace en l'ame, qui nous porte à vn bas sentiment & mespris de nous mesmes; est l'esleuë, la fauorite & bien-aymée de Dieu, la base & pierre fondamentale de tout l'edifice & progrez spirituel de toute ame qui tend à Dieu; est la mere, la sauuegarde & protectrice de toutes les vertus Chrestiennes & religieuses; car sans elle, ny la foy, ny l'esperance, ny la charité ne se peuuent pratiquer, & beaucoup moins les autres vertus qui en dependent : de sorte que si vous desirez estre bon & vertueux, humiliez-vous; car il est escrit ; que *Dieu donne la grace aux humbles, & resiste aux superbes.* Si vous desirez que Dieu vous pardonne vos fautes, humiliez vous ; car son Royal Prophete parlant à luy,

1. de saint Pier. c.5.

Vous ne mespriserez, dit-il, *le* — Psal. *cœur contrit & humilié.* Si vous 50. desirez que Dieu entende vos prieres, humiliez vous: car il est dit; que *l'oraison de celuy qui* Eccl. *s'humilie penetrera les Cieux.* 35. Si vous desirez auoir le cœur calme & tranquille, humiliez vous; car nostre Seigneur vous dit; *Apprenez de moy que ie suis doux & humble de cœur, & vous* Matth. *trouuerez repos en vostre ame.* Si 11. vous desirez que Dieu demeure en vous, humiliez vous; car il dit luy mesme par son Prophete Isaye: *Sur qui reposera mon esprit, sinon sur l'humble, &* Isai. *celuy qui me craint?* Si vous desi- 66. rez estre sauué, humiliez-vous, car il est dit; *qu'il sauuera les humbles d'esprit.* Bref, si vous Psal. desirez viure vne vie Angeli- 17. que dans la religion, soyez

M ij

humble comme vn Ange, & croyez asseurémēt, que quand vous possederez bien l'humilité, vous possederez toute saincteté & perfection spirituelle; outre la tres-douce paix & repos de l'ame, & quasi celeste impassibilité qui accompagne inseparablement l'humilité.

Affections & resolutions.

Ah mon Dieu! qui estes l'ennemy capital des superbes, qui leur resistez, qui les abaissez & leur fermez le Ciel, de quel assoupissement & lethargie suis ie detenu, que reconnoissant le prix & valeur inestimable de ceste perle euangelique de l'humilité, & la necessité que i'ay de cette vertu pour vous pouuoir plaire & me sauuer, ne tenant qu'à moy de l'ac-

de la Seconde Partie. 269

querir, ie n'en tienne conte. Il paroist bien que ie suis grandement empiegé dans ma superbe & vanité, qui n'est autre chose qu'vn certain secret desir de propre excellence, que la fausse estime, & l'aueugle amour de moy-mesme fomentent continuellement en moy. Et quoy que ce desir ne soit pas tousiours actuel ny volontaire en moy, si y est-il tousiours en disposition, faute d'auoir soigneusement & fortement combattu cette pernicieuse inclination de ma nature, qui me porte à receuoir & porter impatiemment tout ce qui peut tant soit peu contrarier ce qui est de mon honneur, & de la bonne estime que i'ay, & que ie veux qu'on ait de moy-mesme, & me porte à m'en inquie-

M iij

ser & troubler. O bon Iesvs, que cette mauuaise disposition vous déplaist & contrarie! hé qu'elle est ennemie de vostre Croix, en laquelle vous vous estes fait l'opprobre & l'abiection des hommes, pour m'enseigner à deuenir humble. C'est à quoy ie me resous de trauailler à bon esciēt, moyennant le secours de vostre grace, sans laquelle la maudite enflure de ma superbe demeureroit à iamais incurable.

Second Point.

Considerez les grands sujets que vous auez de vous humilier, c'est à dire, de vous mespriser vous mesme, & d'estre content que l'on vous mesprise. Mais considerez les en lumiere de grace, autrement vous n'en deuiendrez pas plus humble. Considerez dõc qu'estant extrait du neant, & du limon de la terre, vous n'estes rien de vous mesme, ains pire que le neant, à cause du peché, qui ne procede que de vous. Et si dauanture il-y a quelque chose de bon en vous, soit de nature, soit de grace, il ne vient pas de vous, ains de Dieu, dõt vous l'auez receu. *Qu'auez vous*, dit l'Apostre, *que vous n'ayez receu, & si vous l'auez receu comme par prest d'vn autre, pourquoi vous en glorifiez voꝰ cõme de chose vostre?* Considerez que vous n'estes que comme vn grain de poussiere, vn petit point, & vn atome sur la terre, que tout vostre estre, & vostre vie, sans la grace, n'est que vanité, folie, & mensonge, qui se passe comme vne ombre, ou vn songe sur le resueil, qu'auiourd'huy vous estes, & demain vous n'estes plus : & que pendant ce moment que vous estes, vous vous trouuez remply d'vne infinité de miseres, soit en l'ame, soit au corps : que quant au corps, vous n'estes remply que de puanteur, infection, & pourriture, & quant à l'ame vous estes conçeu en peché, né en peché, sujet toute vostre vie à peché, & chargé de pechez dés vostre ieunesse, & en outre remply d'vne fourmiliere de passions & mouuement desordonnez, exposé à mille sortes de tentations, & finalement sujet à mille defauts & imperfections, soit naturelles, soit contractées. Voyez, ie vous prie, mon trescher frere, si toutes ces miseres ne vous donnent pas prou de sujet de vous humilier, & vous estimer digne de tres-grand mespris.

Affections & resolutions.

Helas! quand ie me voy en la lumiere de vostre grace, ô grand Dieu! que ie me trouue petit, chetif & miserable. Et comment est-il possible que ie puisse auec raison iamais former vne seule bonne pensée ou persuasion de moy-mesme. Et si i'ay tant soit peu de zele pour la verité, pourray-ie desormais souffrir que personne ait aucune bonne estime de moy? O que ie voy clairement par vostre grace, sur ce point de mon resueil, que pendant toute ma vie passée, comme dans vne nuit obscure, ie n'ay fait que refuer, & me tromper dans la fauſſe & vaine eſtime de moy-meſme. Hé! que de fauſſeté, d'erreur & de vanité, ie ne diray pas dans le monde, mais dans moy-meſme, en quelque lieu que ie ſois, ſi ie ne marche en la lumiere de voſtre face. Hé! combien de fois, faute de marcher en cette lumiere de verité, me ſuis-ie reſſenty & offenſé contre le tiers & le quart, quand on ne m'a pas eſtimé tel que ie m'eſtimois, ou qu'on ne m'a pas traitté en cette qualité. O bon IESVS, qui eſtes ma guide, ma lumiere, & ma vie, ne permettez plus que ie retombe dans ces profonds abyſmes d'erreur, & fauſſe perſuaſion de moy-meſme; mais faites moy viure dans vne continuelle veuë & ſentiment de

mes miseres, afin que ie ne
m'esleue iamais plus, ains que
ie me tienne tousiours à la plus
basse marche, & aux pieds de
tous.

TROISIESME POINT.

COnsiderez que l'incarnation & naissance, toute
la sainte vie & conuersation,
& finalement la sacrée mort
& passion de nostre Seigneur
IESVS-CHRIST a esté
vne continuelle pratique d'humilité, qui vous doit seruir
de patron & modelle, sur lequel vous deuez conformer
toute vostre vie & vos actions
Ie vous ay, dit-il, *doné l'exemple,
afin que vous fassiez comme i'ay
fait.* Et vne autre fois il disoit,
*Apprenez de moy à vous humilier
& pour ce considerez comme ie suis*

doux & humble de cœur. Que si nostre Seigneur, qui estoit Fils de Dieu, & vray Dieu, s'est humilié iusques à l'aneantissement en son Incarnation, & en sa vie, & dans cet aneantissement s'est encores humilié & abaissé iusques à l'opprobre de la Croix, que deurions nous faire nous autres, qui ne sommes en comparaison de luy que petits vermisseaux de terre? Et quant à sa doctrine, voyez qu'il n'a rien enseigné plus expressément, ny plus continuellement que l'humilité, l'abaissement, & aneantissement de nous mesmes: & semble que cette doctrine d'humilité soit par preciput la doctrine du Fils de Dieu qui luy estoit reseruée, n'ayant iamais esté si expressément enseignée auant son arriuée au monde. Tout ce beau & celebre Sermon qu'il fit sur la montagne, où se trouuent les huit Beatitudes, compris dans le 5. & 6. chapitre de saint Matthieu, qu'est-ce autre chose que continuels enseignemens d'humilité.

Affections & resolutions.

Ah! si ie vous aymois efficacement, ô mon tres-aymable Espoux, ie me conformerois bien plus à l'humilité de vostre naissance, de vostre vie, & de vostre mort & passion que ie ne fais. Ie ferois bien plus d'estat des beaux enseignemens que vous m'en donnez si frequemment en vos saints Euangiles, ie les ruminerois bien plus souuent, & les pratiquerois plus fidelement: ie me representerois souuent l'action que vous fistes en la presence de vos Apostres & disciples, quand vous pristes vn petit enfant au milieu d'eux, leur disant, & à nous tous en leurs personnes, que si nous ne deuenions comme ce petit enfant, nous n'entrerions point au Royaume des Cieux. Ie me resouuiendrois comme vous disiez vne fois, *Laissez venir les petits à moy; car c'est de ceux-là qu'est cõposé le Roiaume des cieux* Et comme vn iour parlant à vostre Pere, vous luy rendiez graces, de ce qu'il auoit caché ses plus secrets mysteres aux sages & prudens de ce monde, & les auoit reuelé aux petits, c'est à dire aux humbles. O mon Seigneur! donnez-moy cette grace & amour efficace, qui fasse que ie chemine desormais en la voye d'humilité, que vous m'auez par vostre exemple & doctrine frayé: donnez-moy cet esprit d'enfant qui vous est si agreable, & qui est si esloigné de toute presomption & propre suffisance, en sorte que ie n'estime iamais plus si mal de personne que de moy-mesme, & que ie ne paroisse iamais que tres-petit deuant mes yeux.

SECONDE MEDITATION.

De la Patience & douceur en la souffrance.

Trois points à considerer.

1. Que la patience est la vraye marque de l'ame Chrestienne & religieuse.
2. Que nostre Seigneur l'a renduë recommandable par son exemple & sa parole.
3. Qu'elle est tousiours conforme à la raison & à l'esprit de nostre Seigneur.

PREMIER POINT.

CONSIDEREZ que la patience & douceur en la souffrance est la vraye marque de l'ame Chrestienne, & beaucoup plus de la religieuse, qui doit tendre à la perfection du Christianisme : & que par consequent vous n'estes point digne de ces qualitez, si vous n'estes patient comme vne oüaille, pour souffrir auec douceur & resignation, à l'imitation de vostre tres-aymable Espoux, sans vous aigrir ny colerer pour tous les torts & iniures qui vous pourroient estre faits, ne vous arrestant iamais aux personnes qui vous les font, mais releuant tousiours vos yeux plus haut à leur premiere source, qui est l'ordre tres-iuste & raisonnable de la diuine prouidence, qui vous veut en partie chastier, & en partie vous faire meriter & profiter en souffrant.

Affections & resolutions.

Il est vray, ô mon bon Seigneur, que ce charactere de Tau, symbole de croix & de souffrance, imprimé par vostre Ange sur les fronts de vos seruiteurs, me monstre assez clairement, que tous ceux qui font estat de vous seruir à bon esciēt en ce monde, se doiuent resoudre à souffrir & endurer patiemment pour vostre amour. C'est vn Arrest donné par vostre Apostre sainct Paul, *Tous ceux qui veulent viure piéusemēt en Iesus-Christ, souffriront persecution*. Sus donc, mon ame, prepare toy à souffrir & endurer, non seulement patiemment, mais allaigrement, si faire se peut, pour l'amour de nostre bon IESVS crucifié, n'estant pas raisonnable que les membres soient delicatez sous vn chef couronné d'espines.

SECOND POINT.

CONSIDEREZ que nostre Seigneur pouuant operer nostre redemption par sa seule toute-puissance, l'a voulu operer & accomplir par sa patience & souffrance; & que par consequent c'est par ce seul sentier que nous le deuons suiure, pour cooperer à son dessein, suiuant les saints aduertissemens qu'il nous en dōne en son saint Euangile, comme quand il dit, que si quelqu'vn nous frappe en vne iouë, nous tendions l'autre; si quelqu'vn nous conteste en iugement pour auoir nostre tunique, nous luy quittions encore le manteau ; & si quelqu'vn nous contraint de l'accompagner la longueur de mille pas; nous le suiuions encore la longueur de deux autres mille; bref que nous aymions ceux qui nous offensent, que nous benissions ceux qui nous persecutent, que nous leur fassions bien, & prions pour eux, si nous voulons estre enfans de nostre Pere celeste, qui faict leuer son Soleil sur les bons & les mauuris, & fait tomber sa pluye indifferemment pour les iustes & les iniustes.

Affections & resolutions.

Ah que ie serois heureux, mon tres-innocent & tres-patient IESVS, si i'estois paruenu à ces hauts degrez de patience, que vous m'auez si souuent enseigné & monstré par exemple! car ie ne serois iamais confondu ; d'autant, que comme dit vostre sainct Apostre, la patience rend nostre espreuue agreable à Dieu, & cette bonne espreuue nous donne esperance, & l'esperance ne confond iamais. Mais helas ! ie me trouue bien esloigné de cette admirable pratique de patience, tant ie suis prompt, colere, & impatient aux moindres occasions qui me heurtent & contrarient, c'est à dire, tant ie suis esloigné de vostre esprit, qui est esprit de douceur, de patience, & mansuetude. Hé, iusques à quant permettrez-vous, Seigneur, que ie vous sois si contraire, & que ie sois si refractaire à vos saincts conseils ? Changez moy, Seigneur, & ie me changeray, conuertissez moy, & ie me conuertiray. Car ie veux tout à faict deuenir vn nouuel homme, ie veux estre nouuelle creature de vostre grace; ie veux desormais en tout ce qui me contrarie le plus, estre simple & innocent comme vne colombe, doux & patient comme vn aigneau, & sans aucune resistance comme vn enfant, ainsi que vous auez esté en toutes vos souffrances, contradictions & opprobres.

TROISIESME POINT.

CONSIDEREZ que tout ainsi qu'il n'y a rien qui trouble, renuerse, & rauage plus la raison que l'impatience & la colere, qui bien souuent transforme l'homme en beste, & le rend ennemy de la Croix,

& tout contrepointé à l'esprit de IESVS-CHRIST. Aussi n'y a-il rien qui maintienne si bien la raison en sa droicture, & qui conserue mieux l'esprit de grace en nous que la patience, douceur, & debonnaireté, qui est tousiours suiuie de la paix & tranquillité du cœur, en quelque sorte d'aduersité & d'incommodité qu'on se retrouue, suiuant ce que nostre Seigneur disoit à ses Apostres, qu'ils possederoient paisiblement leurs ames par leur patience. Ceste mesme patience fait abonder la consolation au milieu de la tribulation, & tire de toute sorte de peine & souffrance accroissement de merites, & auancement à la perfection : ce qui a fait dire au bienheureux Apostre saint Iacques, que

que la patience conduit son ouurage à perfection.

Affections & resolutions.

Si ie croyois à bon escient, comme ie le dois croire, que les afflictions que vous m'enuoyez, ou permettez m'arriuer, ô mon Dieu, sont marques de ma predestination, sont les liurées de ma seruitude en vostre endroit, me sont sujet tres-opportun pour vous tesmoigner ma fidelité, me conforment à l'image de la Croix & du Crucifix, & me donnent sujet de m'y glorifier, me donnent moyen de contribuer à l'accomplissement de vostre corps mystique, qui est vostre Eglise, me font r'entrer en moy-mesme, me donnent lumiere, & m'humilient; bref me sont autant d'occasions & moyens de satisfaire à mes offenses; m'aduancer en la vertu, meriter augmentation de vostre grace, & consolation en ce monde, & accroissement de gloire en l'autre; i'estimerois sans doute que vous me feriez vne singuliere faueur, toutes & quantes fois que vous me ferez naistre l'occasion de souffrir patiemment en vostre amour. Ie veux donc croire fermement qu'il en est ainsi, & me resous de souffrir desormais auec toute patience & resignation.

TROISIESME MEDITATION.

De la Profession, & des trois vœux en general.

Trois points à considerer.

1. Que la profession des trois vœux est vne entiere consecration de l'ame au seruice de Dieu.
2. Que par cette mesme profession la personne s'offre en sacrifice d'holocauste à Dieu.
3. Combien estroite est l'obligation que le Religieux a de garder ses vœux.

PREMIER POINT.

CONSIDEREZ comme par la profession de vos trois vœux vous vous estes solemnellement deuoüé & consacré à vn special amour,

& comme à vn continuel culte & seruice de Dieu, vous estant par ce moyen dépris & desembarassé de tout ce qui vo9 pouuoit faire obstacle à ce special amour de Dieu, & à son seruice. Car ce qui pouuoit empescher que vous n'aimassiez & seruissiez Dieu parfaitement, est l'amour desordonné que vous pouuiez porter aux biens du monde, ou à ceux de vostre corps, ou de vostre esprit, cottez en ce passage de saint Iean, qui dit, que tout ce qui est au monde, ou est conuoitise de la chair, ou conuoitise des yeux, ou superbe de la vie, c'est à dire l'amour des plaisirs, ou des richesses, ou des honneurs, qui satisfont la vanité de nostre esprit. Or par le moyen de ces trois vœux vous vous estes obligé à vous desgager de toute l'affection desordonnée que vous pouuez porter à toutes ces sortes de biens. Car en voüant la pauureté religieuse, vous auez renoncé à toutes les richesses, pompes, & vanitez du monde, & par le vœu de chasteté vous auez dit adieu aux plaisirs & passe-temps de vostre chair : & par celuy d'obeïssance vous vous estes priué pour tousiours du contentement qu'il y a de faire sa propre volonté, & auez captiué pour tousiours vostre esprit auec toute sa suffisance à la volonté d'autruy. Et ainsi vous voyez comme par ces trois vœux vous auez consacré solemnellement, & en face d'Eglise vostre corps & vostre ame pour tout le reste de vos iours, à l'amour & au seruice de votre diuin & celeste Espoux.

Affections & resolutions.

Il est vray, & ie le reconnois plus que iamais, ô mon Dieu, que par la profession de mes trois vœux, comme par vn second Baptesme, i'ay esté fait vostre Temple, & l'habitation de vostre saint Esprit, qui par son onction m'a oint & sacré corps & ame, pour estre specialement vostre à iamais. Hé! comment oseray-ie bien, par aucune impureté, ou infidelité volontaire profaner ce temple de mon corps & de mon cœur, qui vous a esté si saintement & solemnellement dedié? Comment ne craindray-ie la redoutable menace de vostre Apostre, disant, que si quelqu'vn est si osé que de profaner le Temple de Dieu, le Seigneur le perdra pour iamais? Ne permettez pas, ô mon Seigneur que ce malheur m'arriue iamais; & pour en euiter l'occasion, ie me propose de fuyr plus que iamais la conuersation du monde, dont la contagion m'infecte & profane l'interieur, comme aussi les plaisirs de mes sens, qui quoy que licites, ternissent tousiours en quelque maniere la pureté de mon cœur. Et d'autant que l'amour desordonné que i'ay porté iusques à huy à mes amis & parens, m'occupe & captiue trop l'esprit, & m'empesche la liberté que ie dois auoir pour vous seruir seul, & vous aymer de tout mon cœur, ie me resous desormais de mortifier à bon escient tous les desirs qui me viendront, de les voir, de leur parler, de traiter auec eux, me conuertissant à mesme tĕps vers vous, ô mon Seigneur Dieu de mon salut, & m'excitant au desir de vous voir, de vous parler, & m'entretenir auec vous seul des choses de mõ salut, qui ne dépend que de vous, & que tous les hommes du monde ne me sçauroient donner.

SECOND POINT.

CONSIDEREZ comme par cette solemnelle profession, ainsi que par vn sacrifice d'holocauste vous vous estes offert, donné & comme consommé tout entier & sans reserue au seruice & à la gloire de vostre souuerain Seigneur. Car par le vœu de pauureté vous luy auez sacrifié tout ce que vous auiez au monde: par celuy de la chasteté, vous luy auez sacrifié & crucifié vostre corps ; & finalement par celuy d'obeïssance vous luy auez sacrifié & abandonné vostre ame & propre volonté. Ayant donc en cette maniere comme vn autre Abraham abandonné vostre pays, circoncis vostre chair, & immolé vostre Fils vnique, vostre propre esprit, c'est à dire, ayant tout quitté, voire vous mesme, pour n'aymer & ne seruir que Dieu, côment serez-vous si oublieux de vostre sainte profession, que vous alliez desormais honteusement caymander parmy les creatures, ou en vous-mesme, des vaines consolations & satisfactions de propre amour.

Affections & resolutions.

Ah mon Dieu! comment est-il possible que ie ne sois pas encore tout consommé par le feu de vostre saint Amour? ayant ià si long-temps y a esté immolé à vostre gloire en sacrifice d'holocauste, où rien ne doit rester de profane, au moins en l'affection & volonté. Non, mon Dieu, ie ne veux plus qu'il y ait rien en moy qui ne soit tout à vous, & tout pour vous: ie ne veux plus rien pretendre ny par dessein, ny par affection, ny par effet que pour vous. Et si ie me surprends en quelque iniuste vsurpation de ce qui ne m'appartient point, ie me tanceray viuement, & vous en feray tout soudain restitution par desapropriation totale de ce que i'auray vsurpé. Et pour m'y exciter, ie me remémoreray souuent, que m'estant immolé par mes vœux comme vn holocauste tout entier à vous, ie n'ay plus rien en moy, & rien de bien ne peut sortir de moy qui ne soit à vous, & ne vous appartienne : & partant ie n'y chercheray, ny prendray rien pour moy, soit gloire ou vanité, soit contentement & satisfaction, soit merite & recompense, mais le seul interest de vostre gloire & seruice, & l'accomplissement de vostre saint vouloir.

TROISIESME POINT.

Considerez que la profession de vos vœux estant vne promesse si sainte, si solemnellement, & religieusement faite à Dieu de choses qui vous sont si auantageuses pour vostre salut eternel, vous ne pouuez les violer ou enfraindre, sans encourir l'enorme crime de felonnie & desloyauté. Et il vous vaudroit bien mieux ne rien promettre, qu'ayant promis, manquer de fidelité à vn Dieu, qui est si terrible & redoutable à l'endroit de ceux qui luy sont infideles & desloyaux. *Vouez & rendez fidelement vos vœux au Seigneur vostre Dieu* (dit le Royal Prophete) *vous tous qui vous approchez de luy, pour luy faire vos presens.* Et sçachez que nostre Seigneur n'attend pas tousiours à punir cette perfidie en l'autre vie, mais bien souuent mesme dés cette vie il condamne ces perfides & desloyaux Religieux, permettant qu'ils tombent en indeuotion, aueuglement, endurcissement de cœur, & en sens reprouué; & en fin se precipitent dans les horribles abysmes d'apostasie, d'heresie, libertinage, & atheisme. Que si vous auez horreur de si dangereuses cheutes, retirez vous loins du precipice, & tenez vous reserré dans l'estroite & l'exacte obseruance de vos vœux. Car le Religieux ne peut negliger cette sainte obseruance, qu'auec le temps il n'entre en mespris de la Religion, & par consequent de sa vocation: ce qui fait que nostre Seigneur iustement irrité de cette ingratitude, permet qu'en fin il se precipite dans les malheurs susdits. Adioustez que vous n'estes pas obligé à l'exacte obseruāce de vos vœux seulement, par l'apprehension des iugemens de Dieu, mais aussi pour le repos de vostre conscience, pour l'edification que vous deuez à vos freres, & pour la manutention & conseruation de la Congregation, qui ne subsiste que par la correspondance de tous les membres particuliers, à l'obseruance des vœux, Regles & Statuts d'icelle.

Affections & resolutions.

Grande & pressante est l'obligation que ie vous ay, mon Dieu & souuerain Seigneur, de ce que non seulement vous m'appellez & conuiez à la perfection, mais aussi de ce que vous m'auez obligé d'y aspirer par la profession de mes vœux, à laquelle vous m'auez fortement inspiré, & efficacement porté. Ie suis tres content, ô mon Dieu, de me voir si indissolublement lié, & si heureusement asseruy sous le ioug de vostre sainte volonté. Et quand bien ie n'y serois si estroitement obligé, si le deurois ie, & voudrois ie faire de toute mon affection, pour le grand desir que i'ay de dependre & releuer de vous en toutes choses. O qu'heureuse seroit la captiuité! ô que doux l'esclauage de mon ame, si elle ne pouuoit vouloir ny faire que ce que vous voulez! O que pretieux sont les liens de mes vœux qui reserrent ma mauuaise liberté! si liberté se doit appeller le pouuoir que i'ay de mal faire. Serrez-m'en si estroitement, &

si fortement, ô mon Dieu, qu'à iamais ie ne puisse me souftraire tant soit peu du cordial esclauage que ie vous ay voüé iusques au dernier souspir de ma vie, & pour iamais.

QVATRIESME MEDITATION.

De la Pauureté volontaire.

Trois points à considerer.

1. *Les auantages & prerogatiues de cette vertu.*
2. *L'exemple que nostre Seigneur nous en a monstré.*
3. *Le danger qu'il y a de n'affectionner pas la pauureté en la Religion.*

PREMIER POINT.

CONSIDEREZ que la pauureté religieuse qui est cordiale & volontaire, & non pas necessitée, est vn tresor inestimable, vn cardiaque & preseruatif singulier contre vne infinité de desirs inquietans; c'est vne continuelle bonace de l'ame; c'est vn soleil qui rasserene; c'est vne aisle qui fait voler; c'est vn affranchissement de seruitude; bref c'est vn sentier estroit qui conduit droit à Dieu. Elle deliure l'ame d'vn môde de vains soucis, la preserue d'infinies cheutes & discordes, la tient calme & tranquille en Dieu, luy fait mespriser toutes les vanitez de ce monde, luy fait meriter le Royaume des Cieux, & la porte de grande vitesse à la perfection. Elle est de si grand poids & dignité deuant Dieu, que les Couronnes & les Sceptres des Roys ne luy sont pas à comparer. Car en effet nostre Seigneur ne promet pas aux Roys ny aux Empereurs en cette qualité le Royaume des Cieux, comme il fait aux pauures d'esprit, c'est à dire, qui de cœur & d'affection embrassent la pauureté, *Bien-heureux*, dit-il, *les pauures d'esprit, pource qu'à eux appartiennent le Royaume des Cieux.* Il ne leur promet pas le pouuoir de iuger le monde auec luy, comme il faict à ceux qui ont tout quitté pour le suiure; *Vous autres*, dit il, *qui aus tout quitté, & m'auez suiuy, vous vous sierez sur douze sieges pour iuger les douze tribus d'Israël.* Il ayme & cherit les pauures, & en a tres particulier soin; *Tu seras le secours du pauure*, dit son Royal Prophete. Il exauce volontiers leurs prieres; *Le Seigneur a entendu fauorablement le desir des pauures*, dit le mesme. Il leur pardonne plus volontiers leurs offenses; *Il pardonnera* (dit le Psalmiste) *au pauure & souffreteux*, & il *sauuera les ames des pauures*. Il prend leurs causes en main, & les iuge fauorablement; *Il iugera* (dit le Prophete Royal) *les pauures du peuple, & sauuera les enfans des pauures*: & se dit estre particulierement enuoyé pour prescher son Euangile aux pauures; *Il m'a enuoyé* (dit-il par son Prophete) *pour euangelizer les pauures*. Bref il a choisi des pauures pour prescher ce mesme Euangile, & pour estre ses mignons & fauoris.

Affections & resolutions.

Grande est vostre misericorde en toutes choses, ô mon bon IESVS, mais particulierement en ce que vous auez mis vostre Royaume en la pauureté, & non pas aux richesses. Car il n'eust pas esté à mon pouuoir d'estre riche, ny de posseder autant de biens de la terre que i'eusse peu desirer: mais il est en moy d'estre aussi pauure que ie voudray. Mais comme vostre bonté & misericorde se monstre grande en cecy, ma mauuaitié & misere s'y monstre tres-grande : car sçachant que par la pauureté ie me peux enrichir des tresors de vos graces, & que plus ie me despouilleray & desnueray pour vostre amour de toutes choses creées, plus me trouueray-ie reuestu de la force & vertu de vostre esprit ; neantmoins ie n'ay pas eu le courage iusques à present de me défaire de ie ne sçay quelles bagatelles superflues, qui quoy qu'elles ne soient pas contre mon vœu de pauureté, si est-ce qu'elles ne sont pas conformes à la parfaicte pauureté que ie deurois embrasser pour vous. Fortifiez-moy donc, ô mon Sauueur, en la resolution que ie prends d'estre plus pauure que iamais ie n'ay esté, & d'effect & d'affection : d'effect, en me défaisant de tout ce que i'auray de superflu, & d'affection, en n'affectionnant rien de tout ce que i'ay pour mon vsage, mais estãt prest & disposé à le quitter, ou changer aussi-tost que l'obedience me le commandera : & si ie sens mon cœur lié & attaché à quelque commodité corporelle que ce soit, ie m'efforceray de le desgager de cela, ou en m'en priuant, ou en combattant l'attache que i'y auray par de si fortes considerations, que ie m'en sête tout à faict deliuré.

Second Point.

Considerez l'exemple que noſtre Seigneur vous a donné pour vous attirer à l'amour & prattique de la pauureté; qui ayant en ſa diſpoſition tous les treſors du Ciel & de la terre, s'eſt faict pauure, dit ſon Apoſtre, pour nous enrichir par ſa pauureté. Voyez, ie vous prie, comme il a aymé & chery la pauureté en ſa naiſſance, en ſa vie, & en ſa mort. Et quant en ſa naiſſance, voyez comme il a voulu naiſtre d'vne Vierge pauure, mariee à vn pauure Charpentier, dont il a voulu eſtre reputé fils, hors de ſa demeure, dans vne pauure eſtable, enueloppé de pauures drapelets, poſé dans vne pauure creche, & tout premierement visité par des pauures Pasteurs de la contree. Quant à sa vie, voyez comme il n'a voulu ny maison, ny possessions, ny rentes, ny aucun bien temporel en terre, mangeant & couchant ores icy, ores là, comme vn pauure qui n'a rien, non pas seulement vn cheuet de lict. Et pour ce il disoit à bon droict, que les renards ont leurs tanieres pour se retirer, & les oyseaux leurs nids pour se loger, mais que le Fils de l'homme n'auoit pas seulement pour reposer son chef. Finalement voyez comme en sa mort il a voulu estre destitué de toutes choses, voire mesme despouillé de ses pauures habits, & estendu tout nud sur le bois de la Croix; & comme il fut enseuely en vn sepulchre qui n'estoit pas à luy. Puis que

que donc vous vous estes fait Religieux, pour imiter au plus prés que vous pourriez vostre tres-aymable Sauueur, le voyāt si pauure & si nud, comment est-ce que vous ne vous despoüillez point de vos superfluitez ? comment ne vous estudiez vous point de vous conformer autant qu'il vous sera possible à la nudité de la Croix, en laquelle est vostre salut?

Affections & resolutions.

O mon doux Sauueur, qui estes le Maistre & souuerain Seigneur de toutes creatures! que i'ay grand'honte & confusion, vous voyant si extremement pauure, de me voir, moy qui ne suis que vostre tres-indigne & tres-petit seruiteur, si riche & abondant en mille pe-

Quatriesme Meditation

tites commoditez dont i'entretiens ma curiosité, ma vanité & sensualité, au preiudice de voſtre pur amour, & desquelles ie me paſſerois fort bien. Non, ie ne me peux plus ſupporter ſi bien accommodé auprés de vous, ô mon cher Maiſtre, ſi pauure, & ſi deſtitué de toutes choses en voſtre naiſſance, en voſtre vie, & en voſtre mort. Et partant ie me défais dés à preſent de telle & telle choſe trop pretieuſe, ou trop curieuſe, ou qui ne m'eſt pas neceſſaire, la remettant entre les mains de mon Superieur, ou de ſes Officiers, la conſacrant à la pauureté de voſtre Creche & de voſtre Croix, afin qu'eſtant tout nud, ie vous y puiſſe embraſſer tout nud. Et à cette fin ie me reſous bien deſormais, non seulement de me priuer des choses superfluës, & de celles qui sont belles & gentiles, mais mesme de m'abstenir autant que ie pourray des necessaires. Et seray tres content, quand par la disposition de vostre sainte prouidence elles me manqueront, pour souffrir dauantage, & pour vous imiter de plus prés, & tous vos Saints, qui n'ont pas tousiours eu les choses qui leur eussent bien esté necessaires pour leur viure, & leur vestir. Car alors ie seray vray imitateur de vostre pauureté, quand ie seray ioyeux & content dans le besoin des choses necessaires.

TROISIESME POINT.

COnsiderez que les desirs & affections desordonnées, desquelles vous vous attachez à certaines choses, quoy que petites en soy, ne sont pas pourtant de petits obstacles à l'accroissement de la grace, & à vostre auancement spirituel, pour lequel il faut renoncer à tout, nostre Seigneur disant pour ce sujet, que celuy qui ne renonce à tout ce qu'il possede ne peut estre son disciple, ny par consequent bon Religieux. Car comment l'estude de la perfection peut-elle s'emparer d'vn cœur occupé du desir & affection de quelques commoditez temporelles & partant agité de plusieurs autres passions desordonnées, qui accompagnent ce desir & affection: comme est le chagrin & soucy à les rechercher & amasser, le trop grand soin à les conseruer, la tristesse & fascherie de les perdre ; adioustez la colere, l'indignation, la haine, l'enuie, & autres passions qui procedent de mesme source? Il est sans doute impossible qu'vne ame trauersée de tous ces mouuemens-là puisse cheminer dans le sentier de la perfection, ains y a grand danger qu'elle ne se precipite en fin dans l'abysme de sa perdition. Et en effet on ne void point qu'vn Religieux proprietaire, ou trop cupide de ses commoditez temporelles, soit iamais deuot ny desireux de sa perfection, ains au contraire on le void tout aueuglé & insensible aux choses du Royaume de Dieu & de son salut, tout stupide & endurcy de cœur, paresseux & lent aux Offices, impatient de soufrance, & d'aucune austerité, retif à l'obeïssance, prompt à faire ses volontez, & tout confi en l'amour de soy-mesme. Bref il arrive bien souuent, Dieu le permettant par iuste iugement, que le Religieux qui s'attache d'affectiō aux choses qui luy peuuent estre permises, ou qui par cet excés d'affection presse trop son superieur de luy permettre l'vsage de certaines choses superfluës, contre la pauureté de son institut, en fin tombe en sens reprouué, & se precipite dans le vice & crime de proprieté, condamné des saints Canons sous peine de censure & excommunication par le fait, & de priuation de sepulture apres la mort.

Affections & resolutions.

Helas mon Dieu, qui m'auez mis en cette lice de la Religion, où pour bien courir & acquerir le prix, il faut s'abstenir de toutes choses, voire de ses propres habits; que ie serois insensé, si pour me charger de commoditez temporelles, ie venois à perdre non seulement vne si auantageuse recompense, qui ne se mesure que par l'eternité, mais mon ame mesme, que vous vous estes acquise par l'extreme pauureté de vostre Croix, & que ie vous ay consacrée par le vœu que i'en ay fait: plustost la mort, & la mort mille fois, que iamais ie vienne à commettre non seulement vn si horrible sacrilege, que de violer cette sainte promesse de

Quatriesme Meditation pauureté religieuse que ie vous ay fait, par aucune sorte de proprieté, mais mesme que ie fasse rien approchant de ce crime, par quelque excés de desir & affection de quelque commodité que ce soit, moy qui dois reputer toutes choses fiente & infection, pour vous gagner, ô bon IESVS, qui auez tout quitté pour me gagner.

CINQVIESME MEDITATION.

De la chasteté & austerité.

Trois points à considerer.

1. *Les auantages & prerogatiues de cette vertu.*
2. *Combien l'austerité, ou priuation des plaisirs sensuels est necessaire aux Religieux.*
3. *L'exemple que nostre Seigneur nous en a monstré.*

PREMIER POINT.

CONSIDEREZ comme cette vertu toute celeste, Angelique & diuine, du tout esloignée de la chair & du sang, & ennemie de tout plaisir sensuel, vous esleue au dessus de vostre condition, vous auoisine de Dieu, vous rend semblable aux Anges, & respecté des hommes: elles nourrit en vous la pudeur, l'honnesteté & modestie, elle profite au corps & à l'esprit, quant au corps, elle prolonge la vie & conserue la santé; & quant à l'esprit elle le dispose à la vertu, & le rend plus capable de connoissance; bref elle rend la creature tres-agreable à Dieu; qui estant de sa nature acte tres-pur, ayme & cherit en toutes choses la pureté. Et pource son Espouse au Cantique des Cantiques, dit, qu'il se repaist entre la blancheur des lys tant que dure le iour, & que les ombres s'abaissent. Et semble que nostre Seigneur ait fait ant d'estat de la pureté & de la continence virginale, que n'ayant pas iugé les personnes de la vieille loy capables d'icelles, il l'ait expressément reserué pour la nouuelle, dont l'antienne n'estoit que l'ombre & la figure, l'ayant luy-mesme singulierement recommandé en son saint Euangile, comme aussi ont fait tous ses Apostres & Disciples. Et de fait, la plus part de ceux que nostre Seigneur a voulu honorer de la couronne du Martyre en la primitiue Eglise estoient Vierges. Voyez comme il n'a voulu prendre naissance que d'vne Vierge, comme il a singulierement aymé & chery saint Iean entre tous ses Apostres, à cause qu'il estoit Vierge, luy ayant pour cela recommandé sa bien-heureuse Mere, & l'ayant fait son Fils, comme il a voulu que son

Vaisseau d'election saint Paul le fust, & que tous ses Apostres, depuis leur vocation à l'Apostolat gardassent perpetuelle continence, comme aussi à leur imitation ceux qui ont esté appellez aux sacrez ministeres de l'Eglise l'ont exactement gardée.

Affections & resolutions.

O mon tres-pur & tres-chaste Espoux, qui vous repaissez entre la blancheur des lis, & qui non seulement en vostre naissance eternelle, selon laquelle vous estes né d'vn pere sans mere, mais en vostre naissance temporelle auez tellement aymé la pureté, que vous auez voulu estre engendré d'vne mere sans pere, par la seule operation du saint Esprit, qui l'auez aymée & cherie toute voſtre vie; faites-moy la grace de perſeuerer conſtamment dans la reſolution que ie prēds de conſeruer tres-ſoigneuſement la pureté, non ſeulement en mon corps, mais auſſi en mon cœur, afin que vous vous y repoſiez & repaiſſiez en telle ſorte, que ie ſois pur & chaſte, non ſeulement en toutes mes actions & deportemens, mais auſſi en toutes mes penſées & affections, & que ie me détourne & retire de tout ce qui me pourroit exciter le moindre mouuement d'impureté, auſſi promptement comme ie retirerois la main d'vn charbon de feu. Et puis que ce ſont les Vierges, c'eſt à dire, les ames pures & chaſtes, qui au rapport de voſtre bien-aymé Diſciple vous suiuent en quelque part que vous alliez, octroyez moy cette grace de pureté, afin que ie vo9 suiue de prés, & par tout: car vous sçauez que c'est le plus pressant desir de mon cœur.

Second Point.

Considerez qu'il vous est impossible de bien garder vostre vœu de chasteté, & conseruer entiere la pureté de vostre corps & de vostre cœur, si vous n'euitez & fuyez les plaisirs sensuels, & ne mattez vostre chair, ennemie de l'esprit, par quelque austerité moderée, notamment estant ordonnée & prescrite par vostre Regle & Institut, à laquelle vous vous deuez porter auec grand zele & force d'esprit, considerant que par ce moyen vous vous esloignez d'autant plus des peines eternelles de l'enfer, & des temporelles du Purgatoire, vous vous auoisinez des delices & ioyes perdurables du Paradis, vous agreez beaucoup à Dieu, & meritez d'autant plus grand accroissement de grace, vous vous conformez d'autant plus à IESVS-CHRIST crucifié, & finalement vous vous acquitez d'autant plus fidelement de l'obligation que vous auez de garder la chasteté, que vous ne pouuez conseruer en asseurance, si vous ne iurez guerre irreconciliable à la volupté & plaisir sensuel. Et si nostre Seigneur n'eust desiré que vous fissiez bonne guerre à la volupté & sensualité, auec les armes de la Croix, il ne vous eust pas appellé à la Religion, & ne vous eust pas donné les armes en main. Et à quoy bon en vous cette apparence d'austerité & de reformation, si vous n'aymez l'austerité & la reformation de vos sens, & ne la pratiquez? Et qu'est-ce autre chose cela qu'vne pure hypocrisie, faire apparence & beau semblant d'embrasser la Croix, & cependant chercher tous les moyens pour l'esquiuer?

Affections & resolutions.

Il est certain, & ie le voy bien, mon doux Sauueur, que si par la fuitte du plaisir sensuel & l'austerité, ie tiens fortement ma chair en Croix, les mauuaises inclinations qui s'y treuuent, auec le desordre de mes passions, la feront bien tost trebucher au mal. Et si vostre grand Apostre auoit sujet de dire à ce propos, *Ie chastie mon corps, & le reduis en seruitude, crainte que preschant les autres ie ne deuienne reprouué:* combien ay-ie plus de sujet de mater le mien, afin qu'il ne regimbe & ne se reuolte contre l'esprit? O que ie reconnois bien, que pour auoir trop chery & delicaté mon corps, & pour auoir trop adheré à ses plaisirs & contentemens, i'ay beaucoup perdu de l'esprit, du sentimẽt & goust de vostre Croix, que i'estois venu chercher en Religiõ. Ie desire desormais de tout mon cœur recouurer par vostre grace & mon trauail, ce que i'ay perdu par ma negligence & lascheté. Et partant dés à present ie declare guerre

1. Cor. 9.

ouuerte à ma chair & à mes sens, ie ne leur veux plus obeyr comme i'ay fait par le passé à mon grand preiudice. Ie renonce à toutes les delectations & voluptez sensuelles autant que ie puis ; & si bien ie ne peux pas m'en priuer du tout, estant necessairement adiointes aux necessitez de cette vie, si ne m'y attacheray-ie plus, & tascheray de ne les plus gouster ny sauourer. Mais dautant que la seule austerité du corps, sans celle de l'esprit, n'est suffisante de me conseruer en la pureté que ie vous dois, ie ioindray à l'austerité du corps celle de l'esprit, dont ie dois faire bien plus d'estat que de celle du corps. Ie seray donc desormais, moyennant vostre grace, que i'implore à cet effet, encore plus austere d'esprit que de corps, fuyant le monde, m'abaissant & mesprisant moy-mesme, suffoquant mes appetits; reprouuant mon propre iugement, detestant ma propre volonté, reprimant toutes mes passions veillant continuellement sur moy, & me tenant à tout moment dependant de vostre saint vouloir & bon plaisir.

TROISIESME POINT.

CONSIDEREZ l'exemple que vous a donné nostre Seigneur IESVS-CHRIST, qui pouuant comme souuerain maistre de toutes choses licitement vser des plaisirs & voluptez de ce monde, les a rebuté, & a embrassé non seulement la perpetuelle continence & chasteté virginale, mais de plus sans aucun besoin a pratiqué l'austerité depuis sa naissance iusques à sa mort. De sorte que là où les autres naturellement fuyent la douleur, & suiuent le plaisir, luy tout au contraire cherchoit la douleur, & fuyoit le plaisir. Ainsi voyons-nous qu'il s'est volontairement exposé à souffrir la faim, la soif, le chaud, le froid, la lassitude, les veilles, les sueurs, & finalemēt les excessiues douleurs de sa tres-sainte mort & passion. Et ce que vous deuez bien remarquer, pour imiter ce beau modele, est, qu'il vous enseigne que vous ne pouuez estre son disciple, si vous ne portez ainsi vostre Croix apres luy. Et qu'est-ce porter sa Croix, & suiure nostre Seigneur, sinon renoncer aux plaisirs & voluptez du corps, & souffrir volontiers de la douleur à son imitation, & pour son amour? & partant, puis qu'en qualité de Religieux vous faites profession d'estre son disciple, prenez garde de ne pas démentir vostre profession, en fuyant la peine & la douleur, resouuenez-vous que tous ses Saints, à son imitation, ont hay & fuy la volupté & plaisir de la chair, & ont tous embrassé de bon cœur la Croix, c'est à dire, la peine, & la souffrance pour son amour.

Affections & resolutions.

O mon tres-aymable Sauueur, qui toute vostre vie, voire dés vostre tendre ieunesse & naissance auez abhorré les plaisirs du corps, & évité comme poison toute sorte de sensualité, preferant dés lors la Croix, & la souffrance à tous les aises & côtentemens du corps, donnez moy part à cet esprit vostre, afin que desormais ie haisse & deteste toute sorte d'impuretez & sensualitez, voire mesme les plaisirs & contentemens des sens, qui d'ordinaire flattent la sensualité, & disposent à l'impureté. Faites que ie vous voye souuent humilié, flagellé, couronné d'espines, & cramponné sur la Croix, & que de toutes les amertumes que vous auez souffertes pour moy de puis vostre naissance iusques à la mort, i'en compose vn bouquet de myrrhe, que ie considere & flaire continuellement, ou pluftost que vous mesme, en l'equipage de toutes ces souffrances, notamment de celles de voſtre mort & paſſion, vous me ſoyez comme à voſtre deuot ſeruiteur ſaint Bernard ce bouquet, ou petit faiſſeau de myrrhe, que ie porteray continuellement entre les deux mammelles de ma conſideration & de mon affection, afin de conſiderer & ſauourer tellement les douces amertumes de voſtre ſainte vie & paſſion, que i'abhorre & deteſte pour tout iamais les delices & voluptez de ma chair.

SIXIESME MEDITATION.

De l'obeïssance.

Trois points à considerer.

1. *Les auantages & preeminences de cette vertu.*
2. *L'exemple que noſtre Seigneur nous en a monſtré.*
3. *Combien la deſobeïſſance en la Religion deſplaiſt à Dieu.*

Premier Point.

CONSIDEREZ que l'obeïſſance religieuſe, dont nous parlons icy, & à laquelle vous vous eſtes ſolemnellement obligé, eſtant vne volontaire ſubmiſſion de voſtre volonté à la volonté d'autruy pour l'amour de Dieu,

P

est vne vertu d'autant plus noble, excellente, & agreable à Dieu, que l'esprit que vous immolez à Dieu par icelle surpasse le corps & les richesses que vous sacrifiez à Dieu par la chasteté & pauureté, & que se dégager de sa propre volonté, & de son propre iugement (ce qui se fait par l'obeïssance) est vne chose bien plus arduë & difficile, que de se déprendre de l'amour que l'on porte à son propre corps, & aux richesses, ce qui se fait par la chasteté & pauureté. Cette vertu n'est pas seulement agreable & meritoire deuant Dieu & les hommes ; mais mesme est cause apres la charité de tout le merite de la vie religieuse; en telle sorte que sans elle les actions du Religieux, qui en soy seroient meritoires & agreables à Dieu, ne le sont point, & celles qui de soy ne le seroient, le deuiennent par l'obeïssance. Adioustez l'asseurance que vous auez en obeïssant de faire & accomplir la volonté de Dieu, quoy que le Superieur ne la fist pas en commandãt, faute d'assez de prudence ou de charité, pourueu que ce qui vous est commandé ne soit pas contre la loy de Dieu. Et partant viure en obeïssance religieuse, est viure sans charge & sans soucy, c'est nauiger sans danger, voyager en dormant, courir sans lassitude, & comme nager entre les bras, ou sur les espaules d'autruy ; bref c'est combattre auec asseurance de vaincre. Ce qui a fait dire au Sage, que l'homme obeïssant chantera des victoires, & qui me fait dire que Dieu ne damnera iamais vn religieux obeïssant.

Affections & resolutions.

O que ce sacré vœu & lien d'obeïssance que ie renouuelle de bien bon cœur, pour le grand desir que i'ay d'estre lié indissolublemēt à vostre saint vouloir, & d'en dépendre tres-particulierement toute ma vie, vous est agreable, ô mon Dieu, & à moy profitable. Ie ne m'estonne point si vostre Prophete Samuel l'a preferé aux victimes & sacrifices, qui est la plus sainte & auguste actiō qui se puisse faire sur terre. Car en ces sacrifices-là on offroit à Dieu la chair d'autruy; mais par l'obeïssance ie vous dois offrir & sacrifier mon propre esprit, ma volonté, & tout le libre pouuoir que vous m'auez donné sur moy. Ce que ie fais de tres-bõ cœur, esgorgeant sur l'autel de vostre dilection, auec le glaiue d'vne entiere & cõme aueugle obeissance, la libre disposition de moy-mesme, & me priuant du pouuoir que i'auois de m'ayder & me secourir moy-mesme, pour n'attendre & receuoir tout mon secours en tous mes besoins que de vous, par l'entremise de mes superieurs, ausquels obeïssant ponctuellemẽt pour vostre amour & respect, ie vous rends plus d'honneur & de submission, que si ie vous obeïssois immediatement, ie vous y tesmoigne plus d'affection, & y combas plus efficacement ma superbe, & les esforts de mon amour propre. Ie me propose, ô mon bon Seigneur & Maiſtre, moyennant le ſecours de voſtre grace, de vous obeyr deſormais, en tout & par tout, & pour voſtre reſpect ie ſuis diſpoſé, ſuiuant l'aduis du Prince de vos Apoſtres, & voſtre deſir, d'obeyr à toute creature pour voſtre amour, mais principalement à tous ceux que vous auez mis en quelque degré d'authorité ſur moy, ſoit Superieurs, ſoit Directeurs ou Peres ſpirituels : & ie leur veux obeyr pour voſtre amour, non tellement quellement, mais le plus parfaitement que ie pourray en toutes choſes tres-humblement ſans reſiſtance, tres-paiſiblement ſans murmure, tres-ſimplemēt ſans diſcernement, tres-promptement sans delay, tres-courageusement sans lascheté, tresconstamment sans me lasser : & feray la chose qu'on me commandera, non pource qu'elle sera à mon goust, ny pource qu'elle me semblera raisonnable, ny pource que i'aimeray ou craindray celuy qui me la commandera; mais simplement pour ce qu'elle me sera commandée par l'ordre de vostre prouidence & de vostre conduite sur moy.

Second Point.

CONSIDEREZ l'exemple signalé que nôtre Seigneur vous en a donné, qui l'a si cherement aymée, & si estroitement embrassée, qu'il a mieux aymé perdre sa propre vie, que de la perdre, se rendant pour cet effet obeïssant iusques à la mort de la Croix. Voyez, ie vous prie, comme il est venu en ce monde par obeïssance, disant pour ce sujet, qu'il ne venoit pas de luy mesme, mais qu'il estoit enuoyé de Dieu son pere ; comme il a vescu en continuelle obeïssance, disant luy mesme à ce propos, qu'il estoit venu en ce monde, non pas pour faire sa propre volonté, mais bien celle de son Pere qui l'auoit enuoyé : & en vn autre endroit, que sa viande & nourriture estoit d'accomplir la volōté de son Pere, à laquelle il estoit tellement lié, que (comme il disoit vne fois) il ne pouuoit rien faire que ce qu'il voyoit faire à Dieu son Pere; iusques-là, qu'il n'a iamais proferé vne seule parole de luy-mesme. Ce qui luy faisoit dire que ses paroles n'estoient pas de luy, mais de Dieu son Pere. Admirable dependance, que le fils de l'Homme a voulu auoir toute sa vie de Dieu son Pere, & que vous deuez imiter, vous estudiant de dépendre du bon plaisir de Dieu en tous vos desseins, en vos paroles, & en toutes vos actions. Finalement comme nostre Seigneur a pratiqué l'obeïssance en sa naissance & en sa vie, aussi l'a-il voulu pratiquer eminemment en sa mort & passion; *Il a esté fait obeyssant*, dit son Apostre, *iusques à la mort, & la mort de la Croix*. Or non seulement il a voulu se rendre ainsi ponctuellement obeïssant à Dieu son Pere; mais ce qui est plus admirable, il s'est soufmis par obeïssance à ses creatures, la glorieuse Vierge, & le bien-heureux saint Ioseph : car il n'est rien dit de luy dans les saintes Euangiles, depuis l'aage de douze ans iusques à trente, sinon qu'il leur estoit sujet. Mais ce qui est bien plus estrange, il a bien voulu obeyr à ses creatures meschantes & infideles, comme à Caïphe, Herode, Pilate : & ce qui donne plus d'estonnement à leurs cruels ministres & bourreaux, se laissant despoüiller tout nud, cruellement flageller, couronner d'espines, & cloüer pieds & mains sur vne Croix par obeïssance.

Affections & resolutions.

O mon doux IESVS, sera-il dit, que vous estant Seigneur

& Maiſtre de toutes vos creatures, vous leur ayez bien voulu obeïr? & que moy, qui ne ſuis qu'vne chetiue creature & inferieure, ie ne veuille obeyr bien volontiers à mes Superieurs pour voſtre amour. Que vous ayez bien voulu obeïr à ceux qui vous perſecutoient & outrageoient, & que ie n'obeyſſe qu'à regret à ceux qui ne procurent que mon ſalut? que vous ayez bien voulu obeyr depuis voſtre naiſſance iuſques au dernier ſouſpir de voſtre vie? & que ie me laſſe d'obeyr ce peu de temps que i'ay à viure en la Religion? que vous ayez obey en ſubiſſant tant de peines & de trauaux, & que ie prenne l'obeyſſance à degouſt pour la moindre difficulté que i'y rencontreray? que vous ayez bien voulu mourir par obeïssance en la fleur de vostre aage, lors que vous pouuiez par vos predications & miracles conuertir tout le monde, & que ie ne puisse souffrir que l'obeïssance m'empesche de faire vne chetiue Predication, ou d'entendre vne Cõfession, & de faire quelque autre action que ie me persuade estre vtile? Chose estrange, que pour la moindre difficulté que ie rencontreray en vne obeïssance, ou pour la moindre apparence de raison qui me viendra au contraire, ou ie tascheray de m'en exempter, ou ie la feray à regret, ou du moins ie censureray par mon propre iugement le commandement de mon Superieur. Ie confesse ingenument que i'ay fort mal imité iusques à present cette vostre humble & simple obeïssance, & me propose, moyennant vostre sainte grace, d'honnorer le plus souuent que ie pourray vostre obeïssance par la mienne, que ie m'estudieray de conformer le plus qu'il me sera possible à la vostre. Et pour ce ie renonce mille fois à ma mauuaise liberté, que ie vous offre pour victime, ie vous donne & abandonne de bien bon cœur, pour tout le reste de ma vie, ma propre volonté. Et afin que ie ne la puisse plus faire, ie suis tres content de l'auoir renduë captiue de la volonté d'autruy par mon vœu d'obeïssance, que ie renouuelle de present pour vostre amour.

Troisiesme Point.

CONSIDEREZ combien la desobeïssance desplaist à Dieu, qui vous asseure par son Prophete Samuel, qu'estre rebelle en matiere d'obeyssance, c'est comme vn crime de sorcellerie, & ne vouloir acquiescer, c'est comme vn peché d'idolatrie. Et la raison est, que ne plus ne moins que le sorcier & l'idolatre preferent le diable & les idoles au vray Dieu, ainsi celuy qui desobeyt à Dieu, ou à celuy qui commande de la part de Dieu, va preferant sa volonté à la volonté diuine, & s'en rend idolatre. Car comme celuy qui obeyt à son Superieur, obeyt à Dieu; aussi celuy qui mesprise le commandement du Superieur, mesprise celuy

de la Seconde Partie. 351
de Dieu; ce qui est fondé sur sa parole en saint Luc 10. *Qui vous oyt, il m'oyt, & qui vous mesprise me mesprise.* Adioustez que la desobeyssance est propre sœur de la superbe, est l'engeance ou fille du propre iugement, & de la propre volonté, qui sont deux tres-mauuaises sources, & meres des plus gráds desordres qui se puissent rencontrer dans les Communautez religieuses, outre le trouble & inquietude qu'elle cause en la propre conscience. Car comment le Dieu de paix habiteroit-il en vne ame qui luy resiste, & fait continuellement guerre par sa desobeyssance.

Affections & resolutions.

Helas mon Dieu! combien seray-ie blasmable deuant le

Tribunal de voſtre diuine Majeſté, ſi i'y ſuis trouué auoir māqué au principal de ma profeſſion, qui eſt de bien obeyr, mon intention eſtant, lors que i'embraſſay la Religion, de me laiſſer conduire & manier à la volonté d'autruy? Et comment pourray-ie, ſans vne eſpece de ſacrilege reprendre & vſurper derechef ce que ie vous ay vne fois pour touſiours dedié & conſacré, qui eſt ma propre volonté, ſans pretendre plus aucun droit d'en diſpoſer? Hé! quel remords de conſcience auray-ie à l'heure de ma mort, pour la perte que i'auray faite de beaucoup de merites, manque d'obeïſſance? iuſques-là, que faute d'icelle, les bonnes œuures que ie pourray auoir faites de ma propre volonté ne me seruiront de rien. Et si ie vous demáde auec voſtre Pro- *Iſa;* phete, Pourquoy auons-nous *58;* ieuſné, & vous ne nous auez point regardé? nous nous ſommes humiliez & affligez, & vous n'en auez point fait de cas? Vous me reſpondrez par la bouche de ce meſme Prophete; C'eſt pour-ce qu'au iour de voſtre ieuſne & maceration voſtre propre volonté s'y trouuoit. Arriere de moy donc tout propre iugement, & propre volonté: ie ne veux plus rien faire ny entreprendre que par obeïſſance, ou du moins qui ne ſoit conforme à l'intention & volonté de mon ſuperieur, que i'honnoreray comme vn Ange du Ciel qui me declare voſtre ſainte volonté. O ſi ie pouuois recouurer cet eſprit d'enfant que vous desirez en tous vos predestinez, qui me rendit simple & souple à toute sorte d'obeïssance, pour en cela vous complaire & vous honnorer!

SEPTIESME MEDITATION.

De l'obseruance reguliere.

Trois points à considerer.

1. Que l'obseruance des Regles & Statuts est du dessein de Dieu.
2. Qu'il ne faut rien preferer à ladite obseruance sans licence & iuste sujet.
3. Que le Religieux qui la neglige se fait grand tort & à la Religion.

PREMIER POINT.

CONSIDEREZ que comme Dieu a eu dessein de toute eternité de vous créer, pour vous faire vn iour part de sa gloire dans le Ciel : ainsi a-il preordonné & predefiny les moyens par lesquels il entend que vous

Septiesme Meditation

y parueniez, qui sont les Regles & Statuts de la Religion à laquelle il vous a appellé, & dont vous auez fait profession, sous lesquels il veut que vous cheminiez, & non pas sous d'autres. C'est par ces moyens-là qu'il luy a pleu ordonner le cours & la suitte de vostre vie: ce sont comme les outils & instrumens qu'il vous a mis en main pour trauailler, & vous sauuer dans son Eglise, n'ayant pas voulu vous en donner d'autres. Puis donc que Dieu vous a ordonné ce seul sentier-là pour vous sauuer, ce seroit grand folie à vous de vous vouloir sauuer par vn autre.

Affections & resolutions.

Ie reconnois clairement, ò mon Dieu, que les Loix, Regles, Statuts, & commandemens des Superieurs dans les maisons de Religion, sont effets de voſtre eternelle prouidence, pour le gouuernement & conduite de toutes les ames que vous y appellez. Puis donc qu'il vous a pleu m'appeller en l'inſtitut où ie me retrouue, ie vois bien qu'il faut pour me conformer à voſtre deſſein, & ſuiure fidelement voſtre conduite, que ie garde exactement toutes les loix & Statuts que vous y auez eſtablis, ſi vous meſme ne m'en exemptez, par la volonté de mes Superieurs. C'eſt pourquoy ie me reſous d'apporter deſormais tout le ſoin qu'il me ſera poſſible pour obſeruer exactement tout ce qui eſt de ma Regle & Conſtitutions, ſçachant qu'autant de fois que ie le feray, bon gré, mal-gré mon inclination contraire, ie vous plairay & aggreeray grandement. He! qu'ay ie à desirer dauantage en ce monde, que de vous plaire & aggreer, en accomplissant exactement tout ce que vous voulez & desirez que ie fasse en la Religion ? qui n'est autre que ce qui est compris en mes Regles, Statuts, & volonté de mes Superieurs : & qui est pareillement tout ce que ie m'estois proposé, & qu'on m'auoit proposé de faire entrant en la Religion.

Second Point.

Considerez que vous estant engagé à l'exacte obseruance de vos Regles & Constitutions, autant que vostre pouuoir, & le vouloir de vos Superieurs se peut estendre : & nostre Seigneur le desirant & exigeant de vous, il est du tout iniuste & déraisonnable de preferer à cela des choses ausquelles vous ne vous estes point obligé, & que nostre Seigneur ne demande pas de vous. C'est vn tres-grand desordre en la Religion, quand du principal on en fait l'accessoire, & que de l'accessoire on en fait le principal. Prenez garde que vous ne soyez vn de ceux qui introduisent ce desordre ; & sçachez que vous estes obligé par vostre profession de garder vos Regles & Statuts, & en les gardant de reformer vostre ame, de mortifier vos passions, & vous perfectionner en la pratique des vertus. Mais vous n'estes point obligé par cette mesme profession de deuenir sçauant, grand Casuiste, ou grãd Predicateur, ou exceller à faire des ouurages; & Dieu ne vous demandera point en vous iugeant si vous auez esté docte, grãd Orateur, bon Philosophe, ou bon Theologien, ou excellent en quelque ouurage que ce soit; mais si vous auez esté bon Religieux, c'est à dire, humble, obeïssant, charitable, & zelé à l'obseruance de vostre Regle & Constitutions: c'est sur cela que nostre Seigneur vous sauuera ou vous damnera. Pensez, ie vous prie, & y repensez à bon escient, que Dieu n'a pas institué la Religion pour les estudes, ny pour les ouurages, mais pour la bonne vie; que vous

vous n'estes pas venu en la Religion pour estudier, ny faire des ouurages, mais pour vous sauuer; quoy qu'en trauaillant à vostre salut, par l'obseruance de vos Regles, vous pouuez aussi vacquer à l'estude, ou aux ouurages, si on le vous permet; & alors vous deuez estudier ou faire des ouurages, non parce que vous le voulez, mais parce qu'on vous le commande, ou desire de vous. La science & l'industrie de soy enfle & enorgueillit l'esprit, & Dieu resiste aux orgueilleux; si ce n'est que vous soyez plus soigneux de profiter en l'humilité, qu'en l'estude ou aux ouurages.

Affections & resolutions.

Si ie vous aymois bien, mon tres-aymable Sauueur, ie me

porterois toufiours à ce qui vous eft de plus agreable. Et partant, pource qu'apres l'obeïssance, l'obseruance exacte de ma Regle & Constitutions vous eft tres-agreable, ie m'y porterois de grande affection, n'eftoit que l'obeïssance m'en retint ou difpenfaft pour quelque tres-iufte raifon. Et nonobftant la defenfe ou la difpenfe, i'y fentirois toufiours mon affection portée, fans trouble, ny inquietude toutesfois. Puis donc que ie vous veux aymer à bon efcient, & de tout mon cœur, bon gré, malgré la repugnance de ma nature, que trop i'ay flattée, au preiudice de mon deuoir, & du feruice que ie vous dois, ie me porteray deformais à tout ce qui eft de mon obferuance reguliere, auec tout le soin & diligence qui me sera possible, me representant à chaque son de cloche que c'est vostre diuine voix qui m'appelle à cette obseruance-là, & qui la demande de moy; quand par l'obeyssance elle ne me retient point occupé ailleurs. Mais d'autant que cette obseruance exterieure de ma Regle & Statuts seroit manque & defectueuse, si elle n'estoit accompagnée d'esprit interieur, ie me propose, moyennant le secours de vostre sainte grace, de m'estudier à bien occuper mon esprit interieurement, pendant que ie m'occuperay exterieurement à tout ce qui est de l'obseruance reguliere, soit à chanter & psalmodier, soit à trauailler, soit à seruir au refectoir, soit à dire ma coulpe au Chapitre, ou à toutes autres pareilles obseruances, procurant de les accomplir encore plus interieurement qu'exterieurement, & de n'y auoir pas l'esprit moins bien occupé que le corps.

TROISIESME POINT.

CONSIDEREZ que vostre obseruance reguliere estant establie par l'esprit de Dieu, & approuuée de l'Eglise, conduite du mesme esprit, vous la deuez auoir en grande estime & veneration, tant s'en faut que vous la deuiez negliger, & quoy qu'il s'y puisse rencontrer quelque chose de moins principal, qui auec le temps puisse estre changée en mieux; si est ce qu'il ne faut pas laisser de pratiquer cette

de la Seconde Partie. 365
chose-là pendant qu'elle a vigueur, aussi ponctuellement que tout le reste, y considerant comme en tout le reste le saint vouloir de Dieu qui vous y oblige pour tant & si long temps qu'il ordonne ou permet que cette chose-là soit obseruée en voftre compagnie ou congregation. Et accouftumez-vous en ces choses-là d'y voir pluftoft le saint vouloir de Dieu, qui les demande pour lors de vous, que les choses mesmes, vous y rengeant & accommodant auec grande submission & simplicité d'esprit, fermant les yeux par effort de foy à tout ce qui est de la raison & prudence humaine. Et sçachez que par cette pratique-là vous honorez grandemēt la sapience de Dieu, ses desseins, & sa

Q iij

sainte conduite sur vous. Comme au contraire, si par superbe & presomption vous venez à mespriser & negliger vostre obseruance, sçachez que vous deshonnorez Dieu & sa conduite dãs la Religion, & que tost ou tard vous en serez griéuement puny de Dieu. Car, maudit est celuy, dit-il par son Prophete, qui fait l'œuure de Dieu negligemment. Et à ce propos souuenez-vous que Dieu ne vous ayant pas appellé en la Religion seulement pour vous y sauuer, mais aussi pour profiter à la Religion, & seruir au salut des autres par vostre bon exemple, si vous venez à negliger vostre deuoir, & vous relascher par paresse & lascheté en l'obseruance de vostre Regle & Constitutions, non seulement vous vous faites grand tort, courant risque de vous perdre, mais aussi vous causez vn tres-grand mal à la Religion ou Congregation dont vous estes membre, estant cause, par vostre mauuais exemple, que la Religion aille en dechet & decadence, & en fin vienne à se perdre & difformer entierement.

Affections & resolutions.

Ah! que vous estes terrible en vos conseils, ô grand Dieu, sur les enfans des hommes, mais particulierement sur les mauuais Religieux, qui estans appellez de vous à grande perfection, & ayant bien commencé vous tournent le dos, & finissent tres-mal. Quel iugement doiuent attēdre ces ames peruerses, qui estans venuës à la Religion pour la maintenir & s'y sauuer, viennent apres par leur dissolution à la destruire, & s'y damner ? qui s'estant enroollez auec grande ferueur, sous la banniere du Crucifix, & l'ayant suiuy quelque temps auec grand desir de se mortifier pour son amour, viennent au bout du temps à le quitter, comme mauuais soldats, & apres auoir combattu quelque temps, viennent à se rendre à la vanité & sensualité, les deux ennemis capitaux de l'esprit de vostre Croix? qui estans entrez dans le Monastere auec grande ferueur & deuotion, ne respirans que la penitence, deuiennent par apres lasches, indeuots, & fuyans autant qu'ils peuuent la peine & la Croix?

de la Seconde Partie. 369
qui s'estans monstré és premieres années de leur conuersion feruens en l'obeyssance de leur Regle & de la vie commune, se portent puis apres à telles licences & libertinages, que si l'estroitte obseruance de la Religion dependoit d'eux, ils la mettroient bien tost en friche? Ah qu'il vaudroit mieux à ces ames là de n'estre iamais entrées en la Religion, qu'apres y auoir entré y causer ces desordres! C'est pourquoy ie vois bien que ce n'est pas vn petit peché de receuoir en Religion des ames qui n'y sont pas propres, quand on le connoit, ou qu'on en a quelque probable coniecture. Or pour me retirer bien loin de tous ces malheurs, ie me propose de me rendre plus exact en l'obser-

Q v

uance de mes Regles & Statuts que ie n'ay iamais esté, voire des plus petites choses, y considerant vostre saint vouloir & desir, qui me doit estre plus agreable que ma propre vie, & ie m'estudieray de n'estimer rien de petit ou de peu d'importance de tout ce que vous desirez de moy, quoy que ce ne soit sous obligation de peché. Car trop peu vous aimerois-ie, ô mon tres-aimable Sauueur, si ie ne vous seruois, que pour crainte de vous offenser en ne vous seruant pas.

HVITIESME MEDITATION.

De l'Oraison.

Trois points à considerer.

1. *Combien il est necessaire à l'ame de vacquer à l'Oraison.*
2. *Combien grands sont les fruits de l'Oraison.*
3. *Quelle doit estre la bonne Oraison.*

PREMIER POINT.

CONSIDEREZ que l'homme ayant esté rendu par le peché comme perclus, & du tout impuissant, pour se pouuoir porter & auancer aux choses de la grace & de son salut, il a necessairement besoin d'vne force & vertu surnaturelle, qu'il

ne peut obtenir que par la priere & oraison, qui n'est autre
chose qu'vne eleuation d'esprit en Dieu, qui faisoit dire au
Prophete Roy, *Os meum aperui,
& attraxi spiritum* : I'ay ouuert
la bouche de mon cœur par
l'oraison, & aussi-tost i'y ay attiré l'esprit, c'est à dire, la force
& vertu de Dieu. Et ce moyen,
dont la prouidence Diuine
nous a pourueu est tellement
necessaire, qu'il s'en faut comme continuellement seruir, suiuant l'aduertissement de nostre Seigneur, qui dit en son
saint Euangile, qu'il faut continuellement prier, & iamais
ne cesser. Car comme le corps
ne peut viure sans respirer ; de
mesme l'ame ne peut viure
sans prier, la priere estant comme le respir de l'ame fidele en

de la Seconde Partie. 373

ce monde. Et peut-on dire qu'vne personne notamment religieuse, qui ne s'adonne volontiers à l'oraison, est comme vn corps sans ame, qui n'a ny sentiment, ny mouuemét pour les choses qui concernent le Royaume des Cieux, & qui court grand risque de se perdre. Voyez, mon cher frere, si vous ne suiuez point cette mauuaise piste, & retirez vous-en au pluftost, contraignant vostre mauuaise nature, qui refuit la priere & l'oraison, pour vacquer à d'autres choses qui luy sont plus agreables, de se ranger bon gré, mal-gré elle tous les iours à ce deuoir. Car il n'y a iamais eu ame sainte qui n'ait aymé & desiré l'oraison, quoy qu'elle ne l'ayt pas peu tousiours pratiquer.

Affections & resolutions.

Ah mon ame! en quel aueuglement & stupidité as-tu esté iusques à present, d'auoir tousjours croupy iusques à maintenant en tes desordres, faute de t'addonner à l'oraison, & te sousleuer à Dieu par ce moyen que tu auois en main, comme si tu eusse esté assez forte sans cela pour te sauuer. Non, ne te trompe pas; On ne donne, dit la souueraine Verité qu'à cetuy qui demande; on n'ouure qu'à celuy qui heurte; & il n'y a que celuy qui cherche qui trouue ce qui luy manque. Et tout cela, qu'est-ce autre chose que prier, & prier souuents Et sçache, que comme par faute de faire souuent oraison tu t'es esgarée, aussi par la frequente

de la Seconde Partie. 375
oraison tu te dois reduire & reconnoistre ; que qui ne prie souuent entre souuent en tentation, & qui ne prie durant qu'il est tenté, force est qu'il tombe, & viue dans le desordre. O mon Seigneur, que de grands biens i'ay perdu, & que de grands maux i'ay encouru, pour auoir quitté ou intermis l'oraison! c'est pourquoy reconnoissant ma folie & mon aueuglement, ie la veux reprendre à bon escient, pour ne la plus iamais quitter, & ne laisseray plus passer iour que ie ne pratique quelque temps pour y vacquer. Helas! quand ie considere, ô mon bon Sauueur, que vous passiés ordinairement les nuits entieres dans le iardin de Getsemani en la priere & oraison, vous retirant seul & à

quartier pour ce sujet, & que vous l'auez ainsi fait, plus pour me donner exemple, que pour besoin que vous en eussiez; ie ne peux que ie ne me condamne & reprenne auec beaucoup plus de sujet que vous ne fistes voftre bien-heureux Apoftre saint Pierre, de ne pouuoir veiller & mediter vne heure de temps tous les iours auec vous.

SECOND POINT.

CONSIDEREZ que quoy que toute bonne œuure difpofe l'ame à s'efleuer en Dieu; à raifon dequoy toute bône œuure peut eftre appellée oraifon, & en ce fens l'ame doit faire oraifon côtinuellement, & fans relafche: Si eft-ce que le faint exercice d'oraifon mentale, & l'interieure application des facultez de l'ame à Dieu & aux choses de Dieu, dont nous parlons icy, a quelque plus speciale & particuliere force de r'allier & reioindre tres estroitement l'ame à Dieu, de luy faire mespriser les choses de la terre, & luy faire estimer celles du Ciel, de la faire déprendre des choses sensuelles, & la porter aux spirituelles, de luy faire fuyr les vaines conuersations, & la porter à la retraite. Bref l'oraison fortifie l'ame, enerue les forces du diable, preserue de beaucoup de cheutes, nourrit la deuotion, a libre accés au Ciel, obtient les graces qu'elle demande, porte à vn grand reglement de vie, & en fin fait deuenir Saint & Ange celuy qui la pratique, quelque depraué qu'il ait esté. Voyez donc, mon tres cher frere, si vous n'auriez pas grand tort de negliger vn si grand tresor que cetuy de l'oraison, qui comprend en soy tant de vrais biés, à comparaison desquels tous les biens de ce monde ne sont que poussiere & fange.

Affections & resolutions.

Hé mon Dieu! puis que la fin de mon estre & de ma vie, & le principal but de tout mon trauail en ce monde, est de me r'allier & me ioindre à vous, & que ie n'ay moyen plus efficace de ce faire que la frequente oraison; comment ay-ie esté si peu aduisé és affaires de mon salut, qu'apres l'auoir autresfois si fidelement & feruemment pratiqué ie la fuye, ou si ie ne la fuy, ie ne la fasse que par couſtume, ou pource qu'il la faut faire. C'eſt bien vne marque tres-euidente & tres-aſſeurée que ie recule arriere au lieu de m'auancer en voſtre amour & ſaint ſeruice. O Dieu de mon ſalut, ne permettez pas que ie gliſſe dauantage ſur le penchant de ce precipice: auancez promptement voſtre bras ſecourable & m'arreſtez, car ie deſire redreſſer mes pas dans le ſentier de la frequente oraiſon à voſtre imitation, & de tous vos bons ſeruiteurs. Ie me propoſe, moyennant voſtre ſainte grace, non ſeulement d'employer tous les iours certain temps pour vacquer à l'oraiſon mentale ſans y manquer, mais meſme de m'eſtudier d'ores en-auant d'auoir le plus continuellement que ie pourray, pendant tout le iour ma pensée, & mon affection attachée à vous, quelque chose que ie die ou fasse, afin par ce moyen d'accomplir vostre tres-salutaire aduis, & celuy de vostre Apostre, sçauoir est de prier toufiours & sans intermission. Mais d'autant que ce don d'oraison depend plus de vous que de moy, qui ne peux sans vous former vne seule bonne pensée; donnez-moy, ô Pere des esprits, cet esprit & don d'oraison; soyez moy comme vn aymant qui attire continuellement à soy mon cœur, que ie vous offre & rend, pour estre ioint indissolublement au vostre tres-aymable, au temps & en l'eternité. Et d'autant que ie ne sçay pas bien de moy-mesme ce que ie dois deman-

de la seconde Partie. 381
der, & comme ie dois prier, faites que voſtre eſprit poſtule en moy pour moy-meſme, & faſſe en moy l'oraiſon auec des gemiſſemens & ſouſpirs inenarrables, comme parle voſtre ſaint Apoſtre.

Troisiesme Point.

Conſiderez que la meilleure oraiſon n'eſt pas touſiours celle que l'on fait auec plus de facilité, & dont on eſt plus content & ſatisfait, ny celle en laquelle on diſcourt plus aiſément ſur le ſujet qu'on a pris, ny celle où l'on ſe ſent plus eſmeu en la partie inferieure auec beaucoup de douceur, de tendreſſes, & de larmes, ny celle où l'on reçoit plus de lumieres, ny celle où l'on ſe voit eſleué en des hautes &

eminentes pensées de Dieu, & des plus grands mysteres de nostre foy, ny celle où l'on se porte par imitation de quelques Saints ou Saintes qui y ont esté attirez de Dieu par voye extraordinaire, ny mesme celle où l'on pourroit auoir des reuelations, visions, rauissemens, extases, ou autres sortes de transports extraordinaires, pour ce qu'auec tout cela il s'en trouue plusieurs qui se trompent, se perdent, & damnent, & qui au bout de plusieurs années qu'ils ont pratiqué l'oraison auec beaucoup de contentement & satisfaction d'eux-mesmes, sont demeurez à sec, & destituez de vertu, aussi vains, aussi superbes, aussi coleres, impatiens, & mal endurans de leurs prochains, qu'ils eſtoient au commancement, & ſur tout plus attachez que iamais à leur propre iugement & volonté. La bonne oraiſon donc eſt celle qui eſt accompagnée de la mortification des paſſions & pratique de vertu, & ſur tout de l'humilité, haine & meſpris de ſoy-meſme, & de l'amour du prochain, & qui tend & butte à tout cela, quoy que quelque fois elle ſe faſſe auec grande difficulté & peu de ſatisfaction. La bonne oraiſon eſt celle en laquelle la volonté eſt plus touchee que l'entendement: & quoy que pendant le temps qu'on y a employé, l'entendement ayt eſté renfermé, & la raiſon n'ait peu faire aucun diſcours ſur ſon ſujet, & meſme l'ame ne ſe ſoit pas ſenty beaucoup esmeuë, si toutesfois apres icelle l'ame se sent plus forte & resoluë pour embrasser la mortification, & pratiquer la vertu, pour souffrir plus patiemment, & pour s'abaisser & s'humilier à bon escient, c'est vne tres-bonne oraison. En fin l'oraison est la meilleure, où Dieu fait plus, & où nous faisons moins ; & celle-là tres-bonne, où il fait tout, & nous ne faisons rien. Car bien souuent, là où nous pensons beaucoup faire par nostre propre effort nous gastons tout ; & alors les reuelations, visions, rauissemens, extases, & transports d'esprit sont bons quand Dieu les opere, & ne faisons que les receuoir auec grande humilité, abaissement, & défiance de nous mesmes, sans les desirer,

ny

nous y complaire & attacher, faisans tousiours plus d'estat de la pratique des vertus que de tous ces accidens extraordinaires, qui de soy ne sont point vertu.

Affections & resolutions.

O mon Seigneur IESVS, qui estes la voye, la verité & la vie, soyez ma lumiere, mon sentier, & ma conduite en l'oraison; car sans vous ie n'y ferois que me fouruoyer & tresbucher. Et ie reconnois plus que iamais que ce saint exercice se doit pratiquer, plus par l'assistance de vostre grace, & selon le trait & mouuement de vostre esprit en moy, que par aucun mien effort ou industrie. Et partant ie me contenteray de faire l'oraison en la maniere que vous l'ordonnerez & permettrez, me resignant dés à present, & pour tousiours, d'y souffrir toutes les difficultez, aueuglemés, secheresses, distractions & impuissances qu'ils vous plaira permettre, sans iamais pour tout cela la quitter ou abandonner. Protestant de ne m'y vouloir porter pour aucune satisfaction ou contentement que i'y pourrois auoir, mais pour me disposer de plus en plus à vous plaire & me perfectionner. Ie n'y pretends ny souhaite rien d'extraordinaire, sçachant que ces choses-là, quoy qu'effets de vostre grace extraordinaire, sont plus à craindre qu'à desirer, me souuenant que les extases & reuelations alloient precipiter vostre diuin Apostre saint Paul, si vous ne luy eussiez enuoyé vne tentation pour l'humilier. Et à la verité il n'y a plus grande extase & rauissement que de se rauir & estranger du vice: il n'y a plus grande vision que de se bien connoistre soy-mesme, ny plus grande reuelation que de sçauoir que Dieu donne sa grace aux humbles, & resiste aux superbes. Bref il n'y a plus eminente oraison que d'appliquer tout ce qu'on medite à se corriger, se desenfler, & s'humilier.

NEVFVIESME MEDITATION.

De la presence de Dieu.

Trois points à considerer.

1. Que Dieu est en toutes choses par puissance, par presence, & par essence.
2. Qu'il ne se passe rien si secret qu'il puisse estre qui ne soit descouuert aux yeux de Dieu.
3. Quel grand bien c'est de cheminer tousiours en la presence de Dieu.

PREMIER POINT.

CONSIDEREZ que comme nostre grand Dieu à raison de l'Immensité de sa nature, est en toutes choses par puissáce, par presence & par essence: par puissance, entant qu'il peust operer en chacune de ses creatures tels effets que bon luy semble, & comme il luy plaist par presence; entant qu'il void toutes ses creatures si particulierement & si continuellemēt qu'aucune ne se peust absenter vn seul moment de sa veuë: Et finalement par essence entant que l'estre crée est inseparable de l'estre incrée, ne pouuant subsister qu'en luy, de sorte que là où est la creature le createur y est aussi, & de telle sorte qu'il luy est plus intimement conioint que tout ce qui est de plus intime en elle. Et partant Dieu n'est pas seulemēt en toutes ses creatures comme vn Roy est en tout son Royaume, pour ce que son pouuoir s'y estend par tout, ny comme on peust dire qu'il est en toute sa sale, pource qu'il y peut voir par tout du hault de son Throsne, mais mesme comme il est dans ce Throsne où sa personne est réellement & actuellement seante.

Affections & résolutions.

Il est vray ô grand Dieu, que les Cieux & la terre sont remplis de vostre gloire, & que vostre infinie grandeur fait que non seulement vous estes au dessus de toutes vos creatures, sans vous en esloigner, mais mesmes au dedans de tous sans vous y renfermer. Si ie monte iusqu'au plus hault des cieux (peux-ie dire auec vostre Prophete Royal) vous y residés, si ie descends iusqu'au plus bas des Enfers, vo⁹ vous y trouuez. Et quád dés le point du iour ie volerois à tire-d'aisle iusqu'aux extremitez de la terre & des mers, là vôtre main me conduira & guidera. Enfin il n'i a si profond desert ny si tenebreux cachot que vous ne penetriez. Et en quelque endroit que ie sois, il m'est impossible d'esuiter vostre presence, car c'est en vous que nous viuons, nous nous mouuons & subsistons au dire de vostre Apostre. Puis donc qu'il est ainsi que mon estre est si necessairement conioint au vostre qu'il ne s'en peut separer vn seul moment, ie ne veux plus permettre que mon miserable cœur se separe du vostre, & puis que ie ne peux viure & subsister qu'en vous, ie ne veux plus viure & subsister que pour vo9. Et puis qu'il est ainsi que vostre diuinité habite continuelement en moy, ie veux soigner continuellement à purifier & sanctifier le lieu de son habitation.

SECOND POINT.

CONSIDEREZ que nostre Dieu tient ses yeux continuellement ouuerts sur toutes ses creatures, mais notamment sur tous les enfans des hommes, & sur tous leurs deportemens, de sorte que rien ne se passe de si secret en eux qui ne lui soit conneu. Les yeux du Seigneur (dit le Sage) sont plus esclairants que le Soleil, descouurâts toutes les voies des hommes, & le profond des abysmes & penetrants les cœurs iusqu'aux plus secretes pensées. Bref toutes choses sont à nud & à descouuert deuant ses yeux, dit son diuin Apostre.

Affections & resolutions.

C'est donc en vain, ô Dieu tout voyant que ie chercheray les tenebres & l'obscurité de la nuit pour cacher mes offences! Car si bien les hommes ne me verrõt pas, si est-ce que vos yeux tout penetrants me d'escouuriront. Car les tenebres de la nuit ne peuuent obscurcir la lueur de vostre diuine face que ie ne peux esuiter. O que si ie pensois & repensois souuét qu'en quelque lieu, en quelque action, ou disposition que ie sois vous me regardés continuellemẽt quelque affection que ie fomente en mon cœur, quelque dessein ou pensee que ie forme en mon ame, vous la considerez, & ie ne lasche pas vne seule parole que vous ne l'escoutiés. Si, dis-ie, ie rentrois souuent dans la veuë

de cette verité ie ne me laisse-
rois pas si facilement emporter
à tant d'immodesties, & legeretez en mes actions, regards &
comportements; ie ne me laisse-
rois pas transporter à tant de ris
immoderez, à tant de mauuais
discours, paroles perdues &
dangereux entretiens. C'est
pourquoy mon Dieu ie prens
resolution de me ramenteuoir
plusieurs fois le iour, que ie suis
tousiours exposé à vostre veuë
& que vous me regardez & considerez attentiuement à l'imitation de tous vos bõs seruiteurs,
qui au rapport de vos saintes
Escritures ont tousiours mar-
ché en vostre veuë & sainte presence tout le cours de leur vie.
Viue le Seigneur (souloit dire
l'vn d'entr'eux) en la presence
duquel ie suis.

Troisiesme Point.

Considerez que de cheminer touſiours en la preſence de Dieu; c'eſt à dire penſer en toutes nos actions & deportemens que Dieu nous eſt preſent, nous void & nous conſidere; c'eſt vn tres-excellent moyen pour nous retirer du mal, & nous porter au bien & à la perfection: ce que ſignifioit noſtre Seigneur, diſant à Abraham, Chemine deuant moy, & ſois parfait; car ſi on ſe retient de faire aucune choſe mal à propos deuant vn Roy, vn Prince, ou quelque grād Seigneur, ains au contraire s'il y a quelque biē à faire en ſa preſence, on s'y porte volontiers. Combien plus l'Ame qui ſe croit & ſe void touſiours en la preſence de cette souueraine Maiesté se retirera-elle plus soigneusement de tout mal, & se portera-elle plus courageusement & constamment au bien, sçachant que comme il n'y a rien qui desagrée dauantage aux yeux de sa diuine Maiesté que le mal & le peché, aussi n'y a-t'il rien qui luy plaise dauantage que le bien & la vertu. De plus considerez que d'agir comme continuellement en la presence de Dieu, c'est vn essay & vn commencement de la Beatitude eternelle, pour laquelle Dieu nous a créez, qui consiste en vne continuelle & eternelle veuë de ceste diuine Maiesté. C'est vne parfaicte imitation des bien-heureux Anges, qui quoy que par obeyssance & charité ils seruent à nos besoins, ne laissent pas tousiours de voir & contempler, comme dit nostre Seigneur, la face de son Pere. Finalement c'est vne grande consolation en toutes sortes de tentations & afflictions exterieures & interieures, que d'auoir tousiours Dieu present & de considerer qu'il est tout proche de nous, qu'il void nostre affliction, & qu'il y compatit. Le Royal Prophete Dauid se seruoit de ce remede ordinaire, I'auois tousiours (dit-il) Dieu present deuant mes yeux, & comme tousiours à ma dextre pour me fortifier. Et ailleurs, Mes yeux (dit-il) sont tousiours esleuez vers Dieu attendant qu'il me deliure du piege que m'ont tendu mes ennemis.

Affections & resolutions.
O Bonté souueraine, ô beau-

té par dessus toute beauté, qu'il m'est doux & agreable de penser souuent à vous ! mais encore bien plus de vous auoir tousiours comme present en ma pensée & dans mon cœur ! O si ie pouuois iamais posseder ce bon-heur que ie ne vous quittasse plus de veuë que fort rarement, & par pure impuissance & fragilité de ma nature ! C'est à quoy ie veux soigner, & m'appliquer à bon escient, moyennant vostre saincte grace, non toutesfois en forçant mon imagination, pour coneeuoir vostre estenduë du profond des abysmes iusqu'à la cime des Cieux, & par toutes les parties de l'Vniuers, & pardelà s'il se pouuoit, mais en m'establissant & affermissant en la foy & creance que vous remplissez tout de vostre

Maiesté, & que vous estes present à toutes vos creatures ; & que par consequent ie n'ay que faire de m'esleuer par dessus les Cieux par imagination, ny de descendre aux abysmes pour vous y trouuer, car vous m'estes tout proche, & ie ne subsiste qu'en vous ; que vous estant lumiere & verité, & habitant en moy, rien de tout ce qui se passe en moy ne vous peut estre caché. Faites moy la grace, ô mon Dieu, ma lumiere, ma vie, & mon salut, que ie chemine desormais tous les iours continuellement en la lumiere de vostre face, pour m'y pouuoir esiouyr eternellement dans le Ciel.

DIXIESME MEDITATION.

De la charité & amour enuers le prochain.

Trois points à considerer.

1. Combien grande est l'obligation d'aimer le prochain.
2. Combien c'est vn grand mal de ne le pas aymer.
3. Combien est dangereux le mauuaie amour du prochain.

Premier Point.

CONSIDEREZ que quand vous ne seriez esclairé que de la seule lumiere naturelle, vous deuez ne point hair vostre prochain, ains l'aymer, d'autant que la nature vous enseigne de ne faire à autruy ce que vous ne voulez vous estre fait, & de luy faire ce que vous desi-rez vous estre fait. Or est-il que naturellement vous ne voulez estre hay, ains desirez estre aymé & bien-voulu: & partant vous vous deuez sentir naturellement obligé de ne point hayr vostre prochain, ains de l'aymer & luy vouloir du bien. Adioustez que la sem-blance naturellement cause l'amour; & par consequent vous estes naturellement obli-gé d'aymer vostre semblable; & que si vous ne faites bon vsage de la lumiere naturelle, vous meritez d'estre frustré de la surnaturelle, par laquelle vous estes bien plus estroite-ment obligé de ne point hayr voſtre prochain, & ne luy vouloir mal, ains de l'aymer comme vous meſme, c'eſt à dire luy vouloir bien comme à vous meſme, tant pour ce qu'il eſt le portrait au naif, & la viue image de Dieu, & crée pour le Ciel comme vous, qu'auſſi pour ce que noſtre Seigneur IESVS-CHRIST l'a racheté de ſon propre ſang; & par conſequent l'a fait ſon frere & ſon coheritier comme vous. Voyez comme vous eſtant Chreſtien, deuez aymer & eſtimer vne perſonne ſi chere à IESVS-CHRIST, & qui luy touche de ſi prés.

Affections & reſolutions.

O Pere de toute lumiere & charité, puis qu'il vous a pleu, outre la lumiere naturelle m'éclairer de la ſurnaturelle, ne permettez, que faute de me bien seruir de la naturelle, ie souffre diminution de la surnaturelle. Ains faites moy la grace, que suiuant l'obligation que naturellement ie me sens auoir d'aymer mes prochains & mes freres, ie les ayme d'affection, comme ie veux qu'ils m'ayment, & que ie ne leur fasse iamais ce que ie ne veux pas qu'ils me fassent, afin que suiuant la lumiere surnaturelle, dont vous m'auez misericordieusement preuenu, ie les ayme d'vn amour plus parfait & plus épuré, comme voſtre ouurage, comme voſtre semblance & representation, comme vos seruiteurs, & mesme comme vos enfans, & les freres de IESVS CHRIST voſtre Fils & ſes membres. Hé! comment sera-il possible, ô bon IESVS, que ie n'ayme desormais ceux que vous aymez & cherissez si fort. Vous peux-ie veritablement aymer, sans aymer ceux que vous aymez. Puis donc, ô mon tres-aymable Sauueur, que ie vous veux aymer tout d'vn autre amour que ie n'ay fait, ie veux aymer pour vostre amour tous ceux que vous auez tant aymé, & que vous aymez encores au moins en qualité de vos creatures, & qui quoy qu'ils ne soient peut estre presentement en grace, sont de vos esleus & destinez pour le Ciel, ie les veux aymer tous sans exception, puis que vous me le commandez, & en la maniere que vous me le commandez, c'est à dire, comme moy-mesme, leur souhaitant

& procurant tout le bien qui me sera possible, & que ie me procurerois à moy-mesme, priant, pleurant, & souffrant volontiers pour eux, comme ie ferois pour moy-mesme, les excusant & supportant comme ie voudrois qu'on me supportast. Bref ie les aimeray d'vne vraye & sincere charité.

SECOND POINT.

CONSIDEREZ que si vous n'aymez vostre frere comme vostre prochain, ains auez quelque auersion & desdain contre luy, si vous auez quelque enuie ou ialousie du bien qui est en luy, ou qu'on estime & dit de luy ; & si pour quelque tort que vous pretendriez auoir receu de luy vous ne le voyez de bon œil, ou seriez bien aife que pour voftre satisfaction il fuft humilié, mef-eftimé, repris ou chaftié; fçachez, dif ie, qu'en ce cas vous n'eftes point en la vraye charité, dont voicy les marques cottées par l'Apoftre aux Corinthiens. *La charité*, dit il, *eft patiente & benigne, n'eft point envieufe, ne fait iamais de mal, ne s'enfle point, n'eft point ambitieufe, ne cherche point fon intereft, mais fouffre tout, efpere tout, & fupporte tout.* Or n'eftant point en charité vous n'eftes point en Dieu, & Dieu n'eft point en vous, dit fon bien-aymé Difciple. Penfez bien à cecy, & ne vous flattez pas à voftre preiudice. Car fi au lieu de refifter à tous les fufdits mouuemens de cholere, d'impatience, d'indignation, de

1. Cor. 13.

mespris & de vengeance qui militent contre la charité, vous vous y laissez entretenir, & faites d'ordinaire quelques actiõs exterieures pour les tesmoigner, vous n'estes point en estat de salut, ains donnez lieu au diable, & vous damnez sans pouuoir receuoir l'absolution du Prestre, & beaucoup moins la sainte Communion qu'à vostre plus grande damnation. Souuenez vous de la redoutable sentence prononcée de la bouche de IESVS-CHRIST, que qui ne pardonnera de bon cœur à son frere, & ne deposera toute sorte de rancune à l'encontre de luy, son Pere celeste ne luy pardonnera point. Et de fait, nous ne luy demandons point qu'il nous remette nos debtes, que comme nous les remettons

mettons à nos prochains & à nos freres, & ainsi vous prononcez tous les iours, & plusieurs fois le iour sentence contre vous mesme, si vous n'aymez d'affection vostre frere & vostre prochain, & ne luy pardonnez de bon cœur, s'il vous a offensé.

Affections & resolutions.

O mõ Dieu, qui estes la vraye charité, que la haine du prochain est incompatible auec vostre amour! Non, il est impossible de toute impossibilité, ô mõ bon IESVS, que ie vous puisse aymer à bon escient, tant que i'auray quelque rancune côtre qui que ce soit: ie ne sçaurois iamais gouster la douceur de vostre paix & saincte dilection, tant qu'il reste dans mon cœur tant soit peu de ce mauuais fiel

& amertume que ie veux desormais abhorrer comme poison, m'estudiant de tenir mon cœur doux & debonnaire à l'endroit de tous les hommes, & plus particulierement de ceux contre qui i'aurois quelque sujet d'auoir de l'aigreur, leur pardonnant de bien bon cœur en mon ame, & m'efforçant autant qu'il me sera possible de ne leur faire paroistre aucun ressentiment en l'exterieur : & si d'auanture il y en a quelqu'vn qui semble auoir la dent sur moy, ou qui d'ordinaire me monstre mauuais visage, & me fasse froid, ie l'excuseray autant qu'il me sera possible, & le supporteray auec patience, prenant garde sur tout que mon cœur n'en conçoiue aucun fiel ou aigreur contre luy, ains se conserue auec douceur & suauité en son endroit, & ce pour vostre amour, ô mon tres-aimable Sauueur, qui auiez tant d'amour, de douceur, & de suauité pour ceux qui vous iniurioient, vous blasphemoient, & vous crucifioient: ie penseray souuent que tel ou tel, contre qui i'aurois quelque iuste sujet, ce semble, d'auoir de l'auersion ou contrarieté, à cause de beaucoup de desordres qu'il pourroit commettre, & que ie ne pourrois pas excuser entierement, quelque iour, & peut estre en bref se conuertira par vostre grace, & vous aimera & seruira mieux que moy, ou que pour le moins il mourra en bon estat, & en vostre amitié, & qu'vn iour luy & moy serons vn mesme cœur,

& vne mesme ame en vous dans vostre Paradis: ce que ie souhaiteray d'affection, & pourquoy ie vous prieray bien souuent, & feray quelque penitence; comme aussi generalement pour la conuersion des ames qui ne sont pas en charité, afin que vous leur touchiez le cœur de vostre grace efficace, & qu'elles vous ayment auec nous, & nous nous entre-aymions tous en vous & pour vous.

Troisiesme Point.

Considerez que pour bien aimer vostre frere ou vostre prochain, il le faut aimer en charité; c'est à dire, en l'amour de Dieu, & pour l'amour de Dieu; car tout autre amour que vous luy pourriez porter pour quelque confideration humaine, ou pour voſtre intereſt, n'eſt point vray charité, comme ſi vous aymiez quelqu'vn, pour ce qu'il a vn bel & agreable exterieur, ou pour ce qu'il a bon eſprit, ou pour ce qu'il a bien eſtudié, ou pour ce qu'il eſt de bon entretien & recreatif, ou pour ce qu'il eſt de bonne maiſon & de riches parents, ou pour ce qu'il vous affectionne & ſe communique à vous, ou pour ce qu'il fait eſtat de vous, ou pour ce que vous luy auez quelque ſympathie, ou pour ce qu'il vous fait ſeruice, ou que vous eſperez quelque choſe de luy. Toutes ces amitiez là ne ſont point vn vray amour de charité: Car quiconque ayme pour quelqu'vne de ces conſiderations là, n'ayme pas pour Dieu, mais pour soy-mesme, & pour sa propre satisfaction. Or de cette fausse, bastarde & trompeuse charité, prouiennent les amitiez particulieres, humaines, & sensuelles, qui sont des pestes dans les Communautez Religieuses, qui ruinent la vraye, solide, & vniuerselle charité. Car au lieu que la vraye charité vnit les cœurs de tous selon l'esprit & la grace pour les porter à Dieu, cette fausse charité attache les cœurs de quelques particuliers les vns aux autres, par les interests du naturel contentement, & les esloigne de Dieu & de son pur amour. Gardez vous donc de ces sortes d'amitiez & familiaritez damnables, qui introduisent les contes, les gaufferies, rifées, & boufonneries, & ruinent auec le temps toute la discipline & bonne obseruance de la Religion.

Affections & resolutions.

O mon tres-aymable Sauueur vniſſez mon amour au voſtre, afin qu'il ayt la meſme eſtenduë, la meſme pureté & ſimplicité que le voſtre; que i'ayme vniuerſellement tous mes freres, euitant les amitiez particulieres; que ie les ayme purement pour vous, laiſſant à part tous mes propres intereſts; que ie les ayme ſimplement ſans autre veuë ny intention que de vous plaire, & vous aymer en les aymant; que ie me garde bien pour complaire à qui que ce ſoit par amour deſordonné de commettre aucun desordre en ce qui est de l'obseruance de mes Regles & Constitutions, comme de rompre le silence, de ne me retirer au temps prescrit, de m'absenter des offices, de m'accoster d'aucun au temps defendu, d'entrer dans la cellule d'aucun, ou permettre l'entrée en la nostre sans licence, & choses semblables. Car à mesme temps que ie ferois ces choses, ie prefererois l'amour des creatures à l'amour que ie vous dois. Pour donc euiter ces desordres qui vous déplaisent; & d'autres qui s'en ensuiuent bien plus grands, ie n'aymeray aucun d'amour desordonné; & si ie sens mon affection esmeuë plus particulierement à l'endroit de quelqu'vn, par quelque naturelle complaisance que i'aye en luy, ie la mortifieray autant que ie pourray, m'excitant & enflammant souuent en voſtre amour, afin de n'aymer rien que pour vous, & d'aymer tout pour vous & en voſtre amour.

TROISIESME PARTIE.

Contenant les Meditations propres pour esleuer l'ame à la parfaite vnion d'amour auec Dieu.

Premiere Meditation.
De l'amour que nous deuons porter à Dieu.

Trois points à considerer.

1. De l'obligation que vous auez d'aymer Dieu.
2. Du progrez que vous deuez faire en cet amour.
3. Des effets & fruits du vray & pur amour de Dieu.

PREMIER POINT.

ONSIDEREZ combien grandes sont les obligations que vous

auez d'aimer Dieu: Premierement, pour les biens infinis, excellences, & perfections qui sont en luy, qui vous le rendent infiniment & souuerainement aimable, comme sont l'independance & souueraineté de son estre, son infinité, immensité, eternité, simplicité, son eminence, sa puissance infinie, son incomprehensible sapience, & sur tout son incomparable beauté, & son excessiue bonté. Secondement, pour les biens signalez que vous auez receus de luy, soit en l'ordre de la nature, soit en l'ordre de la grace, sans ceux que vous esperez en l'ordre de la gloire. Que si les moindres de ces bien-faits ont esté capables de rauir beaucoup d'ames en l'amour de ce tres liberal bien-facteur, combien la vostre se doit-elle sentir touché d'amour pour vn si grand nombre de si grands & inestimables bien-faits. Tiercement, pource qu'il est vostre derniere & souueraine fin, pour laquelle seule vous auez esté creé, & à laquelle par consequent vous deuez continuellement aspirer: ce qui ne se peut que par le cõtinuel & souuerain amour de cette souueraine bonté. En quatriesme lieu, pource qu'il vous ayme d'vn amour incomparable, & que l'amour veut estre reconneu & reciproqué par l'amour. Finalement, pour ce qu'il le desire & le veut; & ce pour vostre auantage, & non pour le sien, & à cette fin il a voulu que le premier & principal de tous ses commandemens fust celuy de son amour, sçauoir est que vous l'aimiez de tout vostre cœur, de toute vostre ame, & de toutes vos forces. Grande & excessiue bonté de Dieu en vostre endroit, qu'il desire si ardemment, & veüille si expressément estré aymé de vous, veu que tout le profit & auantage de cet amour vous en reuient. Car estant le propre de l'amour de transporter & transformer l'aymant en la chose aymée, d'autant plus que la chose aymée est plus releuée, noble, & excellente que l'aymant, d'autant plus elle l'esleue, l'annoblit, & le rend meilleur. Voyez ie vous prie, à quel degré d'excelléce de noblesse, & de perfection Dieu vous appelle, quand il vous commande de l'aymer.

Affections & resolutions.

O mō Dieu! puis qu'il est ainsi que la beauté & la bonté sont les deux plus attrayans obiets, & les deux plus puissans motifs de l'amour qui puisse estre, il faut que ie sois bien insensible & bien endurcy de cœur, si vous reconnoissant souverainement, beau & bon, voire la mesme souveraine beauté & bonté, & d'où procede toute autre beauté & bonté, ie ne vous aymois de tout mon cœur & de toute mon ame, comme vous le desirez, & me le commandez. Helas, mon tres aymable Seigneur! falloit-il qu'outre tant de si grands sujets que vous me donnez de vous aymer, vous m'en donnassiez de plus vn commandement pour m'y obliger dauantage? Hé pour quel sujet desirez vous tant estre aymé de moy qui ne suis qu'vn ver de terre, & vn grain de poussiere deuant vostre Majesté, & qui ne peux par tout l'effort d'amour que ie pourrois faire, adiouster vn seul point à vostre grandeur, ny à vostre contentement & gloire. Ie voy bien que c'est pour mon seul interest & non pour le vostre, que vous voulez que ie vous ayme, c'est pour m'esleuer à vous, m'vnir, m'extasier, & transformer en vous, & faire que ie ne sois plus qu'vne mesme chose, & vn mesme esprit auec vous. O excés de bonté & d'amour! & qui n'appartient qu'à vostre infinie bonté & souuerain amour. Ie vous aymeray donc, ô mon tres aymable & tres-desirable espoux! Ie vous aymeray de tout mon cœur, & de toutes mes forces, mais d'vn amour feruent, mais d'vn amour fort, d'vn amour fidele, & d'vn amour constant pour tout le reste de ma vie; voire ie veux que cet amour doresenauant soit la vie de mon cœur, & le soustien de ma vie, & plustost mourir mille fois que de ne vous aymer, de sorte que desormais tout le contentement de mon ame ne soit que de me complaire en tout ce que vous estes, en tout ce qui vous plaist, & en tout ce qui est de vostre seruice & de vostre gloire.

SECOND POINT.

CONSIDEREZ que noſtre bon Dieu vous commandant de l'aymer de tout voſtre cœur, de toutes vos forces, & de toute voſtre ame; c'eſt à dire, d'vn amour tres-pur & tres-parfait, veut & entend que voſtre principal ſoin & trauail, ſoit de vous auancer & perfectionner de iour en iour en ſon amour, en ſorte que de temps en temps l'amour que vous luy portez ſoit plus intime & cordial, ſoit plus ferme & plus conſtant; bref, ſoit plus pur & dénué de tout propre intereſt, & par conſequent plus vnitif & transformatif en luy. Or le moyen principal & ſouuerain pour faire ce progrés en l'amour de Dieu, eſt de trauailler sans cesse à eneruer, affoiblir, destruire, & ruiner de fond en comble l'amour propre, qui n'est autre que l'amour desordonné de vousmesme, qui vous porte en toutes choses, voire mesmes és plus saintes, au vain plaisir, & à la satisfaction de la nature, soit selon les sens, soit selon l'esprit, ennemy iuré qu'il est de toute pure souffrance & vraye humiliation. Soyez donc asseuré, que quelque ferueur & sentiment d'amour de Dieu que vous ayez, vous n'y profiterez point, & ne paruiendrez iamais au solide & pur amour de Dieu, qu'autant que vous vous estudierez & forcerez de destruire & aneantir l'amour de vous mesme, qui porte tousiours aux interests de la nature, & qui mesme dans les pratiques ou exercices d'oraison & deuotion, vous peut seduire & tromper, si vous ne le veilliez soigneusement: Car c'est luy qui faict que dans les ioyes spirituelles & consolations sensibles, vostre nature tousiours auide & gourmande du plaisir, s'y attache & s'en repaist au lieu de s'en seruir, pour s'encourager & fortifier en la pratique du sainct vouloir de Dieu, & en son pur amour. C'est le mesme qui faict que si vous auez quelque ouuerture & facilité aux eleuations & contemplations, vous vous y entretenez bien plus volontiers qu'à la mortification & pratique de vertu, où nostre nature qui fuit la peine ne veut pas mordre, qui fait que vous demeurez tousiours immortifié & sensible à tous vos interests, & par consequent peu susceptible du pur amour de Dieu.

Affections & resolutions.

O mon tres-aymable Seigneur, que mon propre amour m'esloigne du vostre! Hé qu'il me cause de maux & de malheurs! Non, ie ne croy pas qu'il y ait magicien qui charme les hommes comme il charme mon cœur, ny diable d'enfer qui me puisse nuire comme il fait: car sans luy les malins esprits n'auroient iamais prise sur moy. N'estoit cét amour, ie serois humble comme vn enfant: mais parce que ce mauuais amour me faict auoir bonne estime de moy-mesme, & rechercher ma gloire, si tost qu'on me touche en l'honneur ie me ressens, m'impatiente, & me colere : sans luy i'obeyrois comme vn agneau ; mais d'autant que par amour propre i'adore mon propre sens, & adhere à ma volonté, i'ay peine à faire ce qu'on me commande; sons luy ie serois charitable, & officieux à tous : mais parce que ie m'ayme trop, ie ne veux rien faire que pour moy : sans luy les ieusnes, les veilles, l'office diuin, le viure austere & autres exercices de mon institut me seroient des delices : mais d'autant que i'ayme trop ma santé & le contentement de ma sensualité, ie suis froid & lasche à tous ces exercices : Bref sans luy i'aurois acquis beaucoup de vertus, dont ie

de la Troisiesme Partie. 431
me trouue desnué, pour n'auoir voulu souffrir vn peu de peine à les pratiquer. Pour donc me deliurer de l'esclauage & tyrannie de ce pernicieux amour, ie luy iureray guerre irreconciliable, & m'esforceray de le bannir de toutes les puissances & facultez de mon ame, de tous mes sens, & de toute ma nature : & par ce moyen i'espere de vous pouuoir aymer de tout mon cœur, & de toute mon ame, & de toutes mes forces. Mais comme ie ne peux aspirer ny arriuer à ce parfaict & pur amour, sans combattre & terrasser mon amour propre, aussi ne puis-ie le destruire & ruiner sans vostre amour, qui est le seul plus vaillant qui peut vaincre & terrasser ce fort armé qui

s'est emparé de mon cœur & de toute ma nature. Mais d'autant que ie ne puis pas me donner ce sainct amour par mes propres forces, donnez moy, ô tres-aymable aymant de l'amour, pour vous aymer comme vous voulez, que ie vous ayme de tout mon cœur, de toute mon ame, & de toutes mes forces, & ce auec vne soif & alteration brulante de vous aymer d'auantage; c'est à dire, plus ardemment, plus fortement, & plus purement. Que toutes mes pensees, mes affections, mes actions, & mes souffrances, voire tous les momens de ma vie soient effets de vostre amour. O sacrez Anges! ô bien-heureux saincts! prestez moy vos cœurs & vos forces, afin que i'ayme d'vn

plus

de la Troisiesme Partie. 433
plus grand amour celuy que ie ne peux assez aymer. Mais, ô mõ bon Seigneur! que diray je plus pour assouuir le desir que i'ay de vous aimer si ardemment, sinon que prenant mon cœur, que ie vous abandonne, vous me donniez le vostre, & prenant tout ce que ie suis, vous me donniez tout ce que vous estes, à ce qu'estant fait vne mesme chose auec vous; ie vous ayme en quelque façon du mesme amour dont vous vous aimez dés maintenant, & pour iamais.

TROISIESME POINT

Considerez que les vrays effets & legitimes fruits de l'amour de l'ame enuers Dieu, ne sont pas les seules veuës & sentimens des cho-

Premiere Meditation

ses de Dieu, ny les seuls desirs & souspirs qu'elle peut esprouuer en l'oraison, s'imaginant estre grande deuant Dieu, pour ce qu'elle a de grands sentimens & mouuemens de Dieu sans autre amendement. Mais le principal effet, & plus solide fruit de cet amour, & qui en est par consequent la plus asseurée marque, est le fidele & ponctuel accomplissement de son saint vouloir en toutes choses. De sorte que si vous l'accomplissez parfaitement, vous l'aymez parfaitement; si imparfaitement, vous l'aymez imparfaitement. *Si quelqu'vn m'ayme*, dit nostre Seigneur, *il gardera ma parole*, soit de commandement, soit de conseil, soit d'inspiration; où vous remarquerez que cette fidele pratique du saint vouloir & desir de nostre Seigneur, n'est pas seulement effet de l'amour, mais est tout ensemble cause de son progrés & auancement. Or outre ce premier & principal effet de l'amour de Dieu, il y en a bien d'autres. Car si vous aymez Dieu, vous serez reciproquement aymé de luy *I'ayme*, dit-il, *ceux qui m'ayment*: vous viurez sous les aisles de sa protection particuliere, estant escrit, *Le Seigneur garde tous ceux qui l'ayment*: vous serez l'habitation & demeure de nostre Seigneur; *Si quelqu'vn m'ayme* (dit-il) *mon pere l'aymera, & nous viendrons à luy, & demeurerons en luy*: vous aurez pardon vniuersel de vos pechez; car parlant de la bien-reuse Magdelaine, *Beaucoup de pechez* (dit-il) *luy font remis, pour ce qu'elle a beaucoup aymé:* vous efprouuerez en vous vne entiere & cordiale confiance en Dieu, fans plus de crainte qui vous puiffe troubler ou inquieter; car le parfait amour chaffe la crainte dehors, dit le bien-aymé Difciple: bref, fi vous aymez Dieu, toutes chofes vous fuccederont heureufement, & rien ne vous arriuera qui ne tourne à voftre aduantage; car à ceux qui aiment Dieu toutes chofes tournent à bien, dit ce diuin Apoftre qui bruloit d'amour. Ie laiffe à part les vnions, extafes, & transformations; douces langueurs, facrées navreures, & liquefactions des ames qui font extraordinairement poffedées de ce diuin amour.

Affections & resolutions.

Quand sera-ce, ô mon tres-aymable Iesus ! que vous serez tout l'amour de mon ame, en sorte que ie n'ayme plus rien que vous, ou en vous, & pour vous ; & qu'en aymant ie ne chercheray rien que de vous plaire & agreer, que tout mon contentement, mon bon-heur, & ma gloire soit que vous soiés ce que vous estes content de vous-mesmes, bien-heureux en vous mesmes, & glorifié en toutes vos creatures : & que comme vous m'aymez d'vn amour tres-pur, sans aucun vostre interest, ie vous ayme d'vn pareil amour sans aucun mien interest de contentemét, de ioye, consolation, ou autre telle satisfaction de ma nature

Ô fort aymant, tirez misericordieusement mon cœur à ce tres pur amour de voſtre infinie bonté : car ie ne m'y peux eſleuer ſi vous ne m'y attirez. Creez en mon cœur le ſincere & veritable amour que vous voulez que ie vous porte, amour non ſeulement affectif, mais effectif, qui me faſſe non ſeulement aſpirer à vous, & ſouſpirer apres vous, mais qui me faſſe operer en vous & pour vous, qui me faſſe humilier à bon eſcient, ſouffrir patiemment, ſupporter toutes choſes charitablement pour vous, & qui conforme efficacement ma volonté à la voſtre, non ſeulement en tout ce qui arriue par l'ordre de voſtre ſainte prouidence, mais auſſi en tout ce qui eſt de vos commandemens, & vos saints conseils & secrettes inspirations: Faites que cette sacrée flamme de vostre diuin amour, arde tellement en mon cœur, qu'elle y consomme tout autre amour, voire qu'elle consomme mon cœur mesme, en sorte que vostre tres-aymant & tres-aymable cœur, ô mon bon Iesus, viue plus en moy que le mien mesme.

DEVXIESME MEDITATION.

De la parfaite conformité de l'ame à tous les saints vouloirs de Dieu.

Trois points à considerer.

1. *Touchant la conformité à la volonté de Dieu signifiée.*
2. *Touchant la conformité à la volonté du bon plaisir de Dieu.*
3. *Touchant l'exemple que nostre Seigneur nous a donné d'accomplir le saint vouloir de Dieu en toutes choses.*

PREMIER POINT.

CONSIDEREZ que vous ne pouuez rendre à Dieu vn plus fidele & plus agreable tesmoignage du vray & sincere amour que

T v

vous luy portez, qu'en vous conformant entieremment à sa tressainte volonté, soit à celle qui s'appelle volonté de signe, qui nous est signifiée, tant par ses manifestes commandemens & conseils, que par ses secrettes inspirations, soit à celle qui s'appelle volonté de bon plaisir qui nous est declarée és effets ou evenemens de sa sainte providence en nostre endroit, que nous ne pouuons éuiter, quelques fascheux & penibles qu'ils puissent estre. Et quant à la premiere sorte de volonté, il est impossible de vous complaire à bon escient en la volonté de Dieu, que vous ne vous efforciez de luy plaire en accomplissant cette sainte volonté, qui n'est autre chose au fond que sa mesme bonté. Car qui a il en tous ses saints commandemens, conseils, ou inspirations, qui ne soit pour nostre plus grand bien & perfection? Et qu'y a-il de plus parfait, de plus iuste, & equitable, que ce divin vouloir en toutes ses ordonnances, intentions & desirs? C'est ce qui a fait dire au Prophete Royal, que les ordonnances de Dieu sont plus veritables, plus iustes, & plus pretieuses & desirables que l'or ny le topaze, & plus sauoureuses que le miel. Ce qui s'entend au regard des ames qui ayment Dieu: & pour cela plusieurs Saints & Saintes portoient sur leur poitrine le saint Euangile en escrit, qui comprend les Saints commandemens & conseils de nostre Sauueur, comme vn epitheme d'amour & dilection envers le bien aymé de leur cœur. *Si quelqu'un m'ayme*, disoit nostre Seigneur en ce saint Euangile, *il gardera ma parole* : or garder la parole de nostre Seigneur, soit exterieure, soit interieure, n'est autre chose que se conformer entierement à cette sainte volonté dont nous parlons.

Affections & resolutions.

O Dieu de souueraine bonté, puis que c'est le propre de vostre sainct amour, de transformer & conformer à vous ceux qui vous ayment, & que ie desire & me propose de vous aymer par dessus toute chose, transformez moy en vn nouuel homme, qui ne se plaise qu'en tous vos saints vouloirs, & conformez ma volonté totalement à la vostre, afin que ie n'aye desormais autre intention ny dessein que le vostre, ny autre vouloir & bon plaisir que le vostre en tout & par tout. Et pource que ie reconnois que cette vostre sainte volonté est souuerainement parfaite, droite, iuste & equitable, ie desire de tout mon cœur qu'elle soit la regle & la loy souueraine de toutes choses, & qu'elle soit suiuie, seruie, & obeye par toutes les autres volontez, mais specialement par la mienne, iettant & abandonnant entre ses mains toutes mes affections, afin qu'elles soient par icelle pliées & maniées à son gré, moulées & formées selon son bon plaisir. Et puis que cette vostre volonté de signe ou volonté signifiée, est que ie croye fermement les veritez que vous me proposez, que i'espere les biens que vous me promettez, que ie redoute les peines dont vous menassez, que i'ayme ce que vous aymez, ie haïsse ce que vous haïssez : mais sur tout que i'accomplisse entierement tout ce que vous me commandez, & adhere fidellement à tout ce que vous me conseillez & inspirez : ie me resous moyennant vostre grace, de me conformer en tout cela le plus qu'il me sera possible à vostre tres-saincte volonté, & de combattre, ruiner, & destruire à cet effet autant que ie pourray le royaume de ma superbe & propre volonté, qui resiste si souuent & si fortement à la vostre.

Second Point.

CONSIDEREZ que de toutes les choses qui ne sont point en nostre pouuoir & disposition, rien n'en arriue, soit en vous, soit hors de vous, sans le saint vouloir & bon plaisir de Dieu, qui les ordonne ou les permet tout pour sa gloire & vostre bien ; que toutes les dispositions de son immuable prouidence, doiuent estre non seulement admirées, honnorées, & adorées de vous, mais mesme embrassées & caressées, quoy que contraires à vostre nature & propre volonté, sçachant tres bien qu'elles procedent de cette diuine volonté tousiours tres saincte, tres iuste & raisonnable, & toute d'amour pour vous. Ne

Deuxiesme Meditation
vous arrestez donc plus desormais aux causes secondes & particulieres de vos afflictions comme à celuy-cy, ou à celuy-là qui auroit dit ou fait quelque chose contre vostre bien, vostre honneur & reputation; mais regardez tousiours plus loin, & releuez vostre veuë au dessus de tout cela vers la premiere source de ce qui vous peut arriuer, qui est la sainte volonté & bon plaisir de Dieu, qui veut & permet, que tel ou tel vous afflige & persecute pour vous chastier ou esprouuer; & dites en toutes ces fascheuses rencontres comme disoit le pauure Empereur Maurice en son affliction: *Iustus es Domine, & rectum iudicium tuũ.* Vous estes iuste, Seigneur, & vostre iugement est equitable:

& soyez bien-aise & tres content, de voir le saint vouloir & bon plaisir de Dieu entierement accomply & executé en vous qui estes sa tres-humble & tres obligée creature.

Affections & resolutions.

O que de biens & de graces vostre cœur charitable, mon bon Seigneur, prepare pour le mien, s'il est bien preparé à receuoir indifferemment de vostre main tout ce qu'il vous plaira luy enuoyer. O qu'heureux ie serois, si ie pouuois veritablement dire auec vostre Prophete, *Paratum cor meum Deus, paratum cor meum*: Mon cœur est preparé, Seigneur, mon cœur est preparé : car en cette totale conformité & resignation de mon cœur, à tous vos saincts vouloirs, consiste mon souuerain bon-heur, la solide paix & continuelle ioye de mon ame, de laquelle ioye vous parliez à vos Apostres quand vous leur disiez qu'en se conformant à vostre bon plaisir parmy leurs tribulations, leur ioye seroit pleine, & que personne ne leur pourroit oster. Heureuse donc, & tres-heureuse sera mon ame, quand par vostre sainte grace elle aura acquis cette parfaite conformité à vostre saint vouloir: les afflictions & douleurs, les mépris & confusions, les infirmitez & maladies, les ariditez & derelictions interieures me seront bien plus supportables: ie ne m'inquieteray plus tant de mes imperfections, ny pour me voir esloigné des graces particulieres & fpecialles qu'il vous plaift conferer à beaucoup d'autres perfonnes qui les meritent mieux que moy: ains me contentant des mifericordes que vous m'auez faict iufques à prefent, qui furpaffent infiniement tous mes merites, i'acquiefceray en cela, comme en tout le refte, à voftre tres-fainĉte volonté, & m'y refigneray auec contentement, fans toutesfois abandonner l'efperance de mieux.

TROISIESME POINT.

CONSIDEREZ qu'il n'y a rien qui vous doiue eftre plus fouhaitable & plus agreable en ce monde, que l'entier accompliffement du faint vouloir de Dieu en vous, que toute voftre vie ne doit estre qu'vne continuelle execution de ce saint vouloir, à l'imitation de vostre bien-aymé JESVS, qui disoit, qu'il n'estoit venu que pour faire la volonté de son Pere qui l'auoit enuoyé; & que sa viande, son boire & son manger, estoit de faire la volonté de son Pere; qu'il ne faisoit rien qu'il ne veit estre dans le dessein de son Pere; & qu'il operoit toutes choses selon le bon plaisir de son Pere; bref qu'il ne faisoit autre chose en tout le cours de sa tres-saincte vie & en sa mort, que d'accomplir l'œuure que son Pere luy auoit mis en main, ainsi & en la maniere qu'il desiroit. Or vous ne pouuez douter que Dieu vous ayant par l'ordre de sa saincte prouidence soufmis, & tout le cours des années qui vous restent de vostre vie, à la volonté absoluë de vos Superieurs, tout ce qui vous arriue de là ne soit du dessein eternel que Dieu a sur vous ; & partant que vous y conformant, vous ne vous conformiez à la volonté de vostre Pere celeste, qui vous veut conduire par ce sentier-là, & non par vn autre : ce qui vous doit donner grand repos, ioye, & contentement en toutes sortes d'obediences qui vous pourroient estre faictes, & en tous accidens qui vous en pourroient arriuer.

Affections & resolutions.

O mon souuerain Seigneur, quand sera-ce que vous serez à bon escient le Dieu de mon cœur, & le maistre absolu de toutes mes volontez, & que ie pourray dire de cœur, & en verité auec celuy que vous trouuastes selon vostre cœur. O Seigneur, qui a-il au Ciel pour moy, ou que veux-ie en terre sinon vous ? Quand sera-ce, ô mon tres aymable IESVS, qu'en la parfaite vnion de mon cœur au vostre, tres-parfaitement vny & conformé à la tres-saincte volonté de vostre Pere, ie ne voudray, ie ne desireray, ny designeray rien que tout ce que vous voudrez & desirerez de moy ou pour moy. Donnez-moy la grace de m'estudier desormais si soigneusement à cette saincte conformité de tous mes vouloirs aux vostres, comme i'en prends dés à present vne tres-ferme resolution, que non seulement ie me

trouue au bout du temps tellement resigné à vostre sainct
vouloir, que ie reçoiue auec
patience doucement & agrea-
blement toutes les peines & afflictions qu'il vous plaira m'enuoyer, mais mesme que ie me
sente tellement indifferent à
tout ce qui est hors de vous,
qu'en la veuë de vostre sainct
vouloir les douleurs me soient
aussi agreables que les dou-
ceurs, les aduersitez que les
prosperitez, les peines mesmes
interieures de mon ame, ses
ariditez, impuissances & derelictions autant que ses consol-
lations, ferueurs, facilitez &
assistances perceptibles de graces. Que d'ores-en-auant en
tout ce que i'auray à faire &
souffrir, soit exterieurement,
soit interieurement, ie n'y voye

qu'vne seule chose, sçauoir est voſtre tres-ſainct vouloir, & que ceſte veuë me ſoit ſi preſente & preſſante, qu'elle m'oſte toute autre veuë des ſuiets particuliers, où l'obeiſſance & l'ordre de voſtre ſaincte prouidence m'occupera.

TROISIESME

TROISIESME MEDITATION.

De l'amour & deuotion enuers la tres-sacrée Vierge Mere de Dieu.

Trois points à considerer.

1. Comme nous la deuons aymer & reuerer pour ses excellences & prerogatiues, & notamment pour sa pureté plus qu' Angelique.

2. Comme nous la deuons aymer & venerer pour ses vertus tres-eminentes, & notamment pour son incomparable humilité.

3. Comme nous la deuons aymer & reuerer pour la tres adorable qualité de Mere de Dieu.

PREMIER POINT.

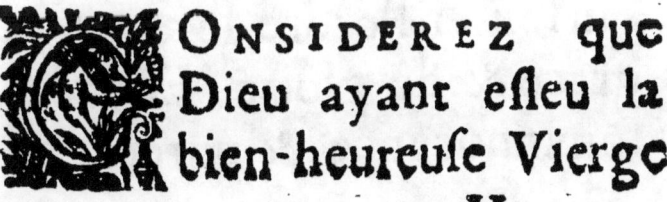

CONSIDEREZ que Dieu ayant esleu la bien-heureuse Vierge

dés l'eternité, d'vne election tres-particuliere auant toute autre pure creature, comme celle qui deuoit estre sa Mere, il l'a l'aymée d'vne dilection tres-particuliere, & l'a dés l'instant qu'elle fut conceuë tellement comblée de graces & de perfections, & du depuis, notamment lors qu'elle conceut en ses sacrées entrailles le Fils de Dieu, tellement auantagée, que toute la perfection qui se retrouue aux Anges & aux Saints, n'égale point la sienne. Et par consequent nous pouuons dire que cette glorieuse Vierge & Mere de Dieu est la plus belle, la plus pure, la plus excellente & parfaite creature qui soit en l'ordre de nature, de grace & de gloire. Et quant à son innocence & pureté, elle est telle, que non seulement elle n'a iamais esté le moins du monde entachée d'aucun peché, ayant esté preseruée du peché originel en sa tres-immaculée conception, & de l'actuel en tout le cours de sa vie, mais mesme qu'elle n'a commis aucune imperfection ou defaut qui peust tant soit peu ternir le lustre de sa beauté & pureté interieure : de sorte qu'elle n'a iamais proferé vne parole inutile, iamais formé vne pésée oyseuse, iamais souffert vn mouuement de passion qui preuint tant soit peu la raison, iamais fait vn acte indeliberé, tant elle veilloit continuellement sur son cœur, & se rendoit assiduëment attentiue au bon plaisir de Dieu en toutes choses.

Affections & resolutions.

Si ma charité estoit bien ordonnée, & mon amour bien conforme à celuy de Dieu, i'aymerois tout ce qu'il ayme, & en la maniere qu'il l'ayme. Sçachant donc qu'il vous ayme, ô tres-sainte & sacrée Vierge, d'vn plus grand amour qu'il n'ayme toutes ses creatures ensemble, ie banderois toutes mes forces à vous aymer sur toutes creatures, voire plus que tous les bien-heureux ensemble. Et c'est bien ce que ie desire faire desormais, sçauoir est de vous aymer du plus grand & cordial amour qui me sera possible. Car comment vous pourrois-ie aymer petitement, vous qui estes aymée de Dieu si desmesurément; vous qui

de la Troisiesme Partie. 461
surpassez en dignité, graces, &
perfections, apres vostre Fils,
tout ce qui est au Ciel & en
terre; vous qui estes si eminente, que Dieu ne void rien au
dessous de luy plus esleué que
vous, vous qui en qualité de
Mere luy estes si iointe, qu'il
ne pouuoit vous ioindre plus à
soy, s'il n'eust voulu auec sa
toute-puissance, & vne autre
prouidence vous faire Dieu
par vnion personnelle de vostre humanité à sa personne.
Certes vostre dignité, vostre
beauté, bonté, & perfection est
telle, que quand bien i'aurois
la force de tous les chœurs des
iustes ramassée en mon cœur,
encores ne vous aimerois-ie iamais autant que vous le meritez, & que ie le desire. Mais
puis que ie ne vous peux ay-

V iij

mer, ô sacrée Vierge, toute belle, & toute immaculée, autant que vous le meritez, au moins vous rendray-ie le tesmoignage d'amour que vous desirez de moy, qui est d'imiter vostre innocence & pureté autant qu'il me sera possible. Car c'est ce que vous exigez le plus expressément de tous ceux qui vous desirent plus particulierement aymer, seruir & honnorer. Pour donc vous complaire & agreer, & pour honnorer la pureté de vostre cœur tres-amoureux de toutes les ames pures, ie m'estudieray plus que iamais à acquerir vne grande pureté de cœur, en abhorrant non seulement tout vice, mais mesme les moindres apparences du vice, & mesme en la seule affection & pensée. Et pour ce qu'il n'y a meilleur moyen pour acquerir & conseruer cette pureté que celuy que vous auez pratiqué, qui est cette continuelle veille de la raison, assistée de la grace sur soy-mesme, & l'attention continuelle du cœur au bon plaisir de Dieu; ie me resous, à vostre exemple, de tenir tousiours ma raison veillante & presente à tout ce que i'auray à dire ou à faire. Ie tiendray tousiours l'œil de mon ame ouuert & tourné vers luy pour ne me pas laisser surprendre d'aucun desordre, soit en mes pensees, soit en mes affections, soit en mes paroles, soit en mes actions.

Second Point.

Considerez que les graces & vertus d'ordinaire estant

proportionnées à l'estat & condition d'vn chacun, & la sacrée Vierge ayant esté appellée de Dieu à l'estat & condition la plus eminente & releuée que puisse auoir vne pure creature, il a fallu par consequent que les graces & vertus qui luy ont esté diuinement infuses dés l'instant de sa conception, luy ayent esté communiquées en plus grande eminence & perfection, que les Anges mesmes ne les ont dans le Ciel: d'autant qu'vne vertu ne peut estre en sa perfection sans l'adionction des autres vertus. De là vient qu'en la Vierge il s'est rencontré vn admirable concert, & comme vne diuine harmonie de toutes les vertus en degré tres-eminent, d'vne tres-profonde humilité, d'vne patience admirable, d'vne douceur & debonnaireté incomparable, & d'vne tres-ardente charité, tant enuers Dieu qu'elle aymoit d'vn amour plus parfait que celuy des Seraphins, qu'enuers le prochain qu'elle aymoit à proportion de l'amour qu'elle portoit à Dieu, dont elle estoit continuellement rauie. Mais sur tout son Humilité estoit singuliere & admirable, puis que ç'a esté en la consideration de son humilité que Dieu l'a choisie pour Mere, & l'a exaltée par dessus tous les esprits celestes, & luy a donné le premier lieu en son Royaume.

Affections & resolutions.

Il est bien vray, & vous le sçauez, ô Mere de grace, & Royne des Vertus, que ie desire de tout mon cœur vous aymer & honnorer, vous reconnoissant plus aymable & honnorable qu'aucune pure creature qui soit au Ciel & en terre. Mais ie crains que vous, qui surpassez tous les Saints en humilité, & qui n'estes pas moins humble dans le Ciel que vous estiez dans l'estable de Bethleem, & au pied de la Croix sur le Caluaire, ne fassiez pas grand estat de la deuotion que ie vous desire porter, me voyant non seulement bien esloigné de vostre humilité, mais mesme encore tout bouffi d'orgueil & de vanité. Car ie sçay bien que ie ne seray bon deuant Dieu & deuant vous, qu'autant que ie seray humble & petit deuant mes yeux. C'est pourquoy ie me resous pour vous rendre ma deuotion agreable de me desenfler à bon escient, & me faire quitte de la bonne estime que i'ay eu de moy-mesme iusques à present, & de tenir desormais le poing tousiours leué pour rabattre les cornes de mon orgueil. Ie veilleray & trauailleray desormais à reprimer & supprimer l'amour de ma propre excellence, & le desir de mon honneur & gloire. Ie veilleray soigneusement sur moy, pour descouurir & guerroyer les plus secrettes recherches de ma nature & amour propre, les vaines aises & nomplaisances, les images de bonne estime, les sentimens de propre suffisance, les desirs de plaire, les craintes de faillir, pour n'encourir mespris, & autres semblables malices de superbe, qui d'ordinaire accompagnent & suiuent mes paroles & actions, & qui bien souuent en desrobent toute la grace & le merite. Hé miserable que ie suis, qui me deliurera de tant de lacets & de pieges? l'humilité & le mespris de moy-mesme. Obtenez moy, ô tres-humble Vierge, cette grace de vostre Fils le Roy des humbles, pour luy estre agreable & à vous aussi.

TROISIESME POINT.

CONSIDEREZ que quoy que tout ce qu'il y a de beau & d'excellent apres Dieu

& l'humanité de son Fils en Paradis, luise, esclate, & se voye en la glorieuse & sacrée Vierge, si est-ce que tout cela ne la rend pas si illustre & si digne d'amour & de respect, que la dignité & tiltre de Mere de Dieu. Car si bien en cette qualité de Mere elle n'est pas Dieu, comme est Jesvs-Christ en qualité de Fils, par l'vnion de son humanité a la diuinité en la personne du Verbe; si est-ce que pour auoir donné son tres-pur sang & sa substance, dont le corps de son Fils a esté miraculeusement formé, elle a si grand part, & a tellement contribué à l'Incarnation & humanisation de Dieu, que nous pouuons dire, que quoy qu'elle ne soit pas Dieu, si est-ce que sa substance, & son sang qu'elle luy a donné, & dont il est reuestu, sera eternellement substance de Dieu. Et quoy qu'absolument elle soit inferieure à son Fils, estant sa creature, racheptée de son sang, & sauuée par sa grace, si est-ce qu'en qualité de sa Mere elle a eu droit de superiorité sur luy, & luy relation de dependance à son esgard en la qualité de son Fils.

Affections & resolutions.

O qualité de Mere de Dieu adorable, ô dignité admirable, ô eminence de grandeur incomparable : que les Anges, & les hommes, & toute la nature s'estonne de voir vne creature auoir authorité sur Dieu. Car comme de ce que

Dieu s'est sousmis à vne femme, c'est vne humilité qui n'a rien de semblable ; aussi qu'vne femme ait eu superiorité sur Dieu, c'est vne sublimité qui n'a rien d'esgal, dit vostre deuot seruiteur saint Bernard. Ie ne m'estonne pas, ô tres-sainte Vierge, si l'Ange preuoyant cette adorable qualité, vous salua pleine de grace, assistée de Dieu, & beniste entre toutes les femmes, & si vostre B. H. cousine Elizabeth reconnoissant cette admirable qualité, toute transportée d'estonnement, s'escria ; Hé ! d'où me vient vn si grand bonheur, que la Mere de mon Seigneur vienne vers moy. Hé ! qui ne dira vous voyant Mere du Fils, que vous estes l'Espouse du Pere, & le sanctuaire du saint Esprit, qui ne vous reconnoistra en consequence de cette eminente dignité, pour Royne des Anges & des hommes, & maistresse de l'vniuers. Qui ne confessera ingenuëment, que comme il n'y a point d'amour sacré qui puisse esgaler l'amour dont le Pere eternel ayme le Fils, ne pouuant y auoir autre amour du Pere enuers le Fils que celuy là; aussi il n'y a point d'amour qui puisse esgaler l'amour dont vous aymez ce mesme Fils, ne pouuant y auoir autre amour de Mere que le vostre en son endroit. Et partant comme vous estes la plus aymée, & la plus aymable de toutes les creatures, aussi estes vous la plus aymante de toutes. Et le Pere eternel ayant pris son bon plaisir en vous de toute eternité, destina vostre chaste cœur à la perfection du saint amour, afin qu'vn iour vous aimassiez son Fils vnique de l'vnique amour maternel, comme il l'aymoit paternellement de l'vnique amour paternel. Que si en la qualité de Mere vous aymez vostre Fils d'vn amour plus parfait que toutes les creatures ne le peuuent aymer, aussi pouuons-nous dire que vous nous aymez comme luy appartenans, & à vous aussi en qualité d'enfans, d'vn plus grand amour que tous les Anges & les Saints ne nous peuuent aymer, & nous voulez par consequent plus de bien qu'ils ne nous en peuuent souhaiter. C'est pourquoy ie me propose d'auoir mon recours à vous plus ordinaire & particulier que iamais, comme à ma Mere, à mon Aduocate & Mediatrice vnique enuers mon souuerain Mediateur. Ie me mets entieremēt sous voftre tutelle ; & pretens viure desormais sous voftre speciale garde & protection, comme vous appartenant de tout ce que ie suis. Et partant, ô sainte Vierge & Mere de Dieu, regardez moy desormais comme chose toute voftre, & par voftre bonté & maternelle affection traictez-moy comme le sujet de voftre puissance, & l'obiet de voftre misericorde, & faites que celui qui par voftre moyen s'est rendu participant de ma misere & infirmité, par voftre intercession me rende parcipant de sa gloire & felicité.

QVATRIESME MEDITATION:

De la bonté & amour de Dieu enuers nous.

Trois points à considerer.

1. *Que l'amour que Dieu nous porte est infiny.*
2. *Que Dieu nous ayme de toute eternité.*
3. *Que Iesus-Christ nous a aymé & nous ayme d'vn amour excessif.*

PREMIER POINT.

CONSIDEREZ qu'il n'y a rien de si naturel en Dieu que d'estre bon & misericordieux; de sorte que nous pouuons veritablement dire que sa nature & son essence est amour & bonté.

Ce qui a fait dire au bien-aymé disciple ; Dieu est amour & charité, & qui demeure en charité demeure en Dieu, & Dieu en luy. Et comme nous croyōs que sa nature & son essence est infinie, aussi deuons-nous croire que sa bonté & son amour en nostre endroit l'est aussi. Car quoy que les effets de cette infinie bonté & amour en nostre endroit soient finis, rien n'estant capable de l'infiny que luy-mesme ; si sont-ils tels toutes fois, qu'en iceux nous reconnoissons assez clairement l'infinité de cet amour és deux signalez benefices de la Creation & Redemption ; & en ces quatre autres cottez par son Apostre aux Romains de la Predestination, Vocation, Iustification, & Glorification ;

comme aussi en ces trois signalez mysteres de son Incarnation, de l'Institution du saint Sacrement, & de sa Mort & Passion, esquels il a desployé à la veuë des Anges & des hommes les richesses de cette sienne immense bonté, & amour infiny en nostre endroit, comme dit son mesme Apostre aux Ephesiens.

Affections & resolutions.

O Dieu de bonté & d'amour infiny, ou plustost qui estes la mesme essentielle bonté & amour infiny, de qui toute bonté & tout bon amour procede, puis que vous m'aymez d'vn amour infiny, & que vous daignez par cet excés d'amour me conuier à vous rendre amour pour amour, ie voudrois vous pouuoir aymer d'vn amour infiny, ou du moins pouuoir emprunter l'amour de tous vos Anges & vos Saints, pour vous aymer de l'amour dont ils vous ayment. Mais puis que ma bassesse & mon impuissance ne me le permet, ie vous aymeray comme vous le desirez de moy, sçauoir est de tout mon cœur, de toute mon ame, & de toutes mes forces ; *Diligam te Domine fortitudo mea* : & puis que cet amour vostre vous a rendu si liberal en mon endroit, que non seulement me formant à vostre image & semblance au benefice de la creation, vous m'auez donné moy-mesme à moy & toutes les autres creatures, pour mon besoin & contentement, mais qu'en celuy de la Redemption vous estant fait à ma semblance, vous vous estes donné vous mesme à moy, & m'auez rendu à moy-mesme, me donnant vostre sacré corps & sang pour nourriture en vostre Cene, & pour rachat en la Croix. Qu'espargneray-ie desormais pour vous, & comment ne me donneray-ie tout entier, & pour tous les momens de ma vie à vostre seruice pour vostre amour?

SECOND POINT.

CONSIDEREZ que nostre bon Dieu non seulement nous ayme d'vn amour infiny, mais encore d'vn amour eternel. *In charitate perpetua dilexi te, ideo attraxi te miserans.* Ie t'ay aymé, dit-il par son Prophete, d'vne eternelle charité, & pour ce ie t'ay attiré, te faisant misericorde. Chose estrange que nostre bon Dieu nous ait aymé d'vn si grand & si puissant amour dés l'eternité, auant que iamais nous fussions : & partant sans autre motif de son amour pour nous que sa propre bonté, n'y ayant rien pour lors en nous qui le peust ny deust conuier à nous aymer : de sorte que tous les biens de nature & de grace qu'il luy a pleu nous eslargir en temps, & ceux de la gloire qu'il nous a reserué dans le Ciel, il nous les a voulu dés l'eternité, & ce par vn amour tres pur, sans pouuoir rien esperer de nous, tant pour ce qu'il est la mesme & souueraine bonté, qui se communique sans aucun propre interest, que pour ce qu'estant infiny en ses perfections,

il

de la Troisiefme Partie. 481
il ne peut receuoir de nous aucun aduantage.

Affections & resolutions.

O bonté eternelle, ô tres-pur amour, ie ne vous sçaurois iamais assez reconnoistre, quand i'aurois cent mille vies à vous donner, n'en ayant donc qu'vne bien chetiue, & qui passe en vn moment comme vn songe sur le resueil, que pourray-ie vous rendre en contreschange de cet amour? Mais, ô mon bon Seigneur, puis que c'est vn des excés de vostre immense bonté & pur amour en mon endroit de vous contenter de ce peu que ie suis, & que ie puis, ie me rends, me donne, & m'abandonne entierement à vous pour vous aymer, seruir,

& obeïr tous les iours, & tous les momens de ma vie, que ie vouë & consacre à vostre pure gloire, sans y pretendre aucun mien interest. Car comme vous ne m'auez aymé que pour mon interest, & non pour le vostre, aussi ne vous veux-ie aymer & seruir que pour l'amour de vous, non pour ma consolation, non pour le contentement & la paix de mon ame, non pas mesme pour l'esgard de mon salut, mais seulement pour vous plaire, vous complaire, & vous aggreer.

Troisiesme Point.

COnsiderez l'ardent, l'excessif, & l'extatique amour que Dieu fait homme, Fils de Dieu, & Fils de l'Homme, le tres aymant & tres-aymable Espoux de vostre ame IESVS-CHRIST, vous a porté, venant en ce monde, comme vn feu consommant, pour embraser nos cœurs de son diuin amour, & les consommer en ce mesme amour. Pour ce, disoit-il, ie suis venu apporter vn feu en ce monde: & que veux-ie autre chose sinon qu'il arde dans les cœurs? Tous les mysteres, tous les deportemens, toutes les actions & souffrances de sa sainte vie ont esté autant de flammeches de ce sacré feu d'amour enuers nous, qui ardoit incessamment dans sa diuine poitrine, & qui n'a cessé qu'il ne l'ait consommé comme vne victime en sacrifice d'holocauste sur l'Autel de la Croix pour nostre redemption.

Affections & resolutions.

O excessif & incomparable amour de mon tres-doux Sauueur, que mon cœur ne se consomme-il entierement pour ne viure desormais, & ne mourir que pour cet amour! O amour diuin de mon tres-aymable IESVS, engloutissez & consommez tous mes autres amours, afin que ie n'ayme plus que vous, mon Sauueur IESVS, qui estes mon Dieu, mon Seigneur & mon tout. Vous m'auez aymé naissant, viuant, & mourāt, auec toute la douceur, la feruer, & perseuerance à vous possible, sans termes ny limites, vostre amour n'ayant iamais dit, c'est assez. C'est pourquoy, mon Seigneur, ne permettez pas qu'il y ait des limites à l'amour que ie vous porte, mais accroissez-le, & fortifiez-le de iour en iour, iusques à ce qu'il soit consommé dans les ardeurs & splendeurs de vostre gloire. Et puis que pour me tesmoigner dauantage la grandeur de vostre amour en mon endroit, vous auez pris la qualité d'Espoux bien aymé, ie ne vous aimeray plus comme esclaue & seruiteur, qui craint plus qu'il n'ayme, ny comme mercenaire ou domestique, qui espere la recompense, ny comme enfant qui pretend part à l'heritage, mais purement comme Espouse, qui n'a autre pretention en aymant son Espoux que de l'aymer & luy complaire. Soit-il donc dés à present, & pour iamais ainsi, ô tres-doux

IESVS, l'vnique & souuerain amour de mon ame, que ie ne vous ayme que pour vous aymer, & me complaire en tout le bien que vous possedez, & que toute ma principale estude soit de vous plaire incessamment par vne tres-profonde humilité de cœur, & total aneantissement de moy-mesme, en vous mon tout estre, ma vie, mon salut, & ma gloire à iamais.

CINQVIESME MEDITATION.

De l'amour de Dieu au mystere admirable de l'Incarnation.

Trois points à considerer.

1. *Comme en ce mystere l'amour l'a fait abbaisser iusques à l'aneantissement.*
2. *Comme par amour il s'est donné à nous en ce mystere, & le Pere nous l'a aussi donné.*
3. *Comme en ce mystere l'amour l'a fait à nostre image & semblance.*

PREMIER POINT.

CONSIDEREZ que pour commencer l'œuure de vostre Redemption par vne admirable extase d'amour, le Verbe s'est fait chair, c'est à dire, que le Fils du Pere eternel procedant de luy auant les siecles de mesme nature & substance que luy, Dieu comme luy, & le mesme Dieu que luy, par vn excés d'amour incomparable du haut de sa Majesté s'est abbaissé, auily & comme aneanty pour vous, se reuestât de la petitesse & neant de vostre nature, dans le sein d'vne Vierge son humble seruante. Il s'est aneanty soy-mesme, dit son Apostre, prenant la forme d'vn esclaue, & s'estant fait semblable aux autres hommes, passible & mortel comme eux, voire chose admirable, s'est fait petit enfant, renfermé l'espace de neuf mois dans le sein de la sacrée Vierge, puis apres sa naissance reduit au maillot,

& autres necessitez de l'enfance.

Affections & resolutions.

O diuin Verbe, que grande & incomparable est la force de vostre saint amour, d'auoir peu vous raualler du sein de vostre Pere, au sein d'vne pauure Vierge, du haut des Cieux çà bas en terre, & de vostre tout estre iusques au neant de la creature, pour y demeurer indissolublement, & tres-intimement vny pour iamais. Ha! que i'ay peu d'amour pour vous, de ne pouuoir souffrir pour vostre amour la moindre petite humiliation ou apparence de rauallement, mespris & confusion, sans impatience & grand ressentiment, tant insupportable

X v

est ma superbe, & prodigieuse ma vanité. Ce neantmoins, puis que par l'aneantissement de vostre Incarnation, & l'humble simplicité de vostre enfance, vous me conuiez si fortement à vous aymer, vous suiure & vous imiter, ie me resous de quitter desormais l'esprit de superbe, propre suffisance & presomption, & de reuestir l'esprit d'enfant en toute simplicité & humilité. O Verbe increé auant tout temps, & incarné pour moy en la plenitude du temps, vous considerant auec tous les tresors de la diuine sapience volontairement renfermé, caché, & comme emprisonné l'espace de neuf mois dans le sein de la sacrée Vierge, comme oseray ie desormais m'ingerer & paroistre par la vaine presomption de ma propre suffisance sans estre appellé de vous?

SECOND POINT.

CONSIDEREZ comme d'vne part ce tres-amoureux Espoux de vostre ame, touché de commiseration en vostre endroit, s'est tres-librement offert à Dieu son Pere pour vous venir deliurer de tous vos ennemis, & guarentir de vos miseres par vn moyen si admirable, & de si extreme humiliation pour luy. Il a esté exposé, dit vn Prophete, pour ce qu'il luy a pleu. Et son Apostre aux Galates. Qui s'est, dit-il donné soy-mesme, afin de nous deliurer de ce mauuais siecle. Et au mesme endroit; Qui m'a aymé, & s'est volontairement offert pour moy. Et escriuant à son cher disciple Timothée, qui s'est donné luy-mesme pour la Redemption de tous. Et pareillemēt comme d'autre part, le Pere non moins charitable en nostre endroit que le Fils, nous l'a misericordieusement donné; car ainsi parle le bien-aymé disciple. *Dieu*, dit-il, *a tellement aymé le monde, qu'il luy a donné son propre Fils.* Et le diuin Apostre aux Romains. ch.8. *Qui n'a pas espargné son propre Fils, mais l'a liuré pour nous: & comment, nous ayant donné ce qu'il auoit de plus cher, ne vous aura-il pas donné tout le reste auec luy?*

Affections & resolutions.

Grande & admirable liberalité de l'amour diuin, qui

comme il est infiny, aussi se communique t'il en quelque maniere infiniment, & notamment en ce mystere, où ie voy que le Pere ne me donne pas vn Ange, vn Cherubin, ou vn Seraphin, comme il eust peu, mais son propre Fils; & que ce mesme Fils se dóne à moy auec le mesme amour que le Pere me le donne. O mystere d'amour incomparable! ô mystere d'vnions & de communications ineffables! car en ce mystere, ô Verbe diuin, non seulement vous vous estes vny & communiqué tres intimement & substantiellement à la nature particuliere dont vous vous estes reuestu; mais aussi en consequence, par vne certaine maniere à toute la nature humaine en general, & en particulier

Cinquiesme Meditation

à vn chacun de nous. O que sainte & souhaitable, en consequence de ces vnions, seroit celle de mon cœur auec le vostre tout aymable, ô bon IESVS. Et quand sera ce que mon ame toute escoulée, liquefiée, & transformée en vous par l'efficace de cette tres-intime vnion, à l'imitation de vostre sacrée humanité, ne subsistera plus que par vous, n'agira & ne patira plus que par vous: de sorte que toutes ses actions & souffrances seront par quelque sorte de communication d'idiomes plustost vostres que siennes. Ie le veux bien, & le desire de tout mon cœur, mais ie ne le peux sans vous. Ie ne peux arriuer à ce baiser de vostre bouche, si vous ne m'y attirez par l'odeur de vos onguents. Vous auez bien peu par l'excés de voſtre bonté vous vnir à nous en vous abaiſſant; mais ie ne peux m'vnir à vous en m'eſleuant ſans le ſecours de voſtre grace.

TROISIESME POINT.

CONSIDEREZ comme il ne ſuffiſoit à cette ſouueraine bonté qu'en qualité de creature raiſonnable, vous fuſſiez l'ouurage de ſes mains, fait & formé à ſon image & ſemblance; ains elle a voulu de plus, qu'en qualité de Chreſtiennne vous fuſſiez ſa ſœur, ſa compagne, & ſon eſpouſe. Et à cette fin ce miſericordieux Seigneur a voulu en qualité de Redempteur ſe faire à voſtre image & ſemblance, fait à la ſemblance des hommes, &

conuersant auec les hommes comme vn d'entr'eux, dit son Apostre. Traict remarquable & signalé de l'amour de Dieu en vostre endroit, qui a fait que Dieu se soit fait homme, & non pas Ange, afin de se rendre plus aymable & accostable à l'homme, & que le Verbe eternel qui est tout esprit & vie se soit fait chair, afin que de creature toute charnelle, animale & corruptible, vous deuinssiez toute spirituelle, celeste & immortelle. Le Fils de Dieu s'estant fait Fils de l'homme, a donné par ce moyen pouuoir aux enfans des hommes d'estre faits enfans de Dieu : malheur à ceux qui negligent vn si grand pouuoir.

Affections & resolutions.

Il est bien vray, mon Seigneur & mon Dieu, qu'en vos creatures la ressemblance cause l'amour. Mais en vous c'est l'amour qui a causé la ressemblance. Car pour ce que vous m'aymiez d'vn amour excessif, vous vous estes fait à ma semblance, afin que i'eusse d'autant plus de sujet de vous aymer, de m'approcher de vous, & me confier en vous, sçachant que vous qui estes mon Dieu & mon souuerain Seigneur, estes aussi mon semblable, mon frere, & mon associé, & qu'en toutes mes afflictions & tentations, vous me serez d'autant plus secourable, que en qualité d'homme vous auez esté esprouué & tenté, & auez conneu par experience mes propres infirmitez. O Dieu de mon cœur, vous ne vous faites plus paroiſtre Dieu des armées, Dieu terrible & redoutable, mais vn Dieu d'amour & de paix, vn Dieu enfant, noſtre frere, & compagnon de nos miseres. C'eſt pourquoy ie ne vous redouteray plus de crainte ſeruile, mais ie vous aimeray d'vn amour filial, fraternel, & cordial, comme mon pere, mon frere, & mon eſpoux.

SIXIESME MEDITATION.

De l'amour de Jesus-Christ au tres-saint Sacrement.

Trois points à considerer.

1. *Auec quel excés d'amour nostre Seigneur establist ce diuin mystere.*
2. *Auec quel excés d'amour il se communique en ce tres-saint Sacrement.*
3. *Auec quelle reuerence & deuotion nous nous y deuons presenter.*

Premier Point.

Onsiderez en quel extase d'amour en nostre endroit estoit nostre Seigneur quand il institua cet admirable mystere. Car ce fut sur la fin de sa penible course sur la terre, lors qu'il voulut plus que iamais tefmoigner aux fiens combien il les aymoit, comme l'affeure fon bien-aymé difciple. Ce fut lors que tout extafié d'amour pour nous, il fe difoit paffionnément preffé d'accomplir vn Baptefme, dont il deuoit eftre baptizé pour nous, Baptefme de fouffrance, de fang, & de mort : ce fut lors que tout enyuré de l'amour des fiens il leur tint ces admirables difcours d'amour & d'vnion, que fon bien-aymé Difciple raconte fur la fin de fon Euangile : ce fut lors que pour tefmoignage de l'amour qu'il leur portoit, il daigna bien leur lauer & baifer les pieds : bref lors qu'il s'en alloit fe liurer foy-mefme pour noftre Redemption entre les mains de fes ennemis, lors qu'il alloit exposer son sacré corps pour estre flagellé, couronné d'espines, & crucifié, & son precieux Sang pour estre espanché iusques à la derniere goutte; ce fut alors, dis-ie, le soir precedent qu'il se donna soy-mesme entre les mains de ses Apostres pour nostre refection, qu'il donna ce mesme sacré corps pour viande, & ce mesme tres-precieux sang pour breuuage à toute son Eglise, & par consequent à vous en particulier.

Affections & resolutions.

O Sacrement veritablement d'amour, ô mystere de dilection incomparable, institué & estably au milieu de tant & si ardentes flammes d'amour qui embrasoient pour lors le cœur ardent de mon tres-aymable Sauueur. Mais n'eſtoit-ce point aſſez, ô mon doux Sauueur que vous vous fuſſiez donné vne fois à nous par voſtre admirable Incarnation. C'eſt bien trop pour noſtre indignité, mais ce n'eſt pas encores aſſez pour voſtre infinie bonté : il falloit pour ſe contenter qu'elle eſtendiſt & redoublaſt le myſtere de l'Incarnation par cetuy-cy de l'Euchariſtie. Il eſt vray, ô mon tres-aymable Seigneur, qu'en voſtre Incarnation, par vn admirable excés d'amour vous vous eſtes conioint & vny tres-eſtroitement, & tres-ſingulierement à la nature humaine que vous auez daigné reueſtir, mais par l'inſtitution de ce diuin myſtere, vous auez trouué moyen de vous conioindre & vnir tres-estroitement & cordialement auec vn chacun de nous, & nous faire en vous, qui estes nostre Chef, de diuers membres vn mesme corps, qui tous participons d'vn mesme pain & d'vn mesme Calice. O quel bon-heur à moy d'estre esleué à vne si haute & si diuine vnion, par vn moyen si eminent & releué qu'est le mystere de vostre corps & sang! de dire que cependant que vostre sacré corps daigne descendre dans le mien, mon cœur soit attiré au vostre, mon ame esleuée à la vostre, & mon esprit vny au vostre, & fait comme vn mesme auec le vostre, & ce autant de fois que ie fais de Communions, si ie n'y mets obstacle. O feu, ô flamme d'amour diuin! que ne me consommez vous autant de fois que ie m'approche de ce sacré mystere.

SECOND POINT.

CONSIDEREZ comme c'estât le propre de l'amour de se communiquer, & d'vn souuerain amour de se communiquer souuerainement; Nostre Seigneur en ce Sacrement d'amour se communique d'vne maniere tres-singuliere, souueraine & excellente. Car il ne se contente pas de se communiquer par grace, & grace tres-efficace & abondante, comme il fait par le moyen des autres Sacremens : mais il se communique par luy mesme en sa propre substance, reellement & corporellement : de sorte qu'on peut dire veritablement

blement qu'en celuy qui l'a receu, la plenitude de la diuinité habite corporellement. Et pour vous faire connoistre palpablement la grande, intime & reelle communication qu'il vous fait de soy-mesme en ce tres-saint mystere, il l'a voulu establir en qualité d'aliment & nourriture, sous les especes de pain & vin, qui sont la plus ordinaire & naturelle nourriture de nos corps, pour vous apprendre, que comme de la viande & du corps qui la reçoit, il ne se fait qu'vne substance par la transformation de l'aliment en la chose alimentée: Aussi pareillement de cette diuine & celeste viande, & de la personne qui en est repeuë, il se fait vne mesme chose, & ce par la transformation, non de l'aliment en la perſonne alimentée, mais bien de la perſonne alimentée en l'aliment, d'autant que cet aliment n'eſt pas vne ſubſtance morte comme les autres alimẽs, mais vne ſubſtance viue & viuifiante, ayant tout pouuoir d'agir ſur la perſonne alimentée, & de la transformer en ſoy, ſi elle n'y apporte empeſchement.

Affections & reſolutions.

Il eſt bien vray que l'amour eſt inuentif; mais voſtre ſouuerain amour, ô bon IESVS eſt ſouuerainement & ſingulierement inuentif ; de dire que pour vous communiquer totalement à moy, & me tirer & transformer entierement en vous, vous ayez fait que voſtre ſacré corps ſoit ma viande, &

voſtre ſang mon breuuage. Et afin que l'horreur que ie pourrois auoir de manger voſtre chair, & boire voſtre ſang, ne me priuaſt d'vn ſi grand honneur & bon-heur, vous auez par vne autre admirable inuention trouué moyen de me voiler voſtre ſacrée chair, ſous les ſaintes eſpeces du pain, & voſtre precieux ſang ſous celles du vin, ſans aucun preiudice de leur realité. Admirable & toute ſinguliere inuention de voſtre amour en mon endroit. Hé! qui iamais a oüy parler d'vn pareil effet d'amour à cetuy-cy? que vous auois-ie iamais fait, pourquoy vous me deuſſiez teſmoigner vn ſi grand excés d'amour? Que pouuez-vous gaigner auec moy, qui n'ay rien de moy-meſme, & qui releue entierement de vous? Que pouuez-vous esperer de mon seruice, vous qui n'auez besoin d'aucune creature? Hé! que peux-ie adiouster à vostre grandeur qui est immense? à vostre puissance & sagesse qui est infinie? moy qui ne suis qu'vn petit vermisseau, vn moucheron, & vn petit de terre paistrie. Admirable & du tout incomparable excés d'amour! que vous, ô Dieu d'infinie Majesté, vous soyez voulu communiquer d'vne si admirable maniere à vne si basse & vile & indigne creature? Ne deuoit-il pas suffire à vostre infinie bonté de vous estre donné vous mesme à moy pour frere & compagnon en vostre Incarnation & naissance, & pour prix & redemption en vostre sacrée mort & passion, sans vous donner pour aliment & nourriture en ce sacré mystere, qui est comme vne extension de vostre Incarnation, & vn sacré memorial de vostre mort & passion. O la merueille de toutes vos merueilles! que vous souuerain Maistre & Seigneur de toute creature, vous vous donniez pour estre mangé par vostre pauure & chetif seruiteur. Hé! que vous reste-il plus à me donner apres cela? il semble que vostre toute-puissance se soit espuisée par cette incomparable liberalité: car me donnant vostre corps & vostre sang, vous me donnez quant & quant vostre sainte Ame, & toute vostre Diuinité, comme m'enseigne vostre Eglise. Vous donnant donc à moy tout vous-mesme, sans reserue de rien, que me pouuez-vous donner dauantage ? & que peux-ie souhaitter de plus riche, & de plus precieux que vous mesme, puis que tout bien est en vous ? Hé ! qu'ay-ie plus à souhaiter, ayant le bon-heur de vous posseder & iouyr entierement de vous en ce diuin Sacrement, qui est le sommaire & abbregé de tous vos autres dons & liberalitez, & où tout l'amour que vous nous auez monstré par parcelles & en detail en la procedure de nostre Redemption, se fait voir & reconnoistre tout d'vn coup. C'est vn miroir ardent, où tous les rayons de vostre diuine bonté venans à se rencontrer & refleschir produisent la flamme de vostre amour dans

de la Troisiesme Partie. 411

les ames, si elles ne sont de neige & de glace. Or sus, mon ame, serons-nous desormais si aueugles, que nous allions caymander ailleurs des richesses, puis que ce diuin Sacrement est le tresor des richesses du Ciel, & qui contient en soy le Dieu du Ciel; que nous allions mandier des plaisirs & contentemens ailleurs, puis que ce Sacrement est vn banquet de delices incomparables, où la viande qui s'y donne est celuy-mesme qui la donne, en qui seul se trouue le vray & solide contentement; que nous allions rechercher de l'honneur ailleurs qu'en ce diuin Sacrement, qui nous fait auoisiner de si prés la Majesté de Dieu, nous vnissant reellement & corporellement au vray corps de IESVS-

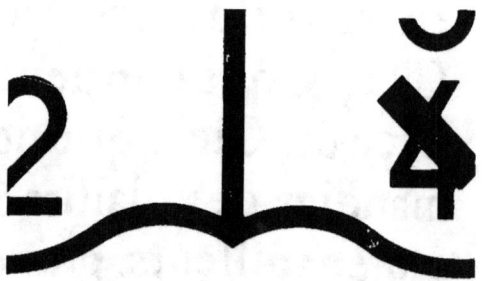

Pagination incorrecte — date incorrecte
NF Z 43-120-12

CHRIST, en qui la diuinité est reellement & substantiellemēt coniointe à ce mesme corps de son humanité. Douterōs-nous plus de sa speciale prouidence & singuliere bien-veillance en nostre endroit? car s'il se veut bien donner soy-mesme tout entier à nous, comment nous refusera-il ses graces, qui sont beaucoup moindres que luy? si luy qui est le donateur se donne à nous, à qui seront ces dons qu'à nous? à qui appartiennent plus iustement les fruits qu'à cetuy à qui appartient l'arbre? s'il veut bien nous donner le plus, pourquoy ne nous donnera-il le moins? s'il nous donne le principal, pourquoy ne donnera-il l'accessoire? s'il nous veut bien donner le fond, pourquoy nous refusera il ce qui en depend? Or sus, mon ame, resiouïssons nous, & tref-saillons d'aise, de voir que noſtre Dieu eſt ſi exceſſiuement bon, perdons nous d'amour en la douceur de ſon amour: & puis qu'en ce Sacrement il ſe donne tout à nous, donnons nous entierement à luy ſans retour & ſans reſource.

TROISIESME POINT.

Coſiderez que ce Sacrement qui non ſeulement côtient en ſoy virtuellement & effectiuement la grace, mais qui contient reellement l'autheur & ſouuerain principe de la grace, IESVS-CHRIST, voſtre Sauueur, eſt de ſi grande dignité & veneration, que vous ne ſçauriez iamais luy rendre aſſez d'hon-

Y v

neur & de respect, mesme quád il ne seroit question que de paroistre en sa presence, & partant sçachant qu'il est en toutes les Eglises, vous vous y comporteriez tousiours auec grande retenuë & modestie, vous gardant bien d'y marcher hastiuement, d'y parler vainement, ou vous y comporter immodestement: vous honoreriez les Prestres qui ont l'honneur & pouuoir de traicter ce sacré mystere comme des Anges, vous leur parleriez comme à des Anges tousiours auec respect & veneration. Que si la seule presence de ce diuin mystere exige de vous vn si grand respect, que dirons nous de la participation d'iceluy qui se fait, soit en communiant simplement, soit en celebrant la sainte Messe? Quand vous auriez emprunté toute la pureté des Anges, & la deuotion de tous les saints de Paradis, vous n'égaleriez iamais ce que merite la dignité & sainteté de ce mystere. Car si les Cieux des Cieux ne peuuent contenir la Majesté de celuy qui est compris en cet admirable Sacrement, si les Anges ne sont pas purs à son esgard, & les plus hauts Cherubins resserrent leurs aisles en sa presence, qui pourra iamais estre assez dignement preparé pour participer à ce diuin mystere? Il est vray, mon tres cher frere, que si vous n'auez esgard qu'à l'eminence & sainteté de ce tres-auguste Sacrement, il est impossible que vous y puissiez apporter vne condigne preparation:

mais si d'ailleurs vous considerez la bonté de Dieu, qui se contente de ce que vous pouuez, il vous sera tres-facile, auec sa grace qui ne vous manquera point pour cela, si vous ne luy manquez de vous y preparer suffisamment bien. Et il suffira pour cet effet de faire trois choses; La premiere, de bien repurger vostre conscience par vne bonne Confession: La seconde, de bien dresser vostre intention; sçauoir est de vous proposer quelque bonne fin, pour laquelle vous desirez participer à ce diuin mystere, qui peut estre l'vne de celles pour lesquelles nostre Seigneur l'a institué, notamment pour se renouueller la memoire & le sentiment de sa sainte mort & passion, pour s'exciter à son

de la Troisiefme Partie. 517
amour, pour se conformer, s'vnir, & transformer en luy. La troisiesme est de s'exciter à deuotion auant que se presenter à cette sainte Table. Et cette deuotion consiste en vne certaine bonne disposition de l'ame enuers ce saint mystere, causée de diuers motifs; mais principalement de crainte ou respect, d'amour, & desir; de crainte & respect, pour la grandeur de la diuine Majesté contenuë en ce mystere; d'amour, pour reciproquer l'excessif amour que nostre Seigneur nous monstre en ce mystere d'amour; finalement de desir de gouster & sauourer les fruits & les effets admirables de cet abbregé des benefices de Dieu.

Affections & resolutions.

O mon tres-aymable Sauueur & Redempteur, quel comble de vos misericordes est cetuy-cy, qu'apres vous estre abbaissé du haut des Cieux en terre par vne maniere d'aneantissement estrange, vnissant tres estroitement la grandeur de vostre diuinité au neant de nostre humanité, & en cet aneantissement vous estant humilié pour moy iusques à l'opprobre & supplice de la Croix, vous vouliez de plus vous abbaisser & auilir iusques là que d'entrer chez moy, & habiter chez moy par vne si ineffable maniere que celle de la participation reelle de vostre sacré corps & sãg? Car qui estes vous, Seigneur, que vous daignez venir à moy? & qui suis-ie pour prendre la hardieſſe de vous aborder de ſi prés? Vous eſtes vn Dieu de ſouueraine Majeſté tres-ſublime, & releué en vos infinies grandeurs & perfections; & ie ne ſuis qu'vn petit ver de terre, vne pauure & chetiue creature, indigne de vous regarder, voire meſme de me trouuer en voſtre ſainte preſence. Auec quel reſpect donc, auec quelle reuerence & deuotion me dois-ie comporter, non ſeulement quand ie veux perceuoir ce diuin Sacrement qui vous contient; mais meſme quand ie me trouue preſent en la ſainte Meſſe, où ce meſme myſtere s'accomplit en qualité de ſacrifice non ſanglant, repreſentatif du ſacrifice ſanglant de la Croix, & applicatif, de tous les merites de voſtre ſacrée mort & paſſion, & où vous meſme, ô bon IESVS, qui vous eſtes vne fois offert ſur la Croix à voſtre Pere pour noſtre redemption, vous vous offrez iournellemẽt au meſme Pere pour nous appliquer l'effet de cette redemption? Et partant ie me propoſe d'ores en-auant non ſeulement de m'approcher de ce ſacré myſtere, pour y participer auec tout le reſpect, la reuerence & l'humilité qui me ſera poſſible, & de ne m'approcher iamais de cette ſainte Table qu'auparauant ie ne me ſois eſprouué, ſuiuant l'aduertiſſement de l'Apoſtre, par vne interieure recollection de moy-meſme, & qui faſſe que ie n'en approche iamais qu'auec vne tres grande reuerence & deuotion : ne me pouuant assez estonner de la stupidité de plusieurs miserables Prestres, qui se vont presenter à l'Autel sans aucun recueillement interieur, quasi comme s'ils alloient faire vne autre action indifferente. Mais aussi ie prends vne ferme resolution, que ie commenceray à pratiquer dés ce iourd'huy, ou dés demain, d'assister à la sainte Messe, auec la mesme reuerence que si i'estois à genoux au milieu du Paradis, en la presence de Dieu, & enuironné des Chœurs des Anges & des Saints, auec la plus humble & decente posture qui me sera possible, sans m'amuser pendant ce temps à dire mes offices, n'y à lire, ou penser autre chose que ce qui sera conforme à cette sainte action. Et partant ie commenceray dés ce iourd'huy, si ie peux, à apprendre la maniere de bien entendre la sainte Messe, & m'y conformeray entierement. Et pour la reuerence que ie dois à vostre sainte presence, ie n'entreray iamais en aucun lieu, où ie croye que vostre saint Sacrement soit, que ie ne m'excite à quelque acte de deuotion, & ne me mette à genoux pour vous y adorer & prier.

SEPTIESME MEDITATION.

De l'amour de Iesus-Christ en sa tres-douloureuse mort & passion.

Trois points à considerer.

1. *Comme en ce mystere son excessif amour l'a rendu semblable au pecheur.*
2. *Comme en ce mystere l'excés de son amour l'a porté aux excés de souffrance.*
3. *Comme les quatre principales circonstances de ce mystere monstrent l'excés de son amour.*

PREMIER POINT.

CONSIDEREZ comme le charitable Espoux de vostre ame, transporté d'vn estrange excés d'amour en voſtre endroit, ne s'eſt pas contenté en ſon Incarnation de reueſtir voſtre nature, & ſe reduire à voſtre ſemblance afin de vous reformer à la ſemblance de Dieu: mais de plus il a voulu en ſa mort & paſſion reueſtir la ſemblance de pecheur, quoy qu'exempt de tout peché, afin de vous rendre iuſte & innocent; & s'eſt fait, au dire de ſon Apoſtre, la malediction, pour nous deliurer de la malediction, & nous combler de benediction. Mais notez que n'ayant pris que l'apparence du peché, il en a bien voulu ſouffrir les veritables peines, s'eſtant reueſtu pour cela d'vne chair veritablement paſſible & mortelle comme la noſtre. Voyez donc, ie vous prie, quelle apparence il y a, que l'Aigneau sans macule ayant voulu paroistre pecheur & plein d'opprobre en sa mort & passion, vous estant remply de pechez, vouliez paroistre iuste & innocent.

Affections & resolutions.

O tres-doux & tres-innocent IESVS, souffrant & mourant en l'apparence & qualité de pecheur & criminel, en l'estime d'vn blasphemateur, d'vn impie, d'vn seducteur & perturbateur du repos public, que vous m'estes vn excellent patron & parfait modele du mespris que ie dois auoir de moy-mesme; que vous m'estes vn fort & puissant motif pour ne me soucier plus de tout ce qu'on dira ou pensera de moy, quoy que ie fasse ou ie souffre pour accomplir voſtre ſaint vouloir. Ce deſir amoureuſement impatient que vous auez de ſouffrir pour moy, vous a fait celer voſtre innocence, & cacher la gloire de voſtre Majeſté, afin qu'on ne reconneuſt pas ce que vous eſtiez, & que vous prenant pour vn malfaiteur, on vous batiſt, on vous foüettaſt & crucifiaſt pour moi. Quand ſera-ce, ô mon tres-aymable Sauueur, que par vn amour reciproque au voſtre ie ſeray tres-content d'eſtre meſ-eſtimé & mal traicté, pour par ce moyen participer auec amour aux opprobres & douleurs de voſtre Croix? Quand ſera-ce que ie ne craindray point de paroiſtre tel que ie ſuis, miſerable pecheur, & de faire penitence, puis que pour l'amour que vous me portez vous auez voulu paroistre tel, ne l'estant pas, & porter vne si rude penitence pour mes pechez?

Second Point.

COnsiderez qu'vne seule goutte de son sang tres-precieux, vn seul de ses ieusnes, voire vne seule de ses prieres, estant plus que suffisante pour racheter mille mondes; ce nonobstant pour vous tesmoigner l'ardent amour qui le porta à endurer pour vous, il a voulu souffrir au corps & en l'ame d'excessiues douleurs, & espancher tout son sang; il a voulu estre trahy, pris au collet, lié, battu, souffleté, tres-cruellement foüetté, couronné d'espines, & finalement cloüé & esleué sur le triste & funeste gibet de la Croix; il a voulu mourir de ce tres-ignominieux genre de supplice, au milieu d'indicibles douleurs & angoisses, à la veuë de tout le monde, iniurié des vns, mocqué des autres, & abandonné de tous.

Affections & resolutions.

O estrange & admirable prodige de vostre amour tres-aymable IESVS, d'auoir voulu souffrir & mourir de la maniere pour vne si pauure & chetiue creature que ie suis! Mais bien plus estrange prodige, si mon cœur peut durer au milieu d'vn si ardent brasier, sans s'y cōsommer d'vn reciproque amour. Ie vous aimeray donc mon tres-aymable, souuerainement & vniquement aymable Sauueur,

Sauueur, ie vous aimeray d'vn amour sincere & cordial, d'vn amour fort & puissant, d'vn amour ferme & cõstant iusques à la mort. Et puis que, comme parle vostre Apostre, vous estes mort pour tous, afin que tous ceux qui viuẽt ne viuent plus à eux, mais morts à eux mesmes, viuent en vous qui estes mort pour eux : ie ne veux plus viure qu'en vous, par vous, & pour vous; ie ne veux plus rien faire ny dire, designer ou penser que pour vostre seruice & vostre gloire. Adieu toutes mes vaines pretentions; adieu toutes les fausses & folles estimes de moy-mesme; adieu tous les vains plaisirs de mes sens; l'opprobre & les douleurs de mon IESVS crucifié m'enseignent bien d'autres choses.

Troisiesme Point.

Considerez en chacun des mysteres de cette sacrée Mort & Passion, quatre notables circonstances. Premierement, qui est celuy qui endure, sçauoir est le Fils de Dieu, & Dieu mesme. Secondement quelles choses il endure, combien douloureuses & ignominieuses. Tiercement, en quelle maniere il endure, auec quelle humilité, patience, obeïssance & charité, finalement pour qui il endure, sçauoir est pour des chetiues & miserables creatures, peruerses, ingrates, & mesconnoissantes, telle que vous estes, ou auez esté. Considerez & pensez à bon escient ces circonstances, & vous reconnoistrez clairement combien grand est l'amour du tres-aymable IESVS, souffrant & mourant pour vous.

Affections & resolutions.

O doux IESVS, qui estes vous qui souffrez pour moy? Vous estes le Fils vnique, & bien-aymé du Pere eternel, en qui il se complaist d'vne admirable maniere; vous estes, au dire de vostre Apostre, la splendeur de sa gloire, & la figure de sa substance, & vous souffrez pour moy, qui ne suis qu'vn neant, & souffrez choses si estranges, & auec tant de patience. O excés d'amour vostre en nostre endroit! ô griefueté de mes offenses, qui vous ont reduit en vn si piteux & deplorable estat que celuy

Septiesme Meditation

où ie vous voy, pendant le temps de vostre Passion, au iardin, chez Anne, chez Caiphe, chez Herodes, mais notamment chez Pilate cruellement flagellé & couronné d'espines, & au Caluaire cloüé sur la Croix, & y rendant l'esprit auec d'extremes angoisses. Il est vray, mon tres-doux Sauueur, que la grandeur de mes offenses vous a liuré à ces extremes souffrances: mais l'ardeur de vostre amour bien plus puissant que mes offenses, vous y a consommé. Hé! qui n'aimeroit celuy qui par sa mort s'est fait la vie de ceux qui l'ayment. Pourquoy donc ne vous aimeray-ie, ô tres-aymable obiet de mon ame, IESVS flagellé, IESVS baffoüé, IESVS crucifié! Et pourquoy ne souffriray-ie tres-volontiers pour vous tout ce qu'il vous plaira m'enuoyer d'affliction interieure & exterieure, & ce auec l'esprit de vos souffrances, qui est l'esprit de resignation, de patience & submission, mais sur tout d'vn tres-humble & veritable sentiment de mon neant.

HVITIESME MEDITATION.

De l'imitation de Iesus crucifié.

Trois points à considerer.

1. Qu'il faut estre conformez au corps de sa mort, pour estre configurez au corps de sa gloire.
2. Qu'il s'est exposé en Croix à la veuë de tous, pour estre imité de tous.
3. Que la participation à la Croix est nostre gloire & bon-heur.

PREMIER POINT.

CONSIDEREZ que tous ceux que Dieu a preordonné pour sa gloire, il a predestiné qu'ils seroient faits conformes à l'image de son Fils, au dire de son

Apostre, & que partant, comme asseure le mesme Apostre, nous ne serons iamais configurez au corps de sa gloire, si nous n'auons au prealable esté conformes au corps de la mort, & que nous ne regnerons auec luy, qu'autant que nous aurons souffert auec luy.

Affections & resolutions.

O mon bon IESVS crucifié, puis que les afflictions & souffrances sont les liurées de vos predestinez & bien-aymez, pourquoy m'inquieteray-ie quand vous me les enuoyerez? Mais pourquoy ne m'en sentiray-ie grandement honnoré, & ne me resioüiray-ie de me voir en main les arres & gages de mon bon-heur eternel: estant indubitable que i'auray autant de part à vostre gloire, que i'en auray eu à vostre Croix, en rapportant & vnissant par viue foy & affection toutes mes croix à la vostre, ou me transformant par vnion d'amour tellement en vous, que non seulement ma vie & mes actions, mais aussi mes souffrances soient plustost vostres que miennes.

SECOND POINT.

CONSIDEREZ qu'il ne s'est rendu visible & exposé à nos yeux que pour estre imité de nous, disant luy mesme; ie vous ay monstré l'exemple, afin que vous fassiez comme i'ay fait. Et c'est pourquoy il a voulu estre esleué en la Croix sur le Caluaire, ne plus ne moins que le serpent de

Moyse au desert, comme il dit luy mesme, afin qu'il peust estre veu & consideré de tous, & que tous ceux qui le regarderoient pour l'imiter fussent sauuez. Et pour ce l'Apostre nous exhorte de ietter souuent les yeux sur l'autheur & consommateur de nostre foy IESVS-CHRIST, afin que nous suiuions ses traces & vestiges.

Affections & resolutions.

Ah! que ce me seroit vn grãd aduantage pour me perfectionner en vostre pur amour, & saint seruice, si i'appliquois souuent les yeux de mon cœur sur vous, ô mon bon IESVS crucifié! i'aurois beaucoup plus de facilité pour vous imiter non seulement en vos souffrances, soit celles du corps, soit celles de l'ame, qui estoient bien les plus importantes, mais principalement és vertus que vostre sainte ame operoit eminemment dans ces souffrances; vertus, dis-ie d'humilité, d'obeissance, de patiéce, & charité. Arriere de moy d'ores-en-auāt tous autres vains obiets de mon ame, IESVS crucifié pour mon amour soit le maistre & souuerain possesseur de mon cœur, & le plus ordinaire & familier entretien de ma pensée. O profonde humilité de mon IESVS crucifié, ô pauureté extreme, ô patience inuincible, obeissance incomparable, & démesurée charité, que vous me pressez le cœur: hé que vous m'encouragez d'imiter vn exemplaire si parfait! ô salutaire Crucifix, qui faites ce que vous dites, que vous estes vn grand Maistre! Ie veux toute ma vie estre disciple en vostre escole du Caluaire, sans iamais plus m'en departir.

TROISIESME POINT.

Considerez que le tres-admirable & tres-aymable Fils de l'homme, & Fils de Dieu, IESVS-CHRIST, Dieu & homme, ayant esté fait par son Pere, au dire de l'Apostre, nostre sapience, nostre iustice, nostre satisfaction, & nostre redemption, & ce notamment en la Croix, nous ne pouuons plus iustement nous glorifier qu'en ce mesme IESVS-CHRIST crucifié, ny receuoir plus d'honneur ny plus grand tesmoignage d'amitié de luy, que d'estre appellez à vne plus particuliere participation de sa Croix & de ses souffrances, ayant d'autant plus particulier sujet en cela de nous resioüyr auec son Apostre, de ce que par ce moyen nous accomplissons en nos propres souffrances, & suppleons par icelles ce qui reste des souffrances de nostre Seigneur, pour l'accomplissement de son corps mystique, qui est son Eglise. Et pouuons dire auec le mesme Apostre, que par ces afflictions & souffrances nous sommes comme cloüez à la Croix auec nostre Seigneur, & que par ce moyen le monde nous est crucifié, & nous au monde.

Affections & resolutions.

Qu'il ne m'arriue desormais

plus de me glorifier en autre chose qu'en vostre Croix, ô mon Sauueur, en qui seul est mon salut, ma vie, & ma resurrection. O sainte & sacrée Croix que vous estes admirable! que vous estes honnorable, & adorable aux Anges & aux hommes! & que vous estes redoutable aux demons! mais sur tout que vous estes aymable aux ames touchées de l'amour du crucifié! Quand sera-ce que mon ame toute transportée de cet amour, pourra dire auec vostre Apostre, Ie suis cloüée auec mon IESVS en sa Croix? & que là toute crucifiée en luy, elle dira auec ce mesme Apostre; *Ie vy non plus moy, mais Iesus-Christ vit en moy?*

NEVFIESME MEDITATION.

De la glorieuse Resurrection de nostre Seigneur.

Trois points à considerer.

1. Combien la gloire de cette resurrection estoit iustement deuë au Fils de Dieu.
2. Combien cette glorieuse resurrection nous est vtile & profitable.
3. Comme elle est la forme & l'exemplaire de la resurrection spirituelle de nos ames.

PREMIER POINT.

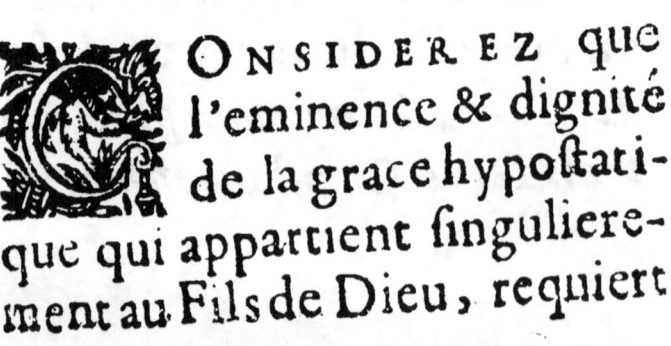CONSIDEREZ que l'eminence & dignité de la grace hypostatique qui appartient singulierement au Fils de Dieu, requiert

de soy vn estat de gloire tres-eminent, qui par consequent luy estoit deu dés l'instant de son admirable Incarnation, qu'il a neantmoins suspendu, quant au corps, dés lors, & par toute le cours de sa vie penible par vn excés d'amour incomparable, afin que n'estant pas conneu pour ce qu'il estoit, il peust souffrir & mourir pour nous. Car comme dit son Apostre, Si les Iuifs & les Gentils l'eussent reconneu pour Seigneur de la gloire, ils ne l'eussent iamais crucifié. Et quoy que la mort eust veritablement separé sa sainte ame qui descendit aux enfers, de son sacré corps, qui demeura dans le sepulchre, si est-ce que cet estat & grace d'vnion hypostatique, selon laquelle le Verbe diuin

de la Troisiesme Partie. 544
demeuroit ce nonobstant substantiellement vny auec les parties de l'humanité separées, ne pouuoit souffrir cette separation pour long-temps, ains dés le troisiesme iour les reünit puissamment & glorieusement, laissant desbonder sur le corps le torrent de la gloire qui luy estoit deuë, & qu'il auoit retenu & empesché de si long têps. Mais outre que ce bien-heureux estat de gloire & de resurrection pour l'immortalité estoit deu comme par droit de nature au Fils de Dieu nostre Seigneur; il luy estoit encores tres-iustement deu par droit de merite, car son aneantissement & humiliation volontaire en son Incarnation & en sa Passion meritoit bien, cette exaltation, les opprobres &

ignominies de sa Croix meritoient bien cette gloire; & sur tout sa tres-douloureuse mort meritoit bien cette nouueauté de vie, non plus suiette à la mort ny aux souffrances. C'est pour cela, dit son Apostre, que son Pere l'a exalté, & luy a donné vn nom pardessus tout autre nom, afin qu'au sacré nom de IESVS toute creature flechisse le genouil, soit aux Cieux, soit en terre, soit aux enfers.

Affections & resolutions.

En fin, ô mon tres aymable Sauueur, Seigneur des vertus, & Roy de gloire, apres auoir courageusement côbattu, vous auez heureusement vaincu; apres auoir surpris & dompté le fort armé dans la Cour de

Pilate, surmonté les blasphemes des Iuifs en la Croix, émoussé la pointe acerée de la mort en mourant, & donné l'espouuante aux enfers en y descendant, vous ressuscitastes glorieux tout couuert de lauries & de palmes. Vous estes le mystique Iob, vray miroir de patiéce, à qui le Seigneur apres de tres-rudes espreuues a rendu au double. Vous estes l'innocent Ioseph, qui par la persecution de ses propre freres, la calomnie & la prison, est paruenu au plus haut sommet d'honneur & de gloire qui se peut imaginer. Bref vous estes le vray Daniel, qui sorty de la fosse aux Lyons où il auoit esté ietté, a esté comblé de pouuoir & d'authorité plus que iamais. Grande à la verité, & signalée fut la gloire de voſtre Reſurrection, ô Roy de gloire; mais voſtre merite eſtoit encore bien plus grand & ſignalé, veu que la moindre de vos ſouffrances eſtoit d'vn merite & prix infiny, & tout cette gloire de voſtre Reſurrection eſtoit finie. Il en va bien tout au contraire à noſtre eſgard; car tous nos merites ſont bien petits, & la gloire dont vous les recompenſez eſt infinie. Traict admirable de voſtre charité! Car vous vous contentez d'eſtre recompenſé bien au deſſous de vos merites, & vous nous recompenſez bien au deſſus des noſtres. Faites, ô mon liberal bien-facteur, qu'en reconnoiſſance de ce trait de voſtre charité, ie ne cherche plus d'autre recompenſe que voſtre

de la Troisiefme Partie. 548
honneur, voſtre gloire, & tout mon ſouuerain bon-heur & contentement, ſoit que vous ſoyez beny, loüé, honnoré, & glorifié pour iamais de voſtre Pere, & puis de toute creature au Ciel & en terre.

Second Point.

Considerez combien exquis & ſauoureux ſont les fruits que la floriſſante Reſurrection de noſtre Sauueur vous a porté. Et pour laiſſer à part beaucoup d'autres choſes, contentez-vous de conſiderer que cette glorieuſe reſurrection de voſtre Sauueur affermit voſtre foy, ſoufleue voſtre eſperance, & enflamme voſtre amour. Elle affermit voſtre foy, en ce qu'elle vous fait connoiſtre vn pouuoir plus qu'huie ne desire point ressusciter autrement que comme vous, puis qu'il vous a pleu que vostre resurrection fust le modelle & patron de la mienne ; ie veux bien mourir pour viure, ie veux biē souffrir pour iouyr ; & veux bien estre mortifié selon la chair, le sens, & la nature, pour estre viuifié selon l'esprit & la grace. Car comme dit excellemment vostre saint Apostre, si nous mourons auec vous, nous viurons auec vous ; si nous endurons auec vous, nous regnerons auec vous ; & si estans plantez auec vous de la main de vostre Pere eternel dans le champ de son Eglise, nous vous sommes faits semblables en vostre mort, aussi le serós-nous en ce qui est de vostre resurrection. Ie me propose donc,

1. Petri 3.

Rom. 6.

Affections & resolutions.

Il est bien vray, ô mon bon Seigneur, que toutes vos voyes & dispositions sont droites & raisonnables ; puis donc que vous n'auez point voulu ressusciter qu'apres vostre mort, & n'auez point voulu entrer dans vostre gloire que par la Croix, ny dans vos triomphes que par vos souffrances precedentes; pourquoy voudrois-ie ressusciter interieurement sans mourir au prealable? pourquoy voudrois-ie participer aux dons & graces de la resurrection & vie spirituelle, sans participer premierement aux espines & amertumes de la mortification interieure des tentations, secheresses & desolations? Non, mon bon JESVS, non celles de la terre. Noſtre Seigneur apres ſa reſurrection ne conuerſoit plus ſi ordinairemẽt ny familierement auec les hommes: auſſi eſt-ce le propre de ceux qui ſont ſpirituellemẽt reſſuſcitez, de ne plus s'attacher à rien du monde, & de n'en aymer pas la conuerſation, ains de conuerſer d'ordinaire dans le Ciel, & d'y auoir leur cœur & leurs affections logées, leur treſor eſtant là, & non ſur la terre. Mais comme IESVS-CHRIST eſt reſſuſcité pour ne plus mourir, IESVS-CHRIST *reſſuſcitant*, dit ſon Apoſtre, *ne meurt plus, & la mort n'a plus de pouvoir ſur luy*; auſſi ceux qui ſont à bon eſcient reſſuſcitez d'eſprit, ſe gardent bien tout le reſte de leur vie de retomber en la mort du peché,

Rom. 6.

Or cette regeneration est la resurrection spirituelle de nos ames par la grace qui tend à l'heritage du Ciel. Et saint Paul escriuant aux Romains, quand il dit, que comme IESVS-CHRIST est ressuscité des morts, ainsi deuons-nous marcher en vne nouueauté de vie. Et vn peu apres, que comme IESVS-CHRIST est mort vne fois pour le peché, & que desormais estant ressuscité il vit à Dieu pour ne plus mourir; ainsi nous deuons nous tenir desormais comme morts au peché, & viuans à Dieu. Et escriuant aux Colossiens; *Si vous estes, dit-il, ressuscitez auec* IESVS-CHRIST, *cherchez les choses d'en-haut, où* IESVS-CHRIST *est seant à la dextre du Pere, goustez les choses du Ciel, &*

ch. 6.

Ch. 3

De sorte que nostre Seigneur a voulu ressusciter, non seulemēt pour nous asseurer que nous ressusciterons vn iour corporellement, mais aussi pour nous enseigner comme en attendant cette future resurrection nous deuons ressusciter en cette vie spirituellement, & conformer autant qu'il nous seroit possible la resurrection de nos ames à celle de son corps. Ainsi nous l'ont enseigné les deux Princes des Apostres, saint Pierre & saint Paul. Saint Pierre en sa premiere Canonique, quand il dit, que par la resurrection de IESVS-CHRIST nous sommes regenerez non seulement en l'esperance de la vie future de nos corps, mais aussi pour l'heritage incorruptible & incontaminé reserué dans le Ciel.

Ch. 3.

appartenir comme membre de vostre corps, vny par foy & charité à vous mon tres-doux Sauueur, qui estes mon chef. Finalement ie m'y exciteray en vostre amour, y considerant vostre excessiue charité en mon endroit, qui a fait, que comme vous auez voulu mourir sur la Croix pour me faire mourir au peché; aussi auez-vous voulu ressusciter du tombeau pour me faire viure à la grace & à la gloire.

Troisiesme Point.

Considerez que la glorieuse resurrection de nostre Seigneur n'est pas seulement cause effectiue & exemplaire de la resurrection future de nos corps, mais qu'elle l'est encore de celle de nos ames.

pliqueray donc souuent ma veuë sur ce beau miroir esclattant de vostre sainte resurrection, pour m'y confirmer de plus en plus en la creance de vostre diuinité, vous y voyant vous releuer vous mesme du tombeau par vne toute-puissance qui n'appartient qu'à Dieu ce que le nom de Resurrection m'apprend, conformément à ce que vous m'auez appris en vostre sainte Euangile, que vous auiez le pouuoir d'exposer vostre vie, & de la reprendre quand bon vous sembleroit: & que vous pouuiez reedifier dãs trois iours le temple de vostre corps, quand bien on l'auroit démoly. Ie m'y confirmeray aussi en l'esperance asseurée de ma future resurrection, ayant l'honneur de vous

A a

Neufiesme Meditation suscité des morts, nous ressuscitions, aussi de la mort du peché pour marcher en vne nouueauté de vie. Et voyla les principaux fruits & effets de grace, mon tres-cher frere, que nous apporte la glorieuse resurrection de nostre Sauueur, c'est à vous d'en faire bon vsage, & en profiter.

Affections & resolutions.

Tels & si auantageux sont les profits & emolumens que ie retire de vostre glorieuse resurrection, ô mon tres-aymable Sauueur, que ie croirois volontiers que vous estes ressuscité, plus pour mes interests, que pour vostre propre gloire, qui doit ce nonobstant estre vostre principale fin, puis que mon salut mesme ne doit estre que pour vostre gloire. l'appliqueray

de la Troisiesme Partie, 551
ses membres, & incorporez en luy, ressuscitions aussi quelque iour: & comme en Adam nous auons tous esté exposez à la mort, aussi deuons-nous tous reprẽdre vie en IESVS-CHRIST, dit son diuin Apostre. Finalement ce qui doit grandement exciter vostre amour en cette glorieuse Resurrection, est, qu'elle est toute pour vostre iustification: en sorte qu'il semble que nostre Seigneur soit plus ressuscité pour vous que pour luy mesme. Escoutez son saint Apostre aux Romains; *Il a esté liuré pour nos offenses, & il est ressuscité pour nostre iustification:* & en vn autre endroit de la mesme Epistre ensuiuant; *Nous sommes comme morts, & tous enseuelis auec luy par le Baptesme, afin que comme il est res-* Ch. 4.

Ch. 6.

main & naturel en IESVS-CHRIST, n'appartenant qu'à vne infinie puissance de se resusciter soy-mesme. Car quoy qu'en qualité d'homme il ayt esté ressuscité par le Pere, si est-ce que l'Escriture nous fait assez clairement entendre en diuers passages qu'il s'est ressuscité soy-mesme, ce qu'il n'a peu faire qu'en qualité de Dieu. De sorte que comme en sa douloureuse mort & passion il a fait paroistre l'impuissance & foiblesse de l'homme; en sa glorieuse resurrection il vous a fait paroistre la toute-puissance d'vn Dieu. De plus elle souleue voſtre esperance pour ce qui est de voſtre future resurrection: Car si IESVS-CHRIST qui est noſtre chef est ressuscité, il faut que nous qui sommes

pour parfaitement imiter vostre glorieuse resurrection, de mourir non seulement quant au sens, mais aussi quant à l'esprit, pour ressusciter l'esprit; & en cette nouueauté de vie ie me propose d'auoir mon affection & ma conuersation d'ordinaire au Ciel : & non seulement de ne plus mourir, mais de m'auancer & perfectionner de iour en iour en cette nouuelle vie; & finalement pour me rendre spirituellement conforme au corps de vostre gloire; ie m'efforceray d'acquerir quatre belles qualitez en mon ame, correspondantes aux quatre qualitez de vostre corps glorieux, qui sont, la lumiere, l'impassibilité, l'agilité, & la subtilité; pour la lumiere, ie tascheray d'obtenir de vous l'intellect spirituel, qui me fasse bien connoistre en toutes choses voſtre sainte volonté; pour l'impassibilité, ie m'estudieray d'auoir vne totale resignation & indifference à tout ce qu'il vous plaira ordonner ou permettre; pour l'agilité vne grande promptitude pour faire & accomplir tout ce qui vous sera le plus agreable; & pour le don de subtilité l'esprit d'oraison, qui penetre & profonde tout, au dire de voſtre Apoſtre.

DIXIESME MEDITATION.

De la triomphante Ascension de nostre Seigneur.

Trois points à considerer.

1. *Combien il estoit conuenable que Iesus-Christ montast aux Cieux.*
2. *Combien cette triomphante Ascension nous est profitable.*
3. *Quelle doit estre l'Ascension spirituelle de nos cœurs.*

PREMIER POINT.

CONSIDEREZ que tout le cours de la tres sainte vie du Fils de Dieu en ce monde, estant comme vn cercle tres-parfait, deuoit s'aboutir au mesme point d'où il auoit commencé;

& comme en l'incarnation il estoit venu du Pere en ce monde, il estoit bien conuenable qu'en l'Ascension il retournast de ce monde au mesme Pere; ce qu'il signifioit assez clairement par ces paroles en saint Iean 16. *Ie suis party du Pere, & suis venu en ce monde : & derechef, Ie quitte le monde, & m'en vay à mon Pere.* De plus, il estoit bien conuenable que nostre Seigneur s'estant abbaissé iusques aux plus basses parties de la terre, c'est à dire, iusques aux enfers, il fust en recompense éleué iusques au plus haut des Cieux. Car pourquoy est-il monté aux Cieux, dit son Apostre, sinon pour ce qu'il est au prealable descendu, & ce iusques aux profonds lieux de la terre? En outre il estoit tres à

Aux Eph. 4.

propos que noſtre Roy celeſte reſſuſcitant auec vn corps glorieux quittaſt la terre pour poſſeder vne demeure celeſte, & incorruptible, & deſtinée pour manifeſter ſa gloire.

Affections & reſolutions.

O Roy de gloire, quand ie vous conſidere en ce dernier moment de voſtre conuerſation viſible entre les hommes, en la preſence & veuë de vos Apoſtres & Diſciples, leur ayāt donné voſtre ſainte benediction, quitter la terre, & vous guinder vers le Ciel; Il me ſemble vous voir à guiſe d'vn valeureux Capitaine & General d'armée, entrer comme en triomphe dans la celeſte Ieruſalem, chargé de palmes & lauriers, pour les grandes & ſignalées victoires que vous remportez de tous vos ennemis, la chair, le monde, le diable, le peché, la mort & l'enfer. Ie vous voy d'vn costé recueilly de tous les bien-heureux Chœurs des Anges qui vous viennent au deuant, tous transportez de ioye & d'exultation, vous loüant & chantant trois fois Saint; & d'autre costé ie vous voy suiuy d'vne innombrable trouppe d'ames bien-heureuses, que vous amenez heureusement captiues, apres les auoir deliuré de la captiuité des Limbes où elles vous attendoient, qui toutes rauies d'aise & d'admiration de vous voir leur chef si glorieusement triompher, applaudissent de toute leur affection à vostre gloire, vous souhaittant honneur, vertu, puissance, empire, gloire, & benediction pour iamais. O que ie me ioindray volontiers à toutes ces bien-heureuses bandes, pour vous loüer & glorifier auec pureté & innocence comme elles font ! Mais, mon Seigneur, espurez mon cœur, ostez en tout le fiel & l'amertume, afin que ie vous puisse loüer & benir cõme vous le desirez de moy. Arrachez de mon cœur tout desir d'autre grandeur & gloire que celle qui se trouue auec vous dans le Ciel, & que pour y paruenir à vostre exemple, ie descende souuent tout viuant par viue apprehension dans les abysmes de mon neant; & les enfers de mes pechez. Non, mon Seigneur, il n'est pas raisonnable, & ce n'est pas l'ordre de vostre sainte prouidence. Ie ne veux pas monter au Ciel, sans m'estre au prealable bien abbaissé sur terre; ie ne veux pas voler sans aisles; ie ne veux pas triompher auant la victoire; ie ne veux pas estre couronné sans auoir legitimement combattu. Ie desire de tout mon cœur vous suiure portant ma croix apres vous au Caluaire, pour y estre crucifié auec vous, auparauant que de vous suiure au mont des Oliues, pour y monter au Ciel auec vous.

SECOND POINT.

CONSIDEREZ que si cette triomphante Ascension a esté glorieuse au regard du Fils de Dieu, elle n'est pas moins fructueuse à vostre esgard. Car en premier lieu, el-

de la Troisiesme Partie. 569

ſe augmente voſtre foy, ſouſtie-ne voſtre eſperance, & accomplit voſtre charité. Elle accroiſt voſtre foy quant au merite: car il y a bien plus de merites de croire ce qui ne ſe void point, que ce qui ſe void; occaſion pourquoy noſtre Seigneur a dit, Bien-heureux ceux qui n'ont pas veu, & qui ont creu. Elle eſleue voſtre eſperance; car croyant que noſtre Seigneur eſt monté au Ciel, & ſçachant que vous eſtes l'vn de ſes membres, vous auez grand ſujet d'eſperer de paruenir là où il eſt arriué; veu notamment qu'il a prié ſon Pere, que tous les ſiens fuſſent là où il ſeroit, & qu'il a dit, que là où ſeroit le corps, les aigles s'aſſembleront. Finalement cette abſence de noſtre Seigneur, & ſa retraite

S. Tho. 3.par. q. 57. art. 1.

Ioan. 20.

Mat. 24.

dans le Ciel, accomplit & perfectionne voſtre charité; car le croyant dans le Ciel à la dextre du Pere, vous le pouuez aymer d'vn amour beaucoup plus parfait & ſpirituel, que ſi vous le voyez icy ſur terre viuant, & conuerſant auec les hommes cõme vn d'entr'eux. Et en effet, tant que noſtre Seigneur a conuerſé viſiblement auec ſes Apoſtres & Diſciples, ils ne l'ont aymé que d'vn amour fort humain, terreſtre & imparfait: occaſion pourquoy noſtre Seigneur leur diſoit: *Il eſt expedient que ie m'en aille d'auec vous; car ſi ie ne m'en vay le Paraclete ne viendra point à vous*; comme s'il leur euſt dit, explique ſaint Auguſtin, Vous n'eſtes point capables de receuoir le S. Eſprit tant que vous ne me connoi-

Ioan. 16.

Traité 49. ſur S. Iean.

strez que selon la chair. En outre noſtre Seigneur a voulu quitter la terre & monter au Ciel, pour nous y preparer le lieu, *Ie m'en vay*, diſoit-il, *vous preparer la place* ; pour nous y ſeruir de mediateur & aduocat, afin qu'il paroiſſe, dit ſon Apoſtre, deuāt la face de Dieu pour interpeller pour nous : & finalement pour nous exciter le deſir de le ſuiure au Ciel, & ſupprimer en nous tout autre deſir : ce qui faiſoit dire à ſon bien-heureux Apoſtre, *Ie deſire eſtre diſſous, & eſtre auec* IESVS-CHRIST.

Ioan. 14.

Affections & reſolutions.

O qu'il eſt veritable, mon tres-aymable Sauueur, que vous faites tout pour vos eſleus, au dire de voſtre Apoître ! iusques-là qu'il semble que vous ordonniez vostre gloire pour nostre salut, tant l'amour que vous nous portez est grand, qu'il semble triompher de vous au milieu de vos triomphes, & faire que vostre triomphante Ascension soit plus pour nous que pour vous, estant toute pour nostre edification, pour nostre instruction & consolation. Il est vray que comme vous estes né, mort, & reslufcité pour nous, aussi estes vous monté au Ciel pour nous. O mon Seigneur, quel renforcement de confiance me donne la ferme creance que i'ay que vous estant esleué par dessus tous les Cieux, & d'autant plus releué par dessus tous les esprits celestes, que vous auez vn nom different du leur, vous

y estes tout voyant & tout-
puissant pour m'assister en tous
mes besoins. Car quoy que
vous vous soyez absenté quant
à la presence visible, si ne nous
auez vous point laissé orphe-
lins ; ains semble au contraire que plus vous estes esloigné selon vostre humanité, plus
vous vous estes rendu present,
pour suruenir à nostre necessité. O mon tres-victorieux, tres-
puissant, & triomphant Sauueur ! qu'ay-ie plus à craindre
que moy-mesme, estant sous
vostre speciale protection ? ie
dis que moy-mesme, n'y ayant
que mon ingratitude, ma mesconnoissance & mauuaistié qui
me puisse nuire. Absorbez dõc
par vostre bonté ce qui est de
malin en moy ; par vostre puissance ce qui est de foiblesse &

de defectuosité. Hé! quand sera-ce, ô mon ttiomphant Roy, que lié & garroté des liens de voftre faint amour; vous me menerez heureufement captif de tous vos faints vouloirs apres vous? O heureufe l'heure que mon efprit abandonnant tout, prendra fon vol apres vous feul, comblé de tout bon-heur à iamais! O que tout ce qui fe paffe ça bas eft petit & neant aux ames que vous efleuez à vous, ô fouuerain Aymant!

Troisiesme Point.

Considerez que comme les bien-heureux Apoftres & Difciples, ne pouuans pas fuiure auec les pas corporels leur bon Maiftre montant au Ciel, le fuiuoient au moins de leurs yeux corporels, les tenans fichez sur luy pendant qu'il s'esleuoit en l'air; Aussi faut-il que vous qui ne pouuez le suiure en cette triomphante Ascension, ny des pas, ny des yeux du corps, le suiuiez des yeux & des pas de vostre ame, que vous teniez souuent les yeux de vostre foy ouuerts pour considerer & la fin & les moyens de cette triomphante Ascension de Iesvs; la fin, dis-ie, qui est ce tres-heureux estat de gloire duquel nostre Sauueur a pris possession non seulement pour luy, mais aussi pour vous, & pour tous les siens qui y ont droit acquis par ses merites; les moyens aussi, qui sont ceux de la Croix, de la mort, & de la Resurrection, afin de les imiter & embrasser. Que vous portiez desormais toute voſtre affection & deſir aux choſes du Ciel, ſuiuant la belle exhortation de l'Apoſtre ; *Si vous eſtes reſſuſcitez auec* IESVS-CHRIST, *cherchez les choſes d'en-haut, ſauourez ce qui eſt du Ciel.* Adieu tous les vains plaiſirs : adieu tous les treſors, & tous les honneurs & vanitez de cette mortelle habitation; allons chercher les vrais plaiſirs, les richeſſes eternelles, & les ſolides contentemens dans le Ciel où eſt IESVS noſtre treſor, noſtre vie & noſtre gloire : car là où eſt noſtre treſor doit eſtre noſtre cœur. Suiuez ce doux agneau, mon tres-cher frere par tout où il ira: ſuiuez-le en la Cour de Pilate, & au Caluaire ſouffrant & mourant, pour y crucifier & faire mourir voſtre

vostre vieil homme ; suiuez-le au sepulchre pour vous y enseuelir, quât à la chair & au sang, auec luy, & y ressusciter auec luy auec vne nouueauté de vie, quant à l'esprit, & à la grace : & finalement suiuez-le au mont des Oliues montant au Ciel, pour vous perfectionner de plus en plus en sa grace & en son saint amour.

Affections & resolutions.

Ie voy bien que ce n'est pas assez, ô mon bon IESVS, qu'ayant participé à vostre sainte naissance, renaissant en vous par le saint Baptesme, i'aye encore participé à vostre douloureuse mort & passion, crucifiant pour vostre amour toute ma nature auec se vices & mauuaises inclinations, &

de plus à vostre glorieuse resurrection, ressuscitant à vne nouuelle vie, vie de grace & de dilection ; vous ne voulez pas que i'en demeure là, mais que ie passe outre à la participation & pratique spirituelle de vostre triomphante Ascension, qui n'est autre qu'vn fidel & continuel progrés de mon ame, en la vertu & en vostre saint amour. Ce sont les Ascensions & montées que vous voulez que ie dispose en mon cœur dans cette vallée de larmes, pendant le cours de ma vie, où il est impossible de demeurer long-temps en l'estat de consistance ; si ie n'aduance, ie recule en ce sentier ; si ie ne gaigne, ie perds en ce trafic ; si ie ne monte, ie descends en cette eschelle ; & si ie ne suis vain-

de la Troisiesme Partie. 579
queur en ce combat, ie suis vaincu. Il te faut continuellement auancer ta course, sans t'arrester, ô mon ame, si tu veux acquerir le prix? IESVS est ton prix, qui a passé legerement, & continué la course de son amour & obeyssance iusques à la mort, & à la mort de la croix. Et partant, si tu fais halte, & ne haste le pas iusques à la mort, tu ne l'atteindras pas. La vraye vertu n'a point de limites en ce monde : elle va tousiours outre. Mais sur tout la sainte charité, qui est la vertu des vertus. O mon bon IESVS, qui estes l'vnique & souuerain obiet de mon amour, vous estes infiniment aymable. C'est pourquoy ne pouuant pas vous aymer d'vn amour infiny, n'en estant pas

capable, au moins vous peux-ie aymer de iour en iour d'vn amour plus parfait & plus espuré des interests de ma nature. Mais comme l'amour que ie vous porte a pris naissance de vostre bonté, aussi en doit-il prendre sa croissance. Il n'appartient pas à celuy qui seme, ny à qui arrouse, mais à vous seul de donner cet heureux accroissement de vertus, de graces, & d'amour. C'est pourquoy, comme les meres perles tiennent leurs escailles ouuertes du costé du Ciel, pour en receuoir les gouttes de rosées qui tombent à l'aube du iour, pour nourrir & accroistre les perles qui en ont esté formées : ie seray soigneux de tenir tous les iours mon cœur ouuert du costé de vostre diuine bonté, de laquelle i'ay receu la grace & l'amour que i'ay pour vous, pour en impetrer la continuation & accroissement.

VNZIESME MEDITATION.

De la sanctifiante mission du saint Esprit.

Trois points à considerer.

1. *Combien il estoit conuenable que le saint Esprit fut enuoyé.*
2. *Quels sont les principaux effets & fruits du saint Esprit.*
3. *Quel grand bon-heur c'est à l'ame d'estre possedée & menée de l'esprit de Dieu.*

PREMIER POINT.

CONSIDEREZ que quoy que l'Ascension de nostre Seigneur ait esté le dernier mystere, & l'accomplissement de tous ceux qui selon le diuin projet se deuoient paſſer en ſa ſainte humanité; ſi eſt ce que ce n'eſtoit pas aſſez pour l'entier accompliſſement de la reformation, ou ſeconde creation des hommes ſur la terre; il ſemble que noſtre Seigneur en tous les autres myſteres precedens auoit comme formé & organiſé le corps de ſon Egliſe, mais qu'en cetuy-cy, comme au dernier acte de cette ſeconde creation, il le deuoit animer par le diuin ſouffle, & le feu de ſon ſaint Eſprit. Il eſtoit de plus bien conuenable à l'infinie bonté & amour de Dieu, qu'il ſe communiquaſt en toutes les manieres qu'il ſe pouuoit. Et pour ce qu'apres s'eſtre communiqué par ſes creatures, il a bien daigné ſe vouloir communiquer ſoy-meſme à nous, il l'a voulu faire en la maniere qu'il se pouuoit. Et d'autant que la personne du Pere ne procedant d'aucune autre, ne pouuoit nous estre enuoyée, nous ayant enuoyé la personne du Fils, au mystere de l'Incarnation, pour nous rachepter; il estoit conuenable à son infinie bonté qu'il nous enuoyast la personne du saint Esprit pour nous sanctifier. Finalement nous ayant monstré l'exemple de s'humilier, de souffrir & d'endurer auec patience & obeïssance en son humanité visible & passible, il falloit que par la force & vertu de son saint Esprit, il nous esmeust, excitast, & animast à cette sainte pratique.

Affections & résolutions.

O tres-haute, tres-sainte, & tres-adorable Trinité, combien grande & profuse est vostre liberalité en mon endroit? Il paroist bien qu'elle prouient d'vne bonté infinie, & d'vn amour esgal à vostre bonté; car apres auoir receu de vous tout mon estre, & celuy de toutes vos creatures pour mon besoin & ma consolation, que restoit-il, sinon que vous vous donnassiez vous-mesme à moy en la maniere qu'il se pouuoit? Hé que pouuois-ie esperer dauantage, sinon que le Pere eternel m'enuoyast & donnast son propre Fils, & que le Fils auec le Pere m'enuoyassent & donnassent leur saint Esprit, & qu'ainsi le Pere se communiquast à moy par son propre Fils, & derechef le mesme Pere & Fils par leur saint Esprit? O souveraine bôté que vous estes communicatiue! ô saintes & sacrées personnes que vous estes misericordieuses & liberales de vous mesmes, d'auoir bien daigné estre enuoyées & données à vne si chetiue & ingrate creature. Mais, ô mon ame, qu'heureuse est ta condition, qu'apres auoir esté creée par le Pere, & racheptée par le Fils, tu sois sanctifiée par le saint Esprit! Voy, de grace, comme la charité du Pere acquise pour toy par les merites du Fils, t'est infuse par le saint Esprit. Voy comme tu es tendrement aymée & caressée de toutes ces trois diuines personnes; comme le Pere, au dire de l'Apostre, te gratifie en son Fils bien-aymé, & te comble de toute benediction celeste en iceluy, comme ce Fils te fait part par son saint Esprit des tresors de sapience & science qui sont en luy cachez, ensemble de toutes les graces qu'il a receu du Pere: & finalement comme le saint Esprit se coule & insinuë doucement & amoureusement dans le plus secret de ton cœur, te remplissant quelques fois d'indicible ioye & allegresse toute diuine. O sainte & sacrée communication! ô compagnée de tresors inestimables! ô vnion! ô vie diuine! ô lumiere cachée! plus de corps, plus de nature, plus d'estre creé. O diuin estre, sois moy tout estre pour iamais.

Second Point.

CONSIDEREZ que le saint Esprit est la source & l'origine de toutes les graces & benedictions que la divine bonté eslargit à toute l'Eglise vniuersellement, & qu'elle depart selon son bon plaisir à toutes les ames en particulier qui en sont les membres. Toutes ces graces & benedictions sont comprises dans les sept dons du saint Esprit, cottez par le Prophete Isaye, ch. 11. & les douze fruits du mesme saint Esprit cottez par l'Apostre escriuant aux Galates, chap. 5. Les dons sont, la Sapience, l'Intellect, la Science, le Conseil, qui appartiennent à l'entendement, la Pieté, la Force, & la Crainte de Dieu, qui appartiennent à la volonté. Les fruits sont la Charité, la Ioye, la Paix, la Patience, la Benignité, la Bonté, la Longanimité, la Mansuetude, la Foy ou Loyauté, la Modestie, la Continence, & la Chasteté. Adioustez à cecy les huit Beatitudes, cottées par nostre Seigneur mesme dans saint Matthieu, qui sont effets particulierement du saint Esprit. Voyez, ie vous prie, mon tres cher frere, quel tresor de graces vous possederez, si vous possedez le S. Esprit, ou plustost si le saint Esprit vous possede & habite en vous : or est-il qu'il n'habitera point en vous, si vous n'estes humble & contrit de cœur. Car il est dit de luy en Isaye, qu'il habite auec l'homme contrit & humble d'esprit, & qu'il viuifie l'esprit

ch. 5.

ch. 57

des humbles, & le cœur des contrits.

Affections & resolutions.

O tres-saint & sacré esprit, qui estes le don substantiel du Pere & du Fils, don par eminence, en qui tout autre don est compris, & de qui tous les dons de grace deriuent : voicy que ie vous donne mon cœur & mon ame, afin que les détachant & décolant de l'affection des creatures, & de quoy que ce soit, soit en moy, soit hors de moy, vous le remplissiez de vos dons & de vous mesme, mais encore plus de vous mesme, que de vos dons. Car vous m'estes beaucoup plus aymable & desirable, que ny vos dons, ny vos fruits, ny vos effets, qui sont cependant incomparablement plus desirables que tout ce qui peut estre de plus desirable en toute la nature. O mon ame, seroit-il bien possible que pouuāt ioüyr des dons & graces inestimables du S. Esprit, pouuant à ton aise sauourer les fruits delicieux de cet arbre de vie, pouuant receuoir en ton cœur la pureté, la sainteté, les beatitudes Euangeliques, qui sont effets particuliers du saint Esprit, tu fusse si miserable que de preferer vn vain plaisir, & ta propre satisfaction à de si grands & si precieux tresors? Sera-il dit, que pour ne te vouloir pas abbaisser, pour ne vouloir pas te débousir & desenfler de ta superbe & fausse presomption, tu te rende incapable de receuoir ce liberal donateur & ses dons ? O divin esprit, qui estes esprit des humbles ! changez moy à bon escient, & me donnez vn esprit nouueau, vn esprit d'enfant & de simplicité, afin que vous demeuriez en moy, & que toutes les puissances & facultez de mon ame soient reuestuës & embelies de vos dons & graces. Vous estes vn feu tout celeste & diuin, & en cette qualité vous esclairez, vous eschauffez & consolez nos ames : & pour ce vous estes appellé, tantost esprit de verité, tantost esprit saint, & tantost esprit Paraclete ou Consolateur. En qualité d'esprit de verité & feu esclairant soyez ma lumiere, mon conseil, ma science, mon intellect, & ma sapience en l'entendement. Et qualité d'esprit saint, & feu eschaufant; soyez ma pureté, ma sainteté, ma pieté, ma force & ma vertu en la volonté. En qualité d'esprit, Paraclete ou Consolateur, & feu resioüyssant, soyez ma paix, ma ioye, & toute la consolation de mon cœur pour iamais.

Troisiesme Point.

Considerez que Dieu vous ayant composé de deux parties bien differentes, sçauoir est de l'esprit & de la chair, il vous a mis en liberté de vous esleuer à la semblance des Anges, qui sont tous spirituels, ou de vous raualer à la forme & condition des animaux qui sont tous charnels; & que vous ne pouuez vous rendre capable d'estre meu & guidé de l'esprit de Dieu, qui est le mesme saint Esprit, & beaucoup moins d'en estre possedé & remply, si mourant à la chair & aux œuures de la chair, vous ne viuiez selon l'esprit, & ne vous rendez spirituel. Sçachez que iamais homme animal & sensuel demeurant tel, n'a receu le saint Esprit ; L'homme animal, dit l'Apostre, ne peut rien cóprendre des choses de Dieu, il n'y a que l'esprit de Dieu qui puisse sçauoir ce qui est de Dieu ; il n'y a que les enfans de Dieu qui ayent receu l'esprit d'adoption, & qui soient meus du S. Esprit. Or est-il que Dieu n'a donné pouuoir d'estre enfans de Dieu qu'à ceux qui sont nez spirituellement de Dieu, & non à ceux qui sont nez seló le

1. Cor. 2.

Rom. 8.

sang, ny selon la chair, ny selon l'homme. Ce saint & sacré soufle de la diuinité n'a rien de commun auec la terre, rien à démesler auec le sang & la chair : Aussi les ames qui en sont vrayement meuës & possedées, ont fait perpetuel diuorce auec la chair & les sens, abhorrent les plaisirs sensuels comme poison, conuersent tousiours dans le Ciel, viuent comme des Anges, ne se meuuēt à rien d'elle-mesmes ; mais suiuent, ou plustost costoient fidelement le mouuement de ce diuin esprit dont elles sont possedées. Elles ne sont plus suiettes à la loy, car leur dilection en preuient l'obligation : occasion pourquoy l'Apostre dit, *Si vous estes conduits de l'esprit de Dieu, vous n'estes plus sous*

Saint Iean X.

Aux Gal. 5.

la loy. Elles n'ont plus de crainte ; car le tesmoignage que le saint Esprit leur rend de ce qu'elles sont, leur oste entierement. Elles sont libres de toute facheuse subjection & seruitude ; car où est l'esprit de Dieu, là est la vraye liberté. Elles n'ōt rien à redouter ; car l'esprit supplée à leur infinité. Elles ne doutent point de ce qu'elles ont à demander à Dieu ; car cet esprit postule pour elles en elles auec des gemissemēs inenarrables. Elles viuent en lumiere ; car cette sainte onction leur enseigne tout. Elles profondent les mysteres ; car ce diuin esprit habitant en elles profonde tout. *L'esprit*, dit l'Apostre, *examine & discerne tout, voire les choses les plus abstruses de la diuinité.* Elles en parlent

Aux Rom. 8.

2. Cor. 3.

Rom. 8.

Rom. 8.

Matt. 10. Gal. 4.

pertinemment; car l'esprit du Pere & du Fils parle en elles. Finalement pour ne m'estendre dauantage, les ames qui sont eminemment occupées & remplies de ce saint Esprit, sont par sa vertu esleuées, transportées, & toutes extasiées en Dieu; & comme toutes transformées à sa diuine semblance, sont faites vn mesme esprit en luy. Ce que l'Apostre exprime assez clairement en ces termes, escriuant aux Corinthiens; *Nous autres, en nous occupant à la contemplation de la gloire, & des grandeurs du Seigneur, nous nous sentons transformez de clarté en clarté à son image, comme tout transportez par l'esprit du mesme Seigneur.* Or qui adhere de cette maniere à Dieu, est fait vn mesme

1. Cor. 2.

2. Cor. 3.

1. Cor. 2.

esprit auec Dieu, dit le mesme Apostre.

Affections & resolutions.

O Pere des esprits, esprit tres-saint & tres-sacré, que j'adore souuerainement, comme estant vn mesme Dieu auec le Pere & le Fils, l'intime & substantiel amour de tous les deux, feu bruslant, amour ardent, viue source des eaux de vie, & tres-sacrée onction des ames! Quand sera-ce que la mienne sera toute parfumée de vostre sainte onction? quand verra-elle vos diuines eaux comme vn fleuue regorger de son sein, & reiallir en la vie eternelle? quand se sentira-elle ardre & consommer en vos diuines flammes? quand se verra-elle heureusement occupée & toute possedée de vous, & par vostre secrette vertu toute extasiée, transportée & transformée en Dieu : de sorte que ses pensées, ses desseins, ses paroles & actions, soient pensées de Dieu, desseins de Dieu, paroles & œuures de Dieu : Ce sera quand par vostre mesme vertu vous l'aurez despouïllée d'elle-mesme : quand vous l'aurez totalement desappropriée de tout son propre mouuement & sentiment : de sorte qu'il ne luy reste plus que la disposition & bonne volonté de receuoir la vie, le mouuement & sentiment que vous luy donnerez. C'est ce que ie desire de toutes les affections de mon cœur, m'offrant & abandonnant totalement à vous

de la Troisiesme Partie.
vous, ô tres-saint Esprit, afin que vous preniez entiere possession de moy, & disposiez de moy comme de chose toute vostre, au temps, & en l'eternité. Ainsi soit-il.

FIN.

ADVERTISEMENT
TOVCHANT

LA MEDITATION de la Mort & Paſsion de noſtre Seigneur.

DAVTANT qu'au Directoire nous auons trouué bon, qu'outre les deux ou trois Meditations d'vne heure ſur les ſuiets preſcrits en ce Liure, on en faſſe le ſoir vne autre de demie heure ſur quelque Point de la Mort & Paſsion de noſtre Seigneur; c'eſt pourquoy nous auons icy cotté dix principaux Points à conſiderer ſur ce ſuiet pour les dix iours des exercices ; ceux qui en font douze pourront di-

Cc ij

uiser le dernier Point en deux, & prendre la seule Crucifixion pour le dixiesme iour, & la Mort pour l'vnziesme, & adiouster la Sepulture & descente de nostre Seigneur aux enfers pour le douziesme; ceux qui en font moins de dix pourront laisser quelques vns des premiers Points les moins importans.

1. *Point, de l'agonie de nostre Seigneur au iardin des Oliues.*

2. *Point, de sa prise au mesme lieu par la trahison de Iudas.*

3. *Point, des battures, crachats, & blasphemes qu'il endura chez Anne, & Caiphe.*

4. *Point, des fausses accusations qu'il souffrit auec vn admirable silence chez Pilate.*

5. *Point, de la honte & confusion qu'il receut chez Herodes.*

6. Point, de sa cruelle flagellation estant de retour chez Pilate.

7. Point, du couronnement d'espines, excez & moqueries qu'il y souffrit.

8. Point, de sa condemnation à la mort au lieu du seditieux, & malfaicteur Barrabas.

9. Point, du portement de sa Croix par le chemin.

10. Point, de sa douloureuse crucifixion & mort sur le Caluaire.

Notez qu'il y a quatre principales circonstances à considerer en chacun de ces Points: la premiere est, qui est celuy qui souffre, sçauoir est le Fils de Dieu tres-innocent, vray homme, & vray Dieu tout ensemble: la seconde, pourquoy il souffre; sçauoir est pour sauuer ses creatures tres desloyales & tres ingrates: la troisiesme, ce qu'il fouffre ; fçauoir eft des chofes tres-douloureufes, & tres-ignominieufes : la quatriefme, comment il fouffre ; fçauoir eft auec vne tres-profonde Humilité, vne extreme Obeïffance, vne admirable Patience, & vne exceffiue Charité ; qui font les quatre fignalées vertus & dimenfiõs de la Croix, bien plus confiderables en IESVS-CHRIST fouffrant & mourant, que ny les exceffiues douleurs, ny les extremes ignominies qu'il a fouffert.

Autre aduertiffemẽt touchant la renouation des vœux.

LEs perfonnes Religieufes qui voudront faire la retraitte de deux ou trois iours pour la renouation de leurs vœux; choisiront des susdites Meditations, celles qui sont propres pour ce sujet; sçauoir est: 1. de la vocation à la religion: 2. de l'obligation que l'ame religieuse a d'aspirer à la perfection: 3. de l'entiere abnegation de soy-mesme, & total abandon en Dieu: 4. de l'humilité: 5. de la profession des trois vœux en general: 6. de la pauureté: 7. de la chasteté: 8. de l'obeïssance: 9. de la charité enuers le prochain: 10. de l'amour enuers Dieu. Et pendant ces trois iours on s'examinera chaque iour l'espace d'vne heure l'apresdinée sur l'obseruance de chacun des trois vœux, pour aduiser au moyen de s'amender & corriger des defauts qu'on y aura commis: & le troisiesme, ou quatriesme

Ces deux dernieres se pourront obmettre, s'il n'y a du téps assez.

iour, apres auoir fait la sainte Communion, la Messe finie, on pourra renoueller les vœux en cette maniere.

Forme de renoueller les vœux.

MOn Seigneur, mon Dieu le frere N. ou sœur N. quoy que tres indigne, pour mes ingratitudes & desloyautez passées, de comparoistre icy deuant vostre tres-sainte Majesté, me confiant toutesfois en l'excés de vos misericordes, ie m'y presente, & ratifie deuant vous, & en la presence de la tres-sacrée Vierge, & de nostre bien-heureux Pere saint N. & de toute la Cour celeste: les trois vœux que i'ay fait en ma premiere profession; & tout de nouueau maintenant,

Aduertissement. 609

comme dés lors, ie vous promets, ô grand Dieu, de garder Pauureté, Chasteté, & Obeïssance (sous closture:) Suppliant tres-humblement vostre infinie bonté, par le sang tres-precieux de IESVS-CHRIST, qu'il vous plaise receuoir cet holocauste en odeur de suauité: & que comme il vous a pleu me donner grace pour vous l'offrir, il vous plaise aussi me la donner abondante pour le parfaire & accomplir.

Si c'est vn Religieux il ne dira point ces mots (sous closture).

Si cette renouation se fait deuant le Confesseur ou autre Prestre, ledit Confesseur ou Prestre recitera cette Antienne.

Induite vos sicut electi Dei sancti & dilecti viscera misericordiæ, benignitatem, humilitatem, modestiam, patientiam.

Puis dira ce verset; *Vouete, &*

C c v

reddite Domino Deo nostro, & on respondra, *Omnes qui in circuitu eius affertis munera*, & finalement il dira cette Collecte.

Oremus.

DEvs qui diligentibus te facis cuncta prodesse; da cordibus nostris inuiolabilem tuæ charitatis affectum: vt desideria de tua inspiratione concepta nulla possint tentatione mutari. Per Christum Dominum nostrum. Amen.

FIN.

SVPPLEMENT
AVX MEDITATIONS PRECEDENTES CONTEnant cinq Meditations.

MEDITATION POVR LES SVPERIEVRS.

Trois points à considerer.

1. Du moyen de maintenir l'authorité de la charge auec humilité.
2. Du moyen de conseruer le zele de l'obseruance auec la charité.
3. Du moyen de faire iustice auec misericorde, ou de reprendre & corriger auec douceur d'esprit.

PREMIER POINT.

ONSIDEREZ que le pouuoir & authorité que vous auez est de

Dieu: car, côme dit saint Paul, il n'y a aucune puissāce qui ne soit de Dieu, & que par consequent Dieu veut que vous teniez cette authorité chere, & la conseruiez soigneusement pour son interest ; à quoy butte cet aduertissement du mesme Apostre à son Disciple Timothée; Prends garde que personne ne mesprise ton ieune aage. Or comme cette authorité est plus sur les ames que sur les corps (occasion pourquoy nostre bieheureux Pere S. Benoist, admirable par toute sa Regle, mais notamment où il traicte du Superieur, dit fort bien, que l'Abbé doit souuent penser que ce sont des Ames qu'il a entrepris de gouuerner) vous deuez vous estudier sur tout, pour conseruer legitimement vostre authorité dans ces Ames, de vous y acquerir creance, & confiance: Et ce par deux moyens, que le susdit bien-heureux Pere S. Benoist cotte en sa Regle; sçauoir est, par la parole d'exhortation, & par le bon exemple de l'obseruance reguliere. Par la parole, dis-ie, en consolant, animant & encourageant ceux qui sont de bonne volonté, a fin qu'ils aillent tousiours de bien en mieux; & reprenant, tançeant & arguant les autres, a fin de les retirer du mal, & les porter au bien. Mais encore bien plus efficacement par l'exemple, qui monstre tres-euidemment que ce que le Superieur desire de ses inferieurs est faisable. Et sçachez que c'est par ces moyens-là qu'on se conserue l'authorité; & non pas par vn port maie-

stueux, par vne desmarche ad-
uantageuse, par vn parler qui
sent du maistre, & par autres
deportemens semblables qui
sentent l'esprit seculier, & qui
ruinent de fonds en comble l'esprit d'humilité que tout Superieur est plus tenu de conseruer
que son authorité propre, pour
ce qu'on se peut sauuer sans authorité, mais non pas sans humilité. Et pour ce le Superieur
doit souuent penser que son authorité luy est donnée de Dieu,
non pour se faire reuerer craindre & redouter, mais pour seruir au salut de ses freres auec
crainte & tremeur, à cause du
compte exact qu'il en doit rendre deuant sa diuine Maiesté, &
qu'il se ramentoiue souuent ce
dire du bon Pasteur ; Qu'il
estoit venu pour seruir, & non

In cā-
tic.ser.
6.
Bern.
serm.
2. L.
D.
Idem
ser. 3.
in E-
piph.
ser. 18
in cāt.

pour estre seruy, comme il l'a monstrée par son exemple : & que l'authorité luy est donnée non tant pour vser d'authorité, que pour rendre sa charité enuers les freres plus efficace.

Affections & resolutions.

Quand ie considere la dignité, & l'obligation de la charge à laquelle vous m'auez appelé par la disposition de vostre tres-sage prouidence, qui est de gouuerner des Ames, qui sont autant de petits mondes, toutes spirituelles & immortelles cóme les Anges, & que vous auez toutes rachetées de vostre sang precieux, & de les conduire à salut par la voye de la perfection, & par consequent de veiller continuellement sur elles, comme ayant à vous en rendre compte : ie m'eſtonne comme ie peux raualler mes penſées, & mes affections à des folies & bagatelles, me rendant par ce moyen à bon droit contemptible & meſpriſable. Et partant ie me reſous auec le ſecours de voſtre ſainte grace, de penſer plus ſouuent, & plus ſerieuſement à l'importance de ma charge, & d'employer tous les iours quelque eſpace de temps pour y pēſer, & aduiſer aux moyens de m'en bien acquitter. Ie prendray ſi ſoigneuſement garde de compaſſer tellemēt toutes mes paroles, actions & deportemens en la veuë de vos ſainctes volontez, qu'aucun de mes inferieurs n'en puiſſe prendre ſuiet de ſcandale ou de meſpris, conſiderant que ma charge m'oblige à leur ſeruir de modele, &

de patron sur lequel ils se doiuent former & mouler. Et quād il arriuera que par condescendance ie me familiariseray auec eux, i'y conserueray vne douce grauité qui les retiendra tousiours dans la modestie & le respect : comme aussi quand ie seray obligé à vser du pouuoir de ma charge à l'exterieur, ie m'estudieray d'autant plus de conseruer l'humilité, & vn tres bas sentiment de moy-mesme en l'interieur.

Second Point.

COnsiderez que nostre Dieu vous ayant confié comme en depost les Regles, Statuts, & Ordonnances qui se doiuent garder en la communauté, dont il vous a fait Chef, vous luy estes responsable en cõscience, si par vostre negligence, ou conniuence il se glisse quelque relasche en l'obseruance desdites Regles, & Statuts. Car nostre Dieu l'ayant establie sur ces loix & reglemens là, il veut & entend que vous la conseruiez & mainteniez par ces mesmes moyens. C'est pourquoy vous deuez vous porter d'vn grand zele à maintenir & conseruer soigneusement toute l'obseruance reguliere que vous auez trouuée establie dans le Monastere, ou dans la Congregation dont vous estes Superieur, & pareillement à la releuer, & r'establir fortement, si vous l'y auez trouuée descheuë, ou relaschée. que si vous ne vous resoluez à bon escient d'y employer vostre principal soin, vostre industrie,

& trauail, fcachez qu'il ne peut y auoir de falut pour vous : car la perte, & damnation des ames qui vous font commifes, & dont vous negligez le falut eft voftre condamnation irremiffible. Mais comme vous deuez auoir vn grand & feruent zele pour porter tous vos freres à vne exacte, & ponctuelle obferuance de vos Regles & Statuts, vous ne deuez pas auoir moins de charité pour les fupporter en leurs infirmitez, & foibleffes, non feulement du corps, mais auffi de l'efprit : car cóme il faut que vous ayez du zele & de la ferueur pour eftablir & maintenir l'entiere obferuance & difcipline reguliere dans le corps & le gros de voftre communauté, auffi faut-il que vous ayez de la douceur & charité pour supporter, & soulager les particuliers, ne vous rendant trop difficile à receuoir & croire leurs plaintes, quand ce ne seroit que pour le soulagement de leur esprit, taschant neantmoins auec prudence de les destromper, s'ils se flattent trop, & leur releuer le courage, si vous les iugez trop abbatus par la tentation.

Affections & resolutions.

Puis c'est vous ô Souuerain, & souuerainement bon Pasteur, qui auez frayé le sentier par où ie dois conduire vos oüailles, c'est à dire, estably & prescript la Regle, & les Constitutions que ie leur dois faire obseruer en leur conduite, & que i'y sens ma conscience tres estoitement obligée: ie me resous d'en prendre vn tres grand soin, & de leur en donner l'affection, & volonté, autant qu'il me sera possible, non seulement par la parole & frequentes exhortations à cela; mais principalemẽt par l'exemple: i'y veilleray continuellement, & prendray garde iusques aux plus petits manquemens qui se pourroient cõmetre contre l'obseruance, afin d'y obuier prudemment, & empescher par ce moyen les plus grands desordres qui ne naissent iamais que des moindres. Et non seulement ie veilleray de la sorte sur mon troupeau; mais aussi ie prieray continuellement pour luy, sçachant bien que le Superieur, au dire de nostre deuot Pere saint Bernard, doit nourrir & fomenter son troupeau par trois sortes de mets:

par la parole, par l'exemple, & par la priere. Ie vous repre-senteray souuent (mon bon Pasteur) tous les besoins de mes oüailles, qui sont les vostres, non seulement en general; mais aussi en particulier les soins de telle & de telle, & en la veuë de ces besoins, ie me presenteray souuent a vous, pour receuoir de vostre bonté la lumiere, & la grace pour cooperer auec vous à leur salut, & appliquer auez prudence & charité les remedes necessaires à leurs maux. Ie ne negligeray personne; ains m'estudiray pour vostre amour d'auoir autant de soin du plus petit, comme du plus grãd, & mesme du plus imparfait comme du plus parfait ; me resouuenant que vous estes venu pour les malades, & non pour les sains, & pour recouurer les brebis esgarees, & receuoir les pescheurs à misericorde. Car quoy que vous vouliez biē que i'estime & affectionne dauantage en vous, ceux qui vous aimēt dauantage, & vous seruent plus fidellement, si est ce qu'en ce qui regarde les necessitez corporelles, & le salut de l'ame vous voulez que tout me soit esgal; & que i'imite en cela vostre diuine bonté qui fait luire son Soleil sur les bons, & sur les mauuais, & debite sa pluie sur les iustes, & sur les iniustes.

Troisiesme Point.

CONSIDEREZ qu'il n'y a rien de si preiudiciable en vne communauté religieuse comme en toute autre, que l'impunité, qui lasche la bride au libertinage, & ouure la grande porte à mille malheurs. Ce que preuoians les Instituteurs des Ordres de Religion, & notamment l'Instituteur du nostre, comme ils ont establis quantité de commandemens, & ordonnances en leurs Regles, aussi ont-ils estably dans les mesmes Regles quantité de punitions, & chastimens, par lesquels les contrauentions aux susdits reglemens peuuet estre suffisament reparées, & l'Obseruãce reguliere preseruée de sa ruine, & conseruée en son entier. Ce qui vous doit rendre exact à corriger, & punir les delinquans, notãment ceux qui non tant par pure fragilité, que par volonté deliberée font coustume de violer la Regle & les Constitutions, ou les ordonnances

nances des Superieurs. Car quoy que par leur indisposition & obstination les corrections & penitences ne leur profitét pas : si est ce qu'elles ne laissét pas de profiter à toute la Cōmunauté, qui reconnoist par là que les Superieurs n'approuuent pas le vice, & plusieurs particuliers sont retenus, & empeschez par là de se porter aux mesmes desordres; outre qu'il n'y a rien que les malins esprits, qui s'emparent d'ordinaire des mauuais naturels, redoutét plus que les corrections regulieres. Et quoy qu'absolument parlant, la voye de douceur soit meilleure, que celle de rigueur notāment pour les esprits honnestes, doux, & raisonnables; si ne l'est-elle pas, pour les esprits durs, superbes, & turbulens au dire de saint Be-
D d

noist, qui veut qu'on les chastie seuerement dés le beau cõmancement de leur desordre. Ce n'est pas à dire pourtant qu'il ne faille accompagner la iustice de misericorde, & qu'il ne faille reprendre, & corriger auec douceur d'esprit: car ce qui fait bien souuent que la reprehension, ou correction ne profite pas, c'est qu'elle ne se fait pas auec douceur, & charité; ains auec colere, & amertume de cœur, ce que vous deuez fuir comme la peste; & partant ne faites iamais vne reprehension ny correction tant que vous vous sentez esmeu, si vous ne iugez vostre raison assez forte pour retenir & moderer vostre zele. Efforcés vous autant qu'il vous sera possible de porter les delinquants à satisfaire bien volontiers pour leurs fautes, & en leur imposant la penitence, ne regardés pas à satisfaire à vostre zele, mais à procurer le bien de leur ame, & à reparer le deschet qu'ils ont apporté par leur faute à l'obseruance reguliere. Gardez vous bien aussi d'estre trop pointilleux, ny trop soubçonneux, ny de vous laisser preuenir de quelque trop sinistre opinion contre le tiers ou le quart, considerant qu'il n'y a Religieux si depraué qui ne se puisse conuertir en cette vie, & deuenir vn Ange.

Affections & resolutions.

Il est bien vray, ô mon tres aimable Pasteur, que la plus importante leçon que vous desirez que i'apprenne de vous, c'est que ie sois doux & humble de cœur, ce qui me seroit ce me semble beaucoup plus aisé que d'auoir à reprendre, corriger & chastier autruy, & m'exposer par consequent à la malueillance du tiers & du quart. Mais quand d'ailleurs ie vous vois entrer dans le temple, armé de zele & de iuste courroux, le foüet en la main en chasser les vendeurs, & achepteurs, & renuerser qui çà qui là tous leurs comptoirs, ie me sens obligé en la charge ou vous m'auez mis de reprimer fortement l'insolence de ceux qui par leurs desreglemens prophanent vostre saint Temple, & remplissent vostre maison d'iniquité. Mais ô mon bon Seigneur, faites que le zele de vostre maison consomme la timidité de mon cœur, que la vertu de vostre esprit interieur m'excite, & renforce mon courage, & que le seul interest de voftre feruice, & du salut des ames que vous m'auez confiées me defpoüille de tout autre interest, qui me pourroit empefcher ou retarder la correction, & le chaftiment des fautes, que ie ne peux tolerer sans vous offencer. Mais pour y proceder auec plus d'equité & de moderation, ie ne me laisseray pas facilement preuenir par les raports des vns & des autres, sçachant bien qu'il ne s'en fait gueres qu'auec exaggeration, & alteration de la verité. Ie ne prendray iamais en la pire part les fautes d'autruy, & m'eftudiray de les attribuer pluftoft à l'ignorance, ou à la fragilité tant que faire ce pourra, qu'à la malice, &

mauuaise volōté. Ie me mettray d'ordinaire en la place de l'accusé, afin de proceder en son endroit, comme ie voudrois qu'on procedast au mien. Ie ne reprendray, ny corrigeray iamais autruy, qu'en la veuë de mes fautes ie ne me reprenne & corrige le premier : par ce moyen, & le secours de vostre grace, ô mon bon Pasteur, i'espere que ie feray iustice auec misericorde; voire mesme qu'à vostre imitation, la misericorde surpassera tousiours la iustice, & qu'aux occasions ie tempereray de telle sorte la rigueur auec la douceur, & la seuerité de Iuge auec la debonnaireté de Pere, que les ames en profiteront, & que vous en serez honoré & glorifié pour iamais.

MEDITATION

Pour les Predicateurs.

Trois points à considerer.

1. Du motif qui doit porter le Religieux à la Predication.
2. De la disposition requise pour prescher vtilement.
3. Du fruit que le Predicateur doit retirer de sa fonction.

Premier Point.

CONSIDEREZ que si la droiture & pureté d'intention est requise en toute bonne & honneste action, qui cesse d'estre bonne, si l'intention & le motif qui nous y porte ne l'est: beaucoup plus és actions qui regardent le royaume de Dieu, sa gloire, son seruice, & le salut des ames, telle qu'est la predication, qui est le sacré ministere, & dispensation de sa sainte parole à quoy il est dangereux de vous porter de vous mesme, & par vostre seule naturelle inclination: car il y faut estre appelé, tant s'en faut que vous vous y deuiez porter par quelque sinistre intention, ou par quelque motif purement humain. Il est de tout point necessaire auparauant que d'attenter cette sainte fonction de bien espurer vostre intention, & de n'y rien pretendre d'humain, comme seroit de vouloir paroistre, ou de vouloir secouer le ioug de l'Obseruance; ou du moins prendre forces licences sous ce pretexte; ains la seule gloire de Dieu, son seruice, & le salut des ames. Et en outre il faut qu'estant religieux vous y soiez appelé, & appliqué par l'obeissance, sans laquelle vous ne pouuez rien faire qui vous soit meritoire pour le ciel, quand bien vous conuertiriés tout le monde. Car comme dit nostre Seigneur. *Quid prodest homini, si totum mundum lucretur, animæ verò suæ detrimentum patiatur?* Et prenés garde de ne pas contraindre par vostre importunité vos Superieurs, à vous employer à cette fonction, au lieu de vous soufmettre à leur entiere disposition pour cela. Car ce ne seroit pas suiure l'appel de Dieu, mais le precipiter, & peut estre le contrarier directement, n'y ayant dans l'estat de religion plus euidente marque de la volonté de Dieu pour vous appliquer à quelque employ que ce soit, ou pour vous en esloigner, que la volóté & disposition de vos Superieurs: cósideré que le principal but de vostre vocation en la Religion, n'est pas pour y deuenir Predicateur; mais bien pour y obeyr & deuenir parfait Religieux.

Affections & resolutions.

Quand il me souuient, ô mon bon Seigneur, de ce que vous dites en vostre sainct Euangile que si mon œil est simple, tout mon corps sera lumineux; & au contraire s'il ne l'est pas, tout mon corps sera tenebreux: c'est à dire, que si mon intention est pure & droite, toute mon actió se fera en la lumiere de vostre grace, & si le motif qui me porte à quelque employ que ce soit n'est bien espuré de tout mon propre interest, ie ne feray rien qui vaille, & ne marcheray qu'en tenebres; ie me sens grandement obligé à bien dresser mon intention en toutes choses; mais notamment en celles qui concernent plus particulierement voſtre seruice, comme la Predication, & de ne m'y porter que par motif de grace. Car cóment pourrois-ie estre digne organe de vôtre S. Esprit, si ie ny suis porté par voſtre esprit? cóment pourrois ie dignemét prescher vôtre parole en y cótreuãt, & y cherchãt ma propre gloire, & non la voſtre? Ah que cela ne m'arriue iamais! & que pluſtoſt ma langue demeure immobilement attachée à mon palais, que de profaner ce sacré ministere par vne siniſtre intention, & motif purement humain. Non, mon Dieu, ie ne desire vacquer à cette sainte fonction qu'autant que vous m'y appliquerez par l'obeissance, & vous proteste n'y prendre autre interest que celuy de vostre pure gloire, & salut des ames. Loing de moy donc, & arriere de mon cœur tout autre motif, quel qu'il puisse estre, soit le gain, soit la gloire d'estre connu, estimé, & prisé, soit le bon traitement, & le bien aise. Ie ne pretends autre richesse, n'y thresor que vostre sainte grace, & vous mesmes. Et quand à la gloire & reputation, ie sacrifie tout cela aux pieds de vostre croix, tres content de demeurer inconnu, & de n'estre loüé, ny prisé pour ma Predication, pourueu que vous en soiez

les Predicateurs. 637

glorifie, & les ames edifiées. Et quant aux difpenfes, & exemptions ie ne les defire qu'autât que mes Superieurs les iugeront neceffaires, conformement à nos Regles & Conftitutions.

Second Point.

Confiderez que fi les plus nobles, & excellentes formes dans la nature, requierent de plus excellentes difpofitions en leurs fuiets: la Predication eftant vne des plus illuftres, & eminentes fonctions qui foient en l'Eglife de Dieu, elle requiert auffi tout plein de bonnes difpofitiós en fon fujet & celles cy principalement. Sçauoir eft la probité de vie exemplaire, la doctrine & capacité du fçauoir, vne finguliere pieté

& deuotion, vn zele tout particulier du salut des ames. Il faut donc en premier lieu si vous desirez prescher vtilement, que vous soiez de bonnes mœurs, & d'edification en vostre vie, & conuersation, afin que vous ne destruisiez pas par vostre mauuais exemple ce que vous auez construit par vostre parole, & que N. S. ne vous fasse pas le reproche du Psalme 49. *Peccatori autem, dixit Deus, quare tu enarras iustitias meas, & assumis testamentum meum per os tuum. Tu verò odisti disciplinam, & proiecisti sermones meos retrorsum. Si videbas furem currebas cum eo, & cum adulteris portionem tuam ponebas. Os tuum abundauit malitia, & lingua tua concinnabat dolos. Sedens aduersus fratrem tuum loqueba-*

ris, & aduersus filium matris tuæ ponebas scandalum, &c. Et qu'il ne soit pas dit de vous ce que nostre Seigneur disoit des Pharisiens, qu'ils imposoient aux hommes des fardeaux insuportables, & n'y vouloient pas toucher du bout du doigt; ains imitez l'exemple de N.S. qui commença à faire auant que d'enseigner. *Cœpit* Iesvs *facere & docere*, formez vous à bon escient à la vertu auant que de l'enseigner aux autres, & monstrez par vostre exemple que ce que vous desirez de vos auditeurs est faisable. La seconde disposition est la capacité du sçauoir: car c'est vne tres grande presomption, & vn attentat insupportable de vouloir enseigner ce qu'on ne sçait pas, & de vouloir manier la sainte Escriture, & la doctrine des Peres, auant que l'auoir bien comprise il faut apprendre auant que d'enseigner, notamment quand il est question de la parolle de Dieu, & des sacrez mysteres de nostre foy, on ne sçauroit se trop bien preparer pour les traiter dignement. La troisiesme disposition que N. S. requiert de vous afin que vostre Predication soit profitable, est que vous soiez singulierement pieux & deuot, c'est à dire que vous goustiez tres intimement les choses que vous preschez, & qu'on voye que vostre bouche parle de l'abondance du cœur: car cela touche grandement les auditeurs; & cela c'est prescher: *Non in altis humanæ sapientiæ verbis; sed in virtute Spiritus*, comme parle le diuin Apostre

S. Paul. La quatriefme & derniere disposition, que nostre Seigneur desire de vous pour vous bien acquiter de cét employ, est que vous ayez vn grand zele, & tres feruent desir du salut des ames, considerant combien elles sont cheres à Dieu qui les a toutes créées à son image & semblance, toutes spirituelles & immortelles cõme luy, qui pour elles n'a point espargné son fils vnique, lequel conformement au dessein de son pere a donné sa propre vie, & respandu son sang pour leur redemption.

Affections & resolutions.

O mon bon Seigneur que vos misericordes sont grandes! que vous daigniez bien me confier le ministere & la dispensation de voſtre ſainte parole, comme vous auez fait aux Anges, aux anciens Prophetes, & à vos ſaints Apoſtres. Ie confeſſe que cette fonction toute diuine & Apoſtolique ſurpaſſé de beaucoup mon merite & ma capacité; mais puis qu'il vous a pleu m'y appeler par voſtre diuine diſpēſatiō, ie m'abandonne entre vos bras auec entiere confiance en voſtre bonté, m'aſſeurant qu'elle ne m'abandōnera point en ce beſoing. I'apporteray biē de ma part tout l'eſtude, le ſoin, & la diligence poſſible pour me bien acquiter de mon deuoir, comme ſi ie n'auois point de confiance en vous; mais auſſi ie me confieray en vous comme ſi ie n'auois vſé d'aucune preparation pour ce ſujet, reconnoiſſant que l'heureuſe iſſuë de cet employ despend tres-particulierement de l'assistance de vostre grace. Ie m'estudiray en outre d'acquerir les principales dispositions que vous desirez de moy pour cét effet, ie veilleray plus soigneusement que ie n'ay iamais fait sur tous les mouuemens de mon cœur pour les regler au niueau de vostre bon plaisir, & par consequent sur tous mes deportemens & conuersations, afin que rien ne desborde & saille au dehors les termes & bornes de la bien seance & modestie conuenable à vne personne de ma profession : & sur tout puis que ma bouche est consacrée au ministere de vostre sainte parole, ie me donneray bien garde de la profaner par aucun discours trop licentieux, & trop seculier, ny permettre que rien en sorte qui ne soit de bonne odeur, & d'edification. A ce bon reglement de ma vie i'y conioindray l'estude continuelle des saintes Escritures, & de la doctrine des Peres; & pour y vacquer plus serieusement & plus assiduëment, ie me retireray de toutes les conuersations inutiles du dehors, & notamment des femmes, où il y a bien du danger, prou de peine, & & peu de profit. I'accompagneray mes estudes des exercices de pieté & deuotion, emploiant tous les iours quelque temps à l'Oraison mentale, examen de conscience, ou recueillement interieur, & mesme ie mediteray d'ordinaire les points les plus affectifs de ma Predication pour en parler auec plus d'affection, & d'efficace. Finalement pour

les Predicateurs. 645

m'enflamer au desir du salut des ames, ie penseray souuent combien elles vous sont cheres, ce que vous auez fait & souffert pour elles, comme vous auez ioint inseparablement vostre gloire à leur salut.

Troisiesme Point.

Considerez (quelque yssuë qu'ait eu vostre Predication à vostre esgard, c'est à dire que vous en soiez satisfait ou non) que si vous y auez apporté la disposition requise, auec vne pure intention de seruir au salut des ames, Dieu en est content & satisfait. Que si vous croiez n'auoir par bien reussi en quelque Predication humiliez vous en; mais ne vous en descouragez pas, car ce seroit vn effet d'amour propre qui cherche tousiours sa propre satisfaction, & qui par consequent s'aflige quand il ne la rencontre pas. Soiez fort indiferent à tout l'euenement qui en peut arriuer, & taschez de profiter de tout en rédant graces à Dieu si vous en receuez consolation, & en vous humiliant deuant luy, s'il vous en arriue quelque confusion. Et pensez que bien souuent les Predications qui ne vous auront pas satisfait, auront plus contenté vostre auditoire, & auront plus fait de profit, que celles dont vous aurez eu plus de satisfaction. C'est à Dieu de mesnager l'efficace de la Predication dans les esprits des auditeurs par certains secrets ressors que nous ne connoissons pas; & partát vous vous en deuez mettre en repos, & vous en remettre entierement à sa sainte providence, qui en disposera côme il luy plaira pour sa plus grâde gloire, & le salut des ames. Et ne vous rebutés pas pour le peu de fruit de vos Predications: car quand vous n'auriez seruy qu'a la conuersion d'vne ame, ce ne seroit pas peu: & souuenez vous que nostre Seigneur s'est bien voulu occuper à prescher vne pauure femme debauchée, sçauoir est la Samaritaine, & ne s'est pas voulu dôner le contentement de conuertir beaucoup d'ames, comme il eust fait sans doute, s'il eust esté prescher aux Gentils comme aux Tyriens & Sidoniens; ains il s'est contenté de prescher au Iuifs qui s'endurcissoient plustost de ses Predications qui ne s'en conuertissoient, pour ce que son Pere l'a uoit enuoyé pour prescher aux Iuifs, & non pas aux Gentils. Il auoit reserué ce contentement pour ses Apostres, dont l'vn d'iceux, sçauoir saint Pierre, eust le contentement de voir trois mille personnes conuerties par vne seule sienne Predication, & cinq mille par vne autre. Et partant contentés vous de prescher aux lieux, & aux personnes, où Dieu vous a destiné, & où il vous applique.

Affections & resolutions.

Paratum cor meum Deus, paratum cor meum. Ouy mon Dieu mon cœur est tout preparé à tous les euenemens de vostre sainte prouidence, soit à la consolation, soit à l'humiliation qui me peut arriuer de ma Predication, ie receueray l'vne,
&

& l'autre comme de vostre main, & tascheray d'en tirer auantage pour le bien de mon ame, ie ne me rebuteray, ny decourageray point pour me voir peu suiuy, & ne laisseray de m'acquiter de mon deuoir au moins mal qu'il me sera possible. Ie ne seray point trop curieux en mes recherches, ny trop affecté en mes paroles, ny trop excessif en mes gestes: ie m'y comporteray rondement & franchement selon Dieu, & comme en sa presence, & m'accoustumeray mesme de me recueillir interieurement de fois à autre en preschant. Ie defereray tousiours beaucoup aux aduis que mes amis me donneront touchant ma methode, & maniere de prescher, & les supplieray de m'aduertir franchement de mes defauts, pour m'en corriger. Ie ne me mettray iamais plus en peine si ie me suis satisfait en ma predication, ou si i'ay contenté mes auditeurs : il me suffira desormais, ô mon bon Seigneur! de vous satisfaire & contenter, laissant tout le reste à vostre sainte prouidence & disposition.

MEDITATION
Pour les Confesseurs.

Trois points à considerer.

1. De quel motif doit estre porté le Religieux pour s'employer aux confessions.
2. Quelles sont les dispositions requises en celuy qui veut vtilement vacquer à cét employ.
3. Quel fruit le Confesseur doit retirer de sa fonction.

PREMIER POINT.

CONSIDEREZ que cette fonction estant l'administration d'vn Sacrement, & d'vn Sacrement tres important & necessaire pour le salut des fideles, & qui n'opere rien moins que leur deliurance de la captiuité du

Ee ij

Diable, du peché, & de la mort, & par consequent leur reconciliation auec Dieu, s'il est bien administré; comme aussi peut-il causer vne plus grande damnation tant au Penitent qu'au Confesseur, s'il est mal administré; Il est tres important de ne s'y porter pas à la volée; mais auec grande consideration, vocation de Dieu, & droiture d'intention. Ie dis auec grande consideration tant à cause de l'excellence, & importance du ministere, que de la suffisance & capacité necessaire pour y vacquer: i'adiouste la vocation, notamment pour les Religieux; qui ne s'y doiuent iamais porter que par obeyssance: & finallement la droiture & pureté d'intention: car n'y ayant pouuoir sur terre plus grand, n'y plus saint & sacré apres celuy de la consecration du Corps, & Sang de nostre Seigneur, que celuy de deliurer les ames du peché & les restablir en grace, cela requiert vne intention toute pure, & toute sainte en celuy qui s'y veut employer. Et partant si vous vous destinés à cette sainte fonction, prenez bien garde de ne vous y pas porter par quelque dessein de vous exempter par ce moyen de quelques fonctions regulieres; n'y aussi pour contracter des connoissances, & conuerser plus librement auec les personnes seculieres, & notamment auec les femmes, ny pour autre semblable dessein. Que s'il vous en arriue la pensée, destournez vous en au pluftost, & conuertissés vous à Dieu, luy offrés votre cœur, & votre dessein, qui ne doit estre que l'honorer en cette sainte fonction, & y procurer le salut des ames.

Affections & resolutions.

Il est bien vray, mon bon Seigneur, & charitable Pasteur, que vous n'auez estably les predications, n'y les confessions pour principal but de l'Institut ou vous m'auez appelé: c'est pourquoy ie me resous de ne m'y porter iamais par moy mesme; ains seulement autant que l'obeyssance m'y portera, & m'y contraindra. Et pour ne m'y porter precipitamment ie considereray souuent le grand danger où ie m'expose d'entreprendre la conduite des consciences, & comme ie me faits responsable pour le salut d'autruy, & comme il est tres difficile de ne me laisser preuenir de quelque respect humain, notamment enuers les personnes puissantes & de qualité, qui me pourra retenir de leur representer l'enormité de leurs pechez, & de leur imposer les penitences conuenables à leurs fautes & les obliger aux restitutions dont elles seront tenuës, & que si ie ne le fais ma conscience en respondra deuant vous. Et d'ailleurs ie ne vois pas moins de danger au regard des personnes de petite condition qui sont pour l'ordinaire grossieres & ignorantes des choses de leur salut, & qui se presentent aux pieds du Prestre sans aucune preparation, & quasi sans penser à ce qu'elles font, & qui ont plus besoin d'instruction, que d'absolution, laquelle ie ne dois appliquer que sur vn sujet bien disposé, à peine de sacrilege. C'est pourquoy, mon bon Seigneur, i'implore tres instamment la lumiere de vostre grace, afin que reconnoissant, & preuoyant ces dangers, ie ne m'y embarque pas facilement.

SECOND POINT.

CONSIDEREZ le danger que vous courés de vous perdre, & vous damner malheureusement, si vous vous exposés à cét employ, quoy qu'auec la permission de vos Superieurs, si vous n'auez les dispositions requises à cela: car outre la droiture & pureté d'intention dont i'ay parlé au premier Point, quatre conditions y sont requises: sçauoir la science, la prudence, la pieté, & le zele tres particulier du salut des ames. Quant à la science, il est de tout point necessaire que vous ayez diligemment estudié toutes les matieres de cas de conscience, qui sont de tres grande estenduë, autrement le malheur que nostre Seigneur a predit vous arriuera, qui si vn aueugle conduit vn autre aueugle ils tomberont tous deux dans la fosse : outre que vouloir conduire les ames à leur salut, sans en bien sçauoir le chemin, c'est les seduire & les tromper, qui n'est pas vn petit crime deuant Dieu. Quant à la prudence qui comprend en soy l'aage & l'experience, elle ne vous est pas moins necessaire, que la science pour pouuoir discerner la griefueté ou legereté des offences par la disposition du penitent : car s'il est d'humeur douce, facile, & raisonnable, ses offences ne seront pas d'ordinaire si griefues, que s'il est d'vne humeur bigeare, cholerique, & opiniastre. Or l'aage & l'experience seruent merueilleusement à ce discernement : c'est pourquoy on ne se doit iamais exposer à cét employ, auant l'aage de trente ou trente cinq ans, adioustés qu'vn ieune homme ne peut pas auoir l'authorité necessaire pour vne bonne conduite. Deplus il est bien necessaire qu'outre la sciéce, & la prudéce vous ayez de la deuotion : car comment pourrés vous imprimer les bons sentimens de pieté dans les ames de vos penitens si la vostre en est priuée? hé comment pourrés *les Confesseurs.* 659

vous donner ce que vous n'aués pas? finalement vous deuez auoir vn grand zele du salut des ames, à quoy vous seruiront beaucoup les considerations mentionées sur ce sujet dans le second point de la meditation precedente.

Affections & resolutions.

Ah! quelle hardiesse & temerité que d'entreprendre vne chose si importante qu'est le gouuernement des consciences, sans auoir les parties & conditions requises pour cela. C'est se lancer dans l'air du haut d'vn precipice sans aisles: c'est se ietter dans la mer, sans sçauoir nager, bref c'est se perdre & se damner à credit. C'est pourquoy ie me resous, moyennant vostre grace, ô mon Dieu, de ne m'engager iamais à cét employ, que par l'auis & le conseil des personnes plus sages, & experimentées que moy, & par le commandement de mes Superieurs, apres qu'ils auront reconnu si i'en suis capable, & si i'y peus promouuoir le bien des ames & vôtre gloire. Et pour cette fin ie continueray l'estude necessaire pour cela, auec pl^9 d'assiduité que iamais, & prendray garde de ne me porter aux opiniõs extremes, c'est à dire ou trop larges ou trop seueres és matieres de conscience, ny aussi aux opiniõs trop particulieres : ie suiuray la voye cõmune tant qu'il me sera possible. Mais d'autãt qu'il me seroit tres dangereux en cette sainte occupation, comme en toute autre qui concerne vostre seruice, de m'appuier sur ma propre suffisance, ie seray tousiours sur la defiance de moy mesme, & dãs l'entiere cõfiance en vôtre bõté & en l'assistance de vostre grace, que ie rechercheray par les exercices interieurs de pieté & de deuotion, particulierement par la frequente priere, & le frequent recueillement de mon interieur, & par le continuel soin de me maintenir en vostre sainte presence, & d'agir en la veuë de vostre saint vouloir, & mesmes en entendant les cõfessions ie vous feray d'ordinaire quelques prieres iaculatoires, pour les personnes que i'escouteray en confession, afin qu'il vous plaise les toucher de vostre grace efficace, & les conuertir entierement à vous: & leur donnant l'absolution, ce sera toufiours en la veuë de vostre sainte presence, comme si ie receuois actuellement de voftre main le pouuoir de les abfoudre, & de les reconcilier à vous, & mefme hors la confeffiõ, i'auray toufiours vn foin tres particulier de leur falut; & comme i'ay particuliere connoiffance de leurs befoins, ie les vous representeray fouuent.

TROISIESME POINT.
CONSIDEREZ que comme l'exercice de la Predication fe termine bien fouuent en vanité, fi l'on ne prend bien garde à foy : de mefme celuy de la confeffion, notãment au regard des femmes, s'aboutit en pure fenfualité, fi l'on ne fe tient bien fur fes gardes : car cõme ce fexe à caufe de fa douceur apparente, & de fa deuotion eft

merueilleusement attraïant, & qu'il ne s'y retrouue pas tant de difficulté de cõscience à demesler comme aux hommes, qui sont dans les intrigues des affaires du monde, les Confesseurs s'y portent bien plus volontiers, & quoy que ce soit auec vne tres-bonne & tres-pure intention du cõmencement; si est-ce que par le progrez & la continuë de la cõuersation, la nature peu à peu s'y attache, & enfin y cherche sa propre satisfaction, de sorte que sous pretexte d'entretien spirituel, comme dit S. Bonauenture, on y entretient & fomente l'impureté des sens & de la nature à bon escient : de sorte qu'ayant commencé ce sainct employ par l'esprit, on le consomme par la chair, comme parle S. Paul. Ce qui est bien esloigné du fruict que les Confesseurs doiuent retirer pour eux de ce saint employ. Vous donc, mon cher frere, qui ne vous estes pas encore laissé embarasser dans ces malheureux pieges, tenez vous sur vos gardes, & preuoiant ces escueils si dangereux d'estournés en vostre barque de bonne heure, & vsés des precautions necessaires pour esuiter le naufrage. Ie ne veux pas dire pour cela que vous abandonniez la conduite des ames deuotes qui vous ont confiance; mais que vous vous y comportiez auec grande moderation; esuitant les longs entretiens auec elles, & fuiant toute familiarité suspecte, & beaucoup plus toutes sortes d'attouchemens, quoy que sous leger pretexte de quelque exercice de deuotion que se puisse estre : car toutes ces pratiques sont pures illusions, & tromperies du malin esprit. Le fruit donc que vous deuez recueillir de ce saint trauail est bien autre : car c'est d'vn costé l'horreur & detestation des crimes, & pechez qui se commettent dans le monde, & qui vous sont descouuers clairement par les confessions que vous entendés, & d'autre costé vne tres-grande compassion de ceux qui sont exposez aux occasions de ces desordres, ce qui vous doit causer vn tres grand ressentiment de l'obligation que vous auez à Dieu de vous auoir retiré à l'abry & au couuert de tous ces escueils, vous ayant appelé à l'heureux estat de la Religion.

Contraste insuffisant
NF Z 43-120-14

Affections & resolutions.

Puis qu'il est ainsi, ô mon bon Seigneur, comme vous me l'enseignés en vostre S. Euangile, que ceux qui trauaillent au salut des ames, sont le sel qui les preserue de corruption, & que si ce sel s'esuente & se corrompt, il n'est plus bon à rien, & doit estre foulé aux pieds des hommes; que dois-ie attendre de moy, si au lieu de profiter pour mon salut du trauail que i'entreprens pour le salut des autres, i'en empire & me porte au vice. Non mon Seigneur & sauueur, ne permettés iamais que ce malheur m'arriue, que plustost ie quitte & abandonne pour tousjours ce ministere que d'en abuser & le prophaner de la sorte. Et partant ie me resous auec le secours de vostre grace d'esuiter tres soigneusement & au plustost tout ce qui me pourroit insensiblemét attirer au mal & notamment les longs entretiens & la trop grande familiarité auec les filles & femmes. Ie ne leur parleray iamais que ce qui est de leur salut, & ce encore le plus succinctement qu'il me sera possible, ie ne m'aresteray iamais à ce qui est de leur exterieur; mais à leurs seuls besoins interieurs, pour les y aider & les vous recommander. Ie me garderay sur tout d'attirer les ames à moy, comme plusieurs font, quoy que sans vne mauuaise intention, mais ie m'esforceray de tout mon pouuoir de les porter à vous, & dés aussi tost que ie m'apperceuray qu'elles s'attacheront par trop à moy i'y remediray aussi tost, ou en les refutant, ou en les mortifiant, ou mesme m'absentant, ou les congediant tout à fait. En fin mon tres doux & tres aimable Sauueur, puisque vous m'estes plus que toutes les creatures, ie ne permettray iamais qu'aucune creature, sous quelque pretexte de pieté que ce soit, non seulemēt me separe; mais mesme m'esloigne tant soit peu de vous, en m'occupant le cœur & la pensée plus souuent & plus affectiuement que vous, qui estes & serés comme i'espere ma misericorde, ma vie, mon salut, & ma gloire pour iamais.

MEDITATION

Pour ceux qui doiuent prendre les Ordres, & notamment celuy de la Prestrise.

Trois points à considerer.

1. De l'excellence & dignité de la Clericature, mais notamment des sacrés Ordres de Diaconat, & Sousdiaconat.
2. De la tres haute dignité du Sacerdoce, & de la sainteté que les Prestres doiuent professer.
3. Des principales fonctions de la Prestrise, & notamment du tres-sainct Sacrifice de la Messe.

PREMIER POINT.

ONSIDEREZ que tous ceux qui sont initiez & promeus aux

Ordres, mesme aux quatre moindres de Portier, Lecteur, Exorciste, & Acolythe sont appelez Clercs, du mot grec *cleros*, c'est à dire sort, portion ou heritage: à cause que Dieu seul doit estre leur lot & leur partage, ou à cause qu'ils doiuent estre la part, & portion du Seigneur, comme luy appartenant d'vne plus particuliere maniere que tout le reste des Chrestiens. Occasion pourquoy en l'Eglise primitiue, l'Ordre des Clercs estoit releué au dessus de celuy des Moynes, qui pour lors n'estoient point encore incorporés en l'Ordre de la Clericature, cóme ils sont à present au plus grád honneur & gloire de Dieu, & pour le plus grád bien de son Eglise. Tant y a que la Clericature est de telle dignité qu'il

doiuent prendre &c.

surpasse de beaucoup l'Institut monastique pris puremét separé de la Clericature & du Sacerdoce, comme il s'est anciennemét praticqué. Que si vous reconoissez que la Tonsure, & les quatre mineurs sõt de si grãde dignité, que deuez vo° péser de ces deux Ordres sacrés de Diaconat, & Sousdiaconat, qui auoisinét de plus prés celuy de la Prestrise, & dont l'office estoit en la naissãce de l'Eglise, que to° les fidelles viuoiét en cõmun, de distribuer à vn chacun selõ son besoin, d'auoir soin particulier des pauures, de garder les tresors & sacrés vases de l'Eglise, & d'assister le Prestre à l'Autel & de participer auec lui aux sacrés misteres. Et cõme en la Hierarchie Ecclesiastique Diacres & Sousdiacres reçoiuét pureté, lumiere, & perfection du diuin Ordre des

Prestres & des Euesques. Pareillement les Clercs sont purifiés, esclaircis & perfectionnés par l'Ordre sacré des Diacres & Sousdiacres, & quoy que plusieurs Theologiens doutent si les quatre mineurs Ordres, ou plustost Ordinations sont Sacremens; on ne doute point toutesfois que les sacrés Ordres ou Ordinations du Diaconat & Sousdiaconat ne le soient, à cause de l'excellence & dignité de leurs fonctions. Voyez donc auec quel respect vous deués vous approcher de ces saints Ordres, & auec quelle reuerence vous deués les exercer.

Affections & resolutions.

O Dieu de mon cœur! vous me monstrés bien que vous m'estes vn Dieu d'amour & de dilection,

ction, puis que vous me donnés tant de moyens pour m'vnir & me lier à vous, & entre-autres cestuy-cy de la Clericature, & des saincts Ordres, qui fait que par vn lien mutuel vous estes ma part & portion, & ie suis la vostre. Hé! que me reste-il à desirer dauantage ? *Quid mihi est in cœlo, & à te quid volui super terram? Defecit caro mea & cor meum, Deus cordis mei, & pars mea Deus in æternum.* O qu'heureuse est cette condition, qui fait que ie peux dire comme vostre Espouse; *Dilectus meus mihi, & ego illi:* Mon bien-aymé est tout à moy, & ie suis tout à luy. Qui ne m'arriue donc iamais de me porter à receuoir, ou exercer ces saincts Ordres pour autre intention que d'estre plus à vous que iamais, que de despendre de vous & de ceux que vous me donnez pour guides, plus que iamais; & par consequent d'estre plus défiant de moy-mesme & de ma propre suffisance que iamais, plus humble & plus obeyssant que iamais. Que si ie suis promeu où ie pretens de l'estre aux charges de Diaconat ou Sousdiaconat, ie m'estudieray d'auoir vn tres-particulier sentiment de charité & dilection pour le prochain, puis que vous auez tout premierement establi ces sacrez Ordres pour le secours du prochain, & notamment des paures. Et dautant que vous auez aussi institué ces mesmes Ordres pour assister le Prestre à l'Autel, & le seruir decemment pendant le sainct sacrifice de la Messe, ie m'estudiray d'en obseruer tres-exactement toutes les ceremonies, voire iusques aux plus petites, qui sont prescriptes pour cela: sçachant bien qu'il n'y a rien touchant ce tres-haut, & tres-redoutable Mystere qui doiue estre negligé, & que celuy-là encourt vostre malediction, qui se comporte negligemment en ce qui est de vostre seruice. Ie seray pareillement soigneux d'exercer au pluſtoſt l'Ordre que i'auray receu, & me garderay bien de passer à vn autre, auant que d'auoir pratiqué celuy que i'auray receu; ce que ie pretens faire moyennant vostre sainte grace auec toute humilité, crainte & respect.

SECOND POINT.

CONSIDEREZ que le Sacerdoce de nostre Loy Euangelique est d'vne tres-haute dignité, & bien releué au dessus du Sacerdoce, soit de la Loy naturelle, soit de la Loy escrite, tant à raison de son institution, que de son pouuoir & de ses effects. Car son institution est toute diuine, originée de N. S. IESVS-CHRIST vray Dieu, & vray homme. Son pouuoir tant sur le corps naturel de IESVS-CHRIST, que sur son corps mystique, qui est l'Eglise, est pl9 qu'Angelique: car les Anges n'ont pas le pouuoir de faire le Corps de IESVS-CHRIST, ny d'absoudre les pechez des fidelles. Les effets en sont par consequent merueilleux, soit ceux *doiuent prendre &c.* 677

qui regardent le corps naturel du fils de Dieu, soit ceux qui concernent son corps mystique, sçauoir est son Eglise. Car quant aux effets de la premiere sorte, qui a-t'il de plus estrange & merueilleux qu'vn homme en vertu du charactere de Prestrise qui luy est imprimé en l'ame receuant le diuin Ordre, puisse quand il luy plaira changer le pain au vray corps de Iesvs-Christ, & le vin en son vray sang? de sorte que si le sãg & corps de nostre Seigneur ne subsistoient plus, il le reproduiroit par sa parole, en prononçant les mots de la sainte consecration. Mais que peut-il y auoir de plus auguste, que le tres admirable Sacrifice de la Messe, que les anciens Peres de l'Eglise appeloient,

Tremenda Mysteria, les redoutables mysteres, que mesmes les Prestres peuuent offrir tous les iours à Dieu tant pour les morts que pour les viuans! Et que peut il y auoir de plus desirable, & de plus rauissant que la sainte Communion, que nos Prestres peuuent administrer en qualité de Sacrement à tous ceux qui s'y presentent? Et quant aux effets de la seconde sorte, quelle puissance y a t'il soit au Ciel parmy les Anges, soit en terre parmy les hommes qui puisse produire des effets si admirables, que sont ceux qu'operent les Prestres parmy les fidelles, en vertu de leur double pouuoir, sçauoir lier & delier? Les souuerains Princes, les Rois, & les Superieurs ont bien grand pouuoir sur leurs sujets, mais ce pouuoir n'est que sur les corps; & le pouuoir des Prestres est tout spirituel, & plus sur les ames que sur les corps. Le pouuoir des Princes temporels enuers leurs sujets, s'employe plus d'ordinaire à les faire punir & mourir, qu'à les guerir & donner vie; mais le pouuoir des Prestres s'employe plus ordinairement à guarir, & donner vie aux ames qu'à les chastier & punir par excommunications, suspensions, interdictions, qu'autres censures Ecclesiastiques, qui sont cependant d'estranges effets, & tres formidables, & qui estoient anciennement suiuis d'effets exterieurs & corporels tres espouuantables.

Ff iiij

Affections & resolutions.

O mon Dieu ! quel aueuglement de la pluspart des Chrestiens, mesme de beaucoup de Religieux, qui courent si precipitamment, & inconsiderement, & mesme bien souuent par ambition aux sacrés ordres, & notamment à la Prestrise ! *O vtinam saperent, & intelligerent, ac scirent donum Dei!* Plaise à vostre bonté, mon Dieu, de dissiper nos tenebres, & nous dôner lumiere, afin que nous connoissions & considerions auec quelle crainte & tremeur nous deuôs nous approcher de ces sacrées Ordres, & auec quelle reuerence nous les deuons exercer, mais notamment celuy de la Prestrise, qui est le sommet &

la perfection de tous les autres Ordres, qui tous se rapportent & aboutissent à cestuy cy, qui ne cede en rien à l'Episcopat quant à la Consecration, & administration de vostre sacré corps & sang, ce qui a fait dire à la plus part des Docteurs, que l'Episcopat n'est point vn Ordre different de celuy de la Prestrise; mais seulement vne extension de son charactere. Comment donc oseray-ie attenter à vn si haut degré de dignité & d'honneur en vostre Eglise, m'en voyant si indigne & incapable. Ie sçay qu'Osa fust frappé de mort subite pour auoir osé porter sa main à l'Arche, voulant empescher qu'elle ne tombast. Quel chastiment donc dois-ie attendre de vous, si i'ose m'ingerer de moy mesme à vn estat si sainct, & si sacré sans y estre appelé? & beaucoup plus si ie m'y porte par vne secrette vanité, & par vne certaine ambition de paroistre parmy mes freres en plus haut rang que ie n'estois, & si à cette fin par mes instances & importunités ie contrains, & force en quelque façon mes Superieurs de m'y enuoyer, cela n'est pas estre appelé; mais c'est s'ingerer precipitamment, & presumer temerairement de soy mesme par vn tres dangereux & pernicieux aueuglement. O mon bon Seigneur qui estes ma lumiere & ma vie, & qui n'auez voulu faire la fonction propre du Sacerdoce que les deux derniers iours de voftre sainte vie, espurez mon cœur de toute cette vaine & damnable ambition, logés y l'esprit de vraye humilité, qui me face plustost apprehender la grandeur de ces redoutables mysteres, que de les desirer, & que ie ne me lasse iamais d'attendre tant & si long-temps qu'il vous plaira, le commandement de mes Superieurs pour cela. Et quoy qu'il me soit donné faites par vostre sainte grace que ie me sente aussi prest & disposé de differer les mois & les années entieres si c'estoit vostre volonté, comme si ie ne l'auois point receu. Mais puis qu'il vous plaist de m'y appeler, & m'y obliger, faites que ie ne m'y porte que par la pure obeyssance, & qu'apres auoir esté promeu à ce saint

Ordre, ie n'en sois pas plus suffisant, ny plus presumant de moy mesme, ou mesprisant les autres; ains au contraire que i'en sois plus patient, plus charitable, & supportant; voire mesme plus obseruant, & plus exemplaire, qu'auparauant. Et qu'estant appliqué à de si serieuses fonctions ie ne me laisse plus emporter à mes legeretés passées, ny à des folies & bagatelles d'enfant. Car il me vaudroit beaucoup mieux n'estre pas Prestre, que l'estant mener vne vie indigne de cette qualité, beaucoup de choses estant suportables en vn simple Clerc, & mesme en vn Diacre, & Sousdiacre qui ne le sont pas en vn Prestre; ce qui a fait dire à vn de vos seruiteurs que les paroles oysiues des autres estoient des blasphemes en la bouche d'vn Prestre He! comment sera t'il possible que la bouche qui a consacré vostre precieux corps & sang, aille incontinent apres proferer des parolles oysiues, ou offensiues, ou de mauuaise edification?

TROISIESME POINT.

CONSIDEREZ que la fonction à laquelle vous estes plus obligé en qualité de Prestre pour le present, est la celebration de la sainte Messe, pour laisser à part les autres fonctions dont nous auons parlé és precedentes meditations, sçauoir est la predication; la confession, & l'administration des autres Sacremens. Et partant estudiez vous auec toute la diligence qu'il vous sera possible, de vous bien acquiter de cette fonction plus qu'Angelique, & toute diuine. Et pour vous y exciter, considerez en la nature & dignité, les parties, & l'vtilité, ou les fruits qui en prouiennent. Quant à la nature & dignité de cette diuine action, vous la pouués assez reconoistre par la definition que nous en auons donné au 3. chapitre de nostre Adresse, c'est à sçauoir que c'est vne sainte & sacrée action, qui consiste principalement au sacrifice non sanglant du corps & sang de IESVS-CHRIST, sous les especes du pain & du vin, en memoire du sacrifice sanglant qu'il offrit de son mesme corps & sang à Dieu son Pere sur la Croix: Et de là *doiuent prendre &c.* 687

vo9 pouués aisemét colliger l'excellence & la dignité de cette sainte action. Car comme entre les actions humaines, celles qui regardét le culte diuin sót preferables aux autres: aussi entre les actions qui concernent le seruice de Dieu, le sacrifice a tousiours tenu le premier rang, non seulement entre les fideles; mais mesme parmy les Payens; & par consequent puisque la sainte Messe cóprend en soy l'action du sacrifice, & du plus excellét sacrifice non seulemét qui ait iamais esté; mais qui puisse estre, par lequel non seulement la vraye chair & le vray sang de IESVS-CHRIST fils de Dieu, & Dieu mesme sont offerts à Dieu, mais mesme sont produits (chose estrange & tres admirable) par l'efficace des paroles de la Consecration; en sorte que cét admirable Sacrifice ne cedde en rien au mystere ineffable de l'Incarnation; Il faut necessairement conclure, que la sainte Messe est vne fonction tres noble, tres excellente, & toute diuine, voire plus saincte & sacrée qui se puisse faire par vne creature sur la terre, & dans le Ciel: Mais notez pour la recommandation de cette principalle fonction de la Prestrise, qu'elle ne comprend pas seulement le sacrifice; mais aussi l'instruction qui le precede, & l'action de grace qui le suit. De sorte que la sainte Messe (outre sa preparation qui consiste en la Confession, l'Introite, & l'Oraison) a trois parties integrantes, & principalles. La premiere est catechistique ou instructiue depuis le commencement de l'Epistre iusques apres l'Euangile, ou le *Credo* quant il se dit, & cette premiere partie s'appeloit autrefois la Messe des Catecumenes. La seconde est mystique, ou consecratiue, depuis l'Euangile, ou le *Credo* acheué, iusques à la fin de la Communion, en laquelle seconde partie se fait & accomplit le sacrifice; & la troisiesme est Eucharistique ou d'Action de graces, depuis la Communion acheuée iusques a la fin. Or toutes ces trois parties de la sainte Messe estant tres excellentes & tres releuées, il s'ensuit que la sainte Messe est vne tres-excellente & tres diuine fonction, ce que ses fruits & vtilités tesmoignent, qui s'estendent non seulement par toute la terre pour le salut de tous les hommes; mais aussi s'abbaissent iusques aux lieux sousterrains pour l'espouuantement des Diables, & le soulagement des ames de Purgatoire, & d'autrepart s'esleuent iusques aux cieux pour l'honneur & gloire qu'en reçoit toute la sainte Trinité & la ioye qu'en reçoiuent aussi les saints Anges, & les Ames bien-heureuses.

Affections & resolutions.

O mon tres-aimable Sauueur, & Redempteur, qui estes le Souuerain Sacrificateur & sacrifice tout ensemble, & qui le soir auparauant que de vous offrir en sacrifice sanglant à Dieu vostre Pere sur la Croix, vous vous offristes en sacrifice non senglant en la Cene, & à mesme temps éleuastes vos Apostres à la dignité de Prestrise selon l'Ordre de Melchisedech, qu'ay-ie peu iamais meriter que vous m'ayez appelé à vn si haut degré d'honneur ? que vous m'ayez tiré de la poussiere, & de la fange pour me faire seoir au rang des Princes de vostre sainte Eglise, me donnant vn tout pareil pouuoir sur vostre corps naturel que vous auez donné aux Apostres, & que vous donnez aux Euesques, aux Archeuesques, & aux Patriarches, voire mesme au Pape, quant à la consecration ; car quant à la distribution de ce mesme sacré corps ; ie sçay qu'il y a quelque difference & inegalité. Mais ô quel auantage! ô quelle ioye & consolation ! que ie puisse tous les iours, si ie veux, vous embrasser, & iouïr de vous en ce saint mystere; que vous m'ayés donné pouuoir de le traitter, & manier tous les iours sur les sacrez Autels? Mais aussi quelle innocence, quelle pureté & saincteté de vie requiert le frequent vsage de si hauts & diuins mysteres? car il vaudroit bien mieux ne les traiter pas si souuent, que de les traiter & manier si indecemment, & si indignement. Ce qui fait que plusieurs Prestres, quoy que Religieux, au bout de plusieurs années qu'ils ont celebré la saincte Messe tous les iours, n'en sont pas plus humbles, plus obeyssans, plus patiens, ny plus modestes, ny plus charitables, ny plus supportans; ains quelquesfois beaucoup moins qu'auparauant, qui est vn grand iugement de Dieu sur ces personnes-là, & vn manifeste argument du mauuais vsage qu'elles font de la frequence de ce diuin mystere. Ce qui me donneroit grand suiet d'apprehender pour moy, veu ma grande indignité, & le peu de zele & d'amour que i'ay pour vous. Toutesfois l'asseurance que l'obeyssance me donne que vous m'appelez à cette saincte fonction, me donne entiere confiance en vostre bonté, qu'elle ne me desniera la grace necessaire pour profiter du frequent vsage que i'en pretends faire, mon dessein estant sous vostre bon plaisir de celebrer la sainte Messe tous les iours, si ie n'en ay legitime empeschement. Et pour m'y disposer ie me propose d'estudier diligemment, & d'obseruer exactement toutes les ceremonies prescrites pour cette saincte action, sans en negliger pas vne, de n'y affecter la longueur ny la precipitation, & de me presenter à l'Autel au bout d'vn an, de dix, & de vingt ans auec autant de circonspection, de crainte & de respect, comme le premier iour. Car si vos Anges tremblent à la veuë de ce diuin mystere, & si les plus hauts Seraphins resserrent leurs aisles en l'aspect de cet incomparable Sacrifice, auec quelle crainte & reuerence les dois-ie manier & traiter, qui ne suis que poudre & fange à leur esgard? Toutes & quantesfois donc que ie m'y prepareray, ie me proposeray de renoueler en moy l'esprit de vostre Croix, & de vos sainctes souffrances, & de m'y conformer au moins de cœur & d'affection autant qu'il me sera possible. Et mesme en reuestant les habits Sacerdotaux, ie me rememoreray les diuers habits dont vous fustes reuestu par mocquerie en vostre sainte mort & passion, & les chaisnes & liens dont vous fustes lié & garotté par mespris : Allant à l'Autel & portant le calice en mes mains, ie m'imagineray comme ie vous suiuois allant au Caluaire, & portant ma Croix apres vous, & ainsi en diuerses parties de la Messe, ie me formeray diuerses bonnes pensées pour m'entretenir amoureusement auec vous. Et ie m'estudiray de me ressouuenir diuerses fois le iour de ce signalé benefice, & de vous conseruer mon cœur en innocence, & surtout ie fuiray tant qu'il me sera possible les occasions de parler les matinées, n'y ayant rien qui me puisse plus ayder à conseruer la deuotion requise pour celebrer ce diuin mystere, que la retraite & le silence.

MEDITATION
pour les Estudians.

Trois points à considerer.

1. A quelle intention on se doit porter à l'Estude.
2. En quelle maniere on doit se comporter en l'Estude.
3. Quel fruit on doit retirer de l'Estude.

PREMIER POINT.

Considerez que l'Estude de Philosophie, & de Theologie, quoy que loüable en soy & profitable à plusieurs, & partant vtilement receuë dans vostre Institut, n'est pas toutefois le but & la fin principale de vostre Institut, ny mesme vn moyen expedient à tous pour y paruenir ; veu que plusieurs en prennent suiet de se licentier & presumer de soy, au lieu de s'en edifier & perfectionner, qui est la vraie fin & le principal but de la Religion. Et la cause de ce desordre est, qu'ils ne se portent pas à l'Estude par vne pure & droite intention ; à propos de quoy nostre bien heureux Pere S. Bernard dit fort *36. in serm. Cant. lit. G* bien qu'il y en a qui desirent apprendre & sçauoir, afin seulement de sçauoir, & c'est vne vaine curiosité ; d'autres desirent sçauoir, afin de se faire connoistre & estimer, & c'est vne pure vanité ; plusieurs aussi desirent la science pour en acquerir des richesses & des honneurs & c'est pure auarice ou ambition Mais il y en a qui desirent apprendre & sçauoir afin d'en pouuoir edifier le prochain, & c'est charité: finalement d'autres desirent la science pour s'en edifier eux mesmes, & c'est prudence & sagesse. Si donc vous desirez vous appliquer à l'Estude, dressés vostre intention à l'vne de ces deux dernieres fins, & plustost encore à la derniere des deux, qui est pour vostre propre edification. Car en vain pretendriés vous de profiter à autruy, si au prealable vous ne profités à vous mesmes. Adioustés que vostre institut vous porte plus à chercher vostre propre perfection, qu'à procurer celle d'autruy, & que le desir de profiter à autruy est souuent meslé de tromperie, de vanité, & de presomption de la propre suffisance, & bien souuent on se trouue descheu de son esperance auec grand regret & fafcherie quand on n'y eft pas employé par les Superieurs, ou quand y eftant employé on n'y reuffit pas. Mais le defir de profiter à foy mefme n'eft point fujet à ces inconueniens là. Eftudiés donc auec deffein principal de voftre propre edification afin que par la connoiffance de toutes les autres chofes vous puiffiés rentrer dans la vraye connoiffance de vous mefmes pour vous en humilier, & d'ailleurs vous efleuer en la connoiffance de Dieu, pour dautant plus l'aimer, feruir & honorer en vous perfectionnant pour fa gloire par la continuelle pratique des vertus Religieufes.

Affections & refolutions.

O mon bon Seigneur Iefus,

en qui sont les tresors de sapience & de science cachés, & qui estes la mesme sapience, soyés ma lumiere, & guidez mes pas en vos voyes, afin qu'en tous mes emplois, & notamment en celuy de l'Estude ie n'aye autre dessein que d'accomplir le vostre, qui est de profiter premierement à moy mesmes, & puis aux autres autant qu'il vous plaira, & en la maniere qu'il vous plaira, & que vous me ferés reconnoistre par l'obeissance, renonçeant pour iamais à tout autre dessein de curiosité & vanité, & tres-content de n'estre iamais connu ny estimé des creatures pour en estre d'autant plus aymé & estimé de vous. Et preferant la science des saints & de mon salut à toute autre science, ma principale profession sera auec voſtre ſaint Apoſtre de bien ſçauoir & profonder le myſtere de voſtre Croix, & de comprendre auec tous vos SS. qu'elle en eſt la longueur & la largeur. Et ſi i'ay quelque autre ſçauoir acquis ie m'en deſſaiſiray entre vos mains & l'immoleray au pied de voſtre Croix, pour le faire ſeruir vtilement à cette principale ſcience, qui regarde voſtre gloire & l'eternité.

Second Point.

CONSIDEREZ que le deſſein de Dieu, & de vos Superieurs eſtant de vous appliquer à l'eſtude pour vous y perfectionner ; ce ſeroit y contrarier directement, ſi vous en preniés occaſion de vous relaſcher d'aucun exercice de pieté, notamment de l'oraiſon & recueillement interieur, que vous ne deuez iamais intermettre, notamment le matin & le ſoir, & pendant le temps des offices où vous aſſiſtés. Preuenez touſiours le temps de voſtre eſtude par quelque oraiſon iaculatoire à l'imitation du Docteur Angelique, & le finiſſez ainſi. Ne l'entremeſlez point de vaines & curieuſes lectures, qui ne ſeruent qu'à vous faire perdre le temps, empeſcher vos plus ſerieuſes eſtudes, & ſuffoquer entierement la deuotion, comme il ne ſe void que trop par experience. Pendant que vous eſtudiez ſoit en Theologie ſoit en Philoſophie qui requierent tout leur homme, ne vous ſeruès que de fort peu de liures, & estudiez vous plus à bien comprendre & digerer en vous mesme ce qu'on vous enseigne, l'ayant tres attentiuement escouté, que d'aller rechercher en diuers liures ce que d'autres en disent. N'estudiez pas par boutades comme font quelques seculiers qui pendant quelque temps passent les iours & les nuits à l'estude, & puis font autant de temps à ne rien faire: que vostre estude soit reglé & moderé, comme tout le reste de vos actions; & prescriués vous le temps que vous deuez employer tous les iours à l'estude sans l'outrepasser, ny l'employer à autre chose que par l'obeyssance & la necessité.

Affections & resolutions.

O Dieu eternel Souuerain moderateur des temps & des siecles, qui compassez les années de nostre vie par nombre, & par poids & mesure, ne permettez que i'abuse du temps, des iours & des heures que vous me departés pour vacquer à l'estude où il vous plaist de m'appliquer, mais faites que i'en vse conformement à vostre saint vouloir. Et partant ie me resous moyennant vostre sainte grace de n'employer iamais le temps que vous me donnerez pour l'estude qu'à cela, & de me mortifier à bon escient, quand il me prendra fantaisie de faire autre chose en ce temps là. Et pour m'y astreindre plus estroitement, ie me prescriray vn employ du temps pour tous les iours, où sera le temps destiné pour mes estudes; comme aussi pour la lecture Spirituelle, & autres occupations de pieté que ie me resous d'obseruer tres exactement, & ponctuellement sans y manquer. dautant que ie reconnois mon inconstance & ma fragilité ; ie vous supplie tres instamment ô mon bon Seigneur, qui estes toute ma force & mon soustien, de me fortifier en cette mienne resolution par la vertu de vostre esprit interieur qui doit estre le vray principe, & guide de toute ma vie, & de toutes mes pensées, paroles, & actions.

Troisiesme Point.

Considerez bien que par la connoissance des choses naturelles en la Philosophie, ou des surnaturelles en la Theologie on paruienne à la connoissance de la Souueraine verité & Maiesté diuine, au dire de l'Apostre S. Paul, si est-ce que ce n'est pas là le principal fruit que vous deuez remporter de vos estudes. Car comme dit le mesme Apostre, les anciens Philosophes estoiēt bien paruenus par leur estude à la connoissance de Dieu, mais dautant que l'ayant connu ils ne l'ont pas glorifié, ils se sont esgarez & perdus dans leurs pensées. C'est pourquoy le principal fruit de vos estudes doit estre l'amour & seruice de

Dieu, & cét amour doit estre dautant plus feruent, & ce seruice dautant plus fidele que vous connoissés plus euidemment par le trauail de vos estudes combien nostre Dieu merite d'estre aimé & seruy. Comme aussi celuy qui connoist cette verité & ne la pratique pas merite vn plus grand chastiment suiuant cette redoutable menace de N. S. *Seruus sciens & non faciens voluntatem Domini plagis vapulabit multis.* Combien y en a t'il s'ils auoient la moindre des connoissances que vous auez, s'enflammeroient bien d'vn autre maniere que vous en l'amour de Dieu & à son seruice? Ces personnes la s'esleueront contre vous au iour du iugement & vous feront reproche de ce qu'estans esclairés de tant de belles veritrés qui vous deuoient esguillonner à l'amour & au seruice de Dieu, vous estes neantmoins demeuré croupissant dans vos imperfections & lascheetés ordinaires.

Affections & resolutions.

Hé mon Dieu que me seruira d'auoir acquis par l'estude de Philosophie tant de belles connoissances de toutes vos creatures, si ie ne vous en ayme pas dauantage, vous disie, qui en estes le createur & l'autheur? Que me seruira d'auoir curieusement recherché les principes & les causes de tant d'effets merueilleux que nous voyons dans l'estenduë de la nature, qui est l'ouurage de vos mains; si ie ne vous en recherche pas dauantage. Mais que me feruira fi en la Theologie i'apprens merueille de vos diuins attributs & perfections infinies, fi ie ne m'en excite pas dauantage en voftre amour? que me profitera t'il de difcourir & difputer fort fubtilement fur le myftere de la tres fainte Trinité, fi ie ne me foucie pas d'honnorer la Trinité? Hé que me feruira d'auoir toutes les plus belles conceptions du monde touchant le myftere ineffable de voftre Incarnation, fi ie ne mets peine, ô verbe diuin incarné pour moy, que vous foyés l'ame de mon cœur & le principe de ma vie. Que me feruira de fçauoir & bien comprendre tout ce qui concerne les Sacremens que vous auez establis en vostre Eglise, si ie n'en faits bon vsage, & ne les frequente auec deuotion? I'ay bien suiet de craindre que toutes ces grandes connoissances ne me tournent à confusion, si ie n'en deuiens plus feruent en vostre amour, & plus fidele à vostre seruice. C'est pourquoy i'implore de tout mon cœur l'assistance de vostre saint Esprit, & le secours de vostre grace, à ce que benissant le trauail de mes estudes, vous en moissonniez le fruit que vous desirez pour vostre gloire & mon salut.

BRIEF ET TRES-VTILE aduertissement à l'Ame Religieuse.

MA tres-chere fille, la premiere & plus importante resolutiō que vous deuez prendre en l'heureux estat de la Religion, où par l'Ordre immuable de la tres sainte prouidence de Dieu vous vous trouués, est de vous estudier, & trauailler tous les iours de vostre vie à vous perfectionner, & vous rendre de plus en plus agreable à nostre Seigneur IESVS-CHRIST vostre vnique & celeste Espoux. Et deuez au moins deux fois le iour, sçauoir est tous les matins, & sur le midy renouueller cette resolution, que vous ne deuez iamais quitter.

Pensez souuent que c'est principalemēt pour cela (sçauoir est pour reformer vostre ame, & la conformer de plus en plus à celle de vostre aimable Espoux) que vous estes en Religion, & que tout ce qui y est donné & cōmandé tant pour l'interieur, que pour l'exterieur ne butte qu'à cela. Car tous les saints exercices de la Religion, & les obediences qui vous sont imposées par vostre superieur, ou superieure seruēt à vous humilier, à vous former à l'obeyssance, à vous rēdre simple, souple & soumise à tout, & à vous faire acquerir l'entiere abnegatiō de vous mesme, & total abandon &

conformité aux saincts vouloirs de Dieu. Et sçachez que toute l'affection que vous portez aux autres choses qui ressentent le monde, ou la chair, ou le propre sens, est vne grande vanité & folie qui vous tournera à confusion deuant Dieu, si vous ne vous efforcés de la mortifier auec sa grace.

Vous deuez vous estudier à bien recõnoistre, gouster & affectiõner l'Esprit de vôtre Institut, & quoy que vo? ne deués iamais quitter l'amour de la Croix & de l'austerité corporelle, & exterieure, si deués vous en moderer l'vsage & la pratique conformemẽt à ce qui est de vos regles & constitutiõs, & vous porter principalemẽt à l'austerité & mortification interieure, taschãt tant que vous pourrez de regler vôtre exterieur par l'interieur &

mortifier le corps par l'esprit suiuant le conseil de l'Apostre.

Vous deuez aussi faire grande estime de vos Statuts, & Reglemens qui vous enseignêt l'esprit de vostre Institut, qui est esprit d'humilité, & d'obeissance, & deuez croire fermement que N. S. vous ayant par la disposition de sa sainte prouidence assuietty à ces statuts & reglemens, veut que vous viuiez conformement à iceux autant qu'il vous sera possible, & ne negligiez rien, voire des plus petites Obseruances esquelles il veut esprouuer vostre fidelité aussi bien qu'és plus grandes.

Or pour laisser à part ce qui concerne le bon & fidele vsage des Sacremens de Confession, & Communion, dont

aduertissement à &c. 717

nous auons suffisamment parlé dans nostre Adresse, tout ce que vous auez à pratiquer d'interieur, en quoy principalement consiste le Royaume de Dieu dans vous, se reduit à trois choses principales.

La premiere est l'ordinaire pratique d'Oraison, & recollection de vostre cœur en Dieu. La seconde est la continuelle mortification de vos passions & affections desreglées, & mesme de vostre propre iugement & volonté. La 3. est l'acquisition & fidelle pratique de toutes les vertus religieuses, & par consequent l'exacte & parfaite obseruance de vos vœux, qui est vn continuel acheminement à la perfection, & au tres pur amour de Dieu en IESVS vostre vnique Espoux.

Quant à la premiere chose, il faut que vous preniez vne ferme resolution de ne quitter iamais ce saint exercice d'oraison mentale & recueil interieur, & de ne manquer iamais de la faire deux fois le iour, si vous n'en estes empesché par infirmité, ou par obeyssance. Quant à la maniere de la faire, & au remede des inconueniens qui y arriuent, lisez ce que nous en traittõs en nôtre Adresse spirituele.

A cet exercice d'oraison mentale ou meditation, appartient l'examen de conscience que vo° deuez faire deux fois le iour sçauoir est sur le midy, deuant ou apres disner, & le soir auant que vous coucher, l'exercice spirituel du matin & du soir qui est prescrit dans nostre Adresse, l'attention d'esprit durant la

aduertissement à &c. 719

Psalmodie, les aspirations ou oraisõs iaculatoires la retraite & le silence l'espace de quelques iours, la recollection interieure frequente pendant la iournée; & finalement la pensée ordinaire de Dieu present par tout, de N. S. Iesvs, de sa tres sainte mere, & de vôtre S. Ange gardien.

La seconde chose principalement requise, pour le bon establissemẽt du Royaume de Dieu en vous, est la mortification de tous les mouuemẽs desreglés de vôtre ame, & premierement de toutes vos passions & sens interieurs, notãment l'imagination ou phantaisie, puis des affections de vostre propre volonté, & arrest de vostre propre iugement. Car si vous ne trauaillez à bon escient à combatre, regler & moderer tous ces mouuemens là, vous ne profiterez iamais ny en la pratique de l'oraison, ny en l'acquisition des vertus. Ce Royaume des cieux ne se peut establir sans violence (dit la souueraine verité) il faut de necessité se faire force pour l'obtenir; car nostre nature & tous les mouuemens de la partie inferieure repugnent, & la plufpart mesme de ceux qui se passent en la partie superieure. Tenez vous donc tousiours sur vos gardes, & faites bon guet sur voſtre interieur, affin qu'aussi tost que vous apperceuerez quelque desreglement de vos sens, ou mouuemẽt desordonné de passiõ s'esleuer en voº vous y portiez la main pour le retenir & le supprimer. A cet exercice de mortification appartient la retenuë des sens exterieurs, des gestes

aduertissement à &c. 721

gestes & des mouuemens du corps par regle de modestie, & par vertu d'esprit interieur. A quoy vous estes dautant plus obligée de vous estudier, qu'il est plus en vostre pouuoir de regler l'exterieur que l'interieur, & que cette sorte de mortification, n'est pas seulement vtile pour vostre propre perfection; mais encore necessaire pour l'edification de vostre prochain, dont nostre Seigneur vous demandera vn iour conte.

Ce qui vous doit encourager à entreprendre & poursuiure courageusemét ce combat, & cette guerre interieure, qui de soy est amere, & fascheuse à la nature, est premierement que Dieu la desire & l'exige de vous secondement, qu'il le merite bien par sa spe-

H h

ciale bien-veillance & bien faits en voſtre endroit. Troiſieſmement que vous ne luy pouués rendre plus fidele teſmoignage de voſtre mutuel & reciproque amour, qu'en vous mortifiant tous les iours pour luy. Quatrieſmement que c'eſt le moyen de croiſtre en ſa grace. Cinquieſmemét que c'eſt auſſi le moyen d'acquerir les vertus. Sixieſmement que c'eſt ce que N. S. IESVS-CHRIST vous à enſeigné par ſa ſainte parole, & par ſon exemple en ſa naiſſance, en ſa vie, & en ſa mort; mais notamment en ſa mort & paſſion. Septieſmement que ſa tres ſainte Mere, & tous ſes ſaints ont paſſé par le tranchant de ce glaiue. Bref que cette pratique de Croix eſt l'vnique ſentier à la gloire.

Reste la troisiesme chose principalement necessaire pour l'accomplissement de vostre edifice spirituel, & qui en est comme le troisiesme estage, sçauoir est l'acquisition & pratique des vertus religieuses qui suit d'ordinaire l'exercice de la mortification, comme aussi l'exercice de la mortification est le fruit de celuy de l'oraison. Et de fait à mesure que vous vous estudiez d'accoiser vos passions, dompter vostre imagination, refrener vostre sensualité, regler vos sens, reprimer vostre propre volonté, & surprendre vostre propre iugement, vous facilitez la pratique de toutes les vertus Religieuses, sçauoir est de l'humilité, de la douceur, de la patience, de l'obeyssance &

soubmission, de la pauureté volontaire, de la chasteté, de la charité enuers le prochain, & du pur amour enuers Dieu. Car ce sont là les principales vertus de Religion à l'acquisition desquelles vous deuez continuellement trauailler en produisant souuent les actes tant exterieurs, qu'interieurs, & non les seuls desirs & resolutions. Car les habitudes des vertus s'acquierent par les actes des mesmes vertus; comme aussi se perdent elles par la seule cessation des mesmes actes.

Or outre le frequent exercice d'Oraison & de mortification, qui sont les deux principaux dispositifs à toutes sortes de vertus Chrestiennes & Religieuses, ce qui vous peut encores grandement ayder à les acquerir, est premierement de considerer en chacune d'icelles son excellence, & son prix deuant Dieu. & puis son vtilité, combien elle vous cause de biens, & de combien de maux elle vous preserue, les enseignemens, & l'exemple que nostre Seigneur vous en a donné en sa vie & en sa mort: Secondement, en parler & conferer souuent. 3. La demander instamment à Dieu. 4. Cómunier plusieurs fois à cette intention. 5. Faire à cette intention quelque penitence auec permission. 6. Tascher souuent de reconnoistre le manquement ou l'auancement que vous auez fait, demandant pardon à Dieu de l'vn, & .e remerciant. 7. Prendre à tasche quelque temps durant comme l'espace de quinze iours enuiron, la pratique de chacune de ces vertus là pour vous y exercer plus particulierement pendant ce temps là, & vous examiner tous les iours, comme vous vous y serez comportée.

Mais comme en la pratique de la mortification vous deuez vous porter plus particulierement à combattre & guerroyer les passions qui vous attaquent le plus souuent, & le plus fortement : aussi faut-il en la pratique des vertus que vous vous exerciez plus ordinairement & soigneusement en celles qui vous sont les plus necessaires, & ausquelles vostre nature repugne le plus, comme pourroit estre l'humilité, ou la patience, ou la charité,

& la supportation du prochain, ou l'obeyssance & prompte submission à la volonté d'autruy.

Le fondement principal sur lequel vous deuez bastir & construire tout cet edifice spirituel, est double à mon aduis: sçauoir est l'entiere defiance de vous mesme, & la totale confiance en Dieu, croyant que comme d'vne part vous ne pouuez rien de vous mesme aux choses de Dieu, que d'y mettre obstacle; Dieu aussi d'autre part peut tout en vous, & vous pouuez tout en luy: & vous deuez souuent, & fort souuent vous rememorer cette verité & cheminer en cette veuë, ce qui ne vous aydera pas peu, pour vous garentir des troubles, inquietudes,

& empeschemens qui vous pourroient arriuer en ce sentier de vostre acheminement à la perfection. Car s'il arriue (comme il arriuera indubitablement) que vous y choppiez, ou fassiez quelque glissade en arriere, vous ne vous en inquieterez & attristerez pas trop, reconnoissant vostre naturelle foiblesse & impuissance au bien, & ne vous en descouragerez ny abbaterez, sçachant que nostre bon Dieu connoissant vostre infirmité plusque vous mesme y compatira, & vous releuera, & vous fera mesme tirer auantage de vostre cheute. Car aux ames qui ayment purement Dieu sans aucun propre interest, toutes choses; voire mesme leurs propres fautes, cooperent à leur bien

bien & auancement spirituel, d'autant qu'au lieu de s'en inquieter & troubler, elles s'en humilient, & par ce moyen elles en profitent.

Gardez vous bien aussi de vous troubler ou attrister, pour vous voir comme delaissée dans ce sentier par fois, & bien souuent sans ayde ou consolation interieure, sans lumiere, sans goust, sans force; voire mesme parmy de grandes repugnances, & violentes tentations de la nature, du malin Esprit, & sans vous pouuoir retirer de cette desolation. Car nostre Seigneur ne laisse pas de vous soustenir imperceptiblement dans cét estat, & luy plaisez peut-estre dauantage en cette disposition là, en vous y resignant, que si vous estiez dans les consolations, dans les lumieres, dans les gousts, & facilitez au bien.

.. Et bien que par fois Dieu permette que l'ame soit priuée des secours actuels de sa grace, pour la chastier de quelque infidelité qu'elle aura commise à son seruice, ne vous persuadés pas toutefois que ce soit là le motif ordinaire pourquoy il le permet. Car c'est le plus souuent pour l'humilier, & l'obliger de recourir à luy, c'est pour luy faire part de ses plus grandes souffrances; c'est pour l'esprouuer & la consoler dauantage apres l'espreuue, c'est pour l'exercer en son pur amour, & la despoüiller de tout propre interest, & luy faire pratiquer l'entiere abnegation d'elle mesme, & de toutes ses propres puissances en son seruice; & par ce moyen luy augmenter ses merites sur la terre, & sa couronne dans le ciel.

Toutes ces considerations vous doiuent encourager à perseuerer constamment en vos saints exercices d'Oraison, de mortification, & pratique de vertus, quelque faute & manquement que vous y puissiez commettre, & quelque difficulté, desgoust, & contrarieté que vous y puissiez rencontrer. Que si par tentation, fragilité, ou indisposition vous venez à vous relascher ou intermettre quelques vns de vos exercices ne vous descouragés pas pour cela, ains au contraire reprenez le auec nouuelle ferueur & courage, & taschez de reparer vostre manquement par vne plus grande exactitude, & fidelité. Et quand bien ce manquement vous arriueroit plusieurs fois, releués vous autant de fois, auec le mesme courage, puisque Nostre Seigneur vous tend les bras auec la mesme misericorde. C'est le moyen de perseuerer & de vous sauuer indubitablement, puisque Nostre Seigneur a dit, que qui perseuerera iusques à la fin sera sauué.

FIN.

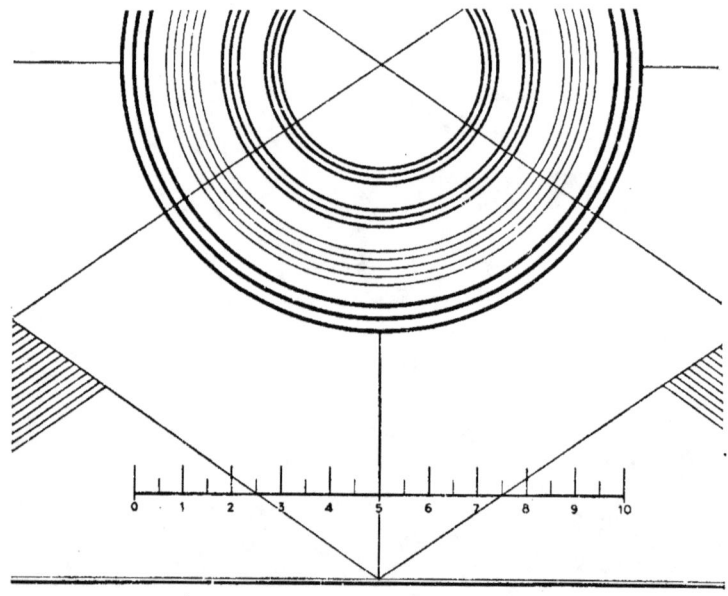

SERVICE PHOTOGRAPHIQUE

www.ingramcontent.com/pod-product-compliance
Lightning Source LLC
Chambersburg PA
CBHW061734300426
44115CB00009B/1210